加爾默羅靈修

凡尋求天主，深感除天主外，
心靈無法尋獲安息和滿足的人，
會被吸引，進入加爾默羅曠野。

星火文化

聖女大德蘭誕生五百週年新譯本

The Way of Perfection · *Camino de Perfección*

聖女大德蘭的全德之路

大德蘭 Teresa of Avila ◎著
加爾默羅聖衣會◎譯

CONTENTS

第八章……079
談論內在與外在超脫受造萬物，所獲得的大好益處。

第九章……081
談論已經離開世俗的人，躲避親戚所得的大益處，及他們尋獲的朋友更是多麼真實。

第十章……083
談論如果我們無法超脫自我，縱然有上述的超脫，何以仍屬不足；並談論何以超脫和謙虛是形影不離的德行。

第十一章……087
繼續談論克苦修行，並述說生病時應得到的對待。

第十二章……089
談論真愛天主的人，必然輕視自己的生命與榮譽。

第十三章……093
續論克苦，及為獲得真智慧，何以必須躲避世俗的觀點和理智。

第十四章……098
本章談論凡精神違反上面所說之事者，不應准許她發願是非常重要的。

第十五章……099
本章談論雖無過而受責備，不為自己辯解的大益處。

第十六章……103
談論默觀者與滿足於心禱者，其全德生活必然有分別，天主有時提拔分心的靈魂進入成全的默觀，為何是可能的，及祂這麼做的原因。本章和下一章值得特別注意。

第十七章……108
談論何以不是所有的靈魂都適於默觀，何以有些人較慢達到默觀，真正謙虛的靈魂必會滿足於天主帶領他的路。

第十八章……112
繼續談論同一主題，說明默觀者所受磨難，遠超過活動者。對活動者有很大的安慰。

第十九章……116
開始談論祈禱，論及無法以理智推理的靈魂。

CONTENTS

CONTENTS

推薦序 訊息

正如你們中許多人知道的，二〇一五年，我們將慶祝聖女大德蘭（St. Teresa of Jesus, 1515 – 2015）誕生五百週年，她是教會的祈禱大師，也是教會的首位女聖師。

在此預備週年慶期間，獲悉聖女大德蘭的《全德之路》譯成中文，令我欣喜無比。因為，若要徹知聖德蘭的教導，幫助我們在靈修上成長，無論什麼外在的慶祝活動，都比不上閱讀她的著作，來得重要和有影響力。

由於《全德之路》是聖女大德蘭最重要、最基本的著作之一，台灣芎林加爾默羅聖衣會的修女將之譯成中文，真是我的大喜樂和欣慰。

本書之譯成中文，是非常重要又意義深遠的工作。我相信此一譯作會有很大的貢獻，惠澤已有深奧默想傳統的華人地區及文化，使之洞悉大德蘭的教導。

同時，我也希望，在擁有深奧默想和默觀傳統的文化中，此中文譯本的發行，可以造就絕佳的機會，幫助讀者了解心禱（mental prayer），並深入德蘭學派的祈禱修行。

我推薦本書給華文區的所有基督徒，且以兄弟的情懷，降福每位閱讀本書的人。

赤足加爾默羅聖衣會總會長
Fr. Saverio Cannistrà, OCD

CASA GENERALIZIA CARMELITANI SCALZI
CORSO D'ITALIA, 38
00198 ROMA

Discalced Carmelite Order
Corso d'Italia, 38
00198 Roma
ITALIA

2 March 2011

Discalced Carmelite Monastery
Chiung Lin Hsinchu Hsien
Taiwan R.O.C. 30742
TAIWAN

Message

As many of you know, in 2015 we will celebrate the 500th Anniversary of the birth of St. Teresa of Jesus (1515 – 2015), the Church's great teacher of prayer and the first woman Doctor in the Church.

I am very happy to have St. Teresa's book, "The Way of Perfection", translated into Chinese during this period of preparing for the Anniversary. Because, rather than celebrating any other external event, reading St. Teresa's writings is more important and formative for knowing her teachings and for helping us to grow spiritually.

As "The Way of Perfection" is one of most important and fundamental writings of St. Teresa of Jesus, it is to my great joy and appreciation that the Carmelite nuns in Chunglin, Taiwan, have translated it into Chinese.

This translation into Chinese is a very significant and meaningful work. I believe this translation will greatly contribute in making St. Teresa's teachings known to the whole Chinese world and culture where there is already a deep tradition of meditation.

Also I hope that this publication in Chinese may be a significant opportunity for the readers to understand mental prayer and to deepen their practice of Teresian prayer in a culture that has a deep meditative and contemplative tradition.

As I recommend this book to all Christians living in the Chinese culture, I pray a fraternal blessing on all who read it.

Fr. Saverio Cannistrà

Fr. Saverio Cannistrà
Superior General of Discalced Carmelite Order

推薦序

導讀小引

用了三天四夜（芎林2011/1/5－9）校完《全德之路》中譯，深感教宗保祿六世於一九七〇年列大德蘭為第一位女聖師（Doctor of the Church），很有道理。被封為教會聖師的條件，除了有關聖人的道德文章以外，還必須顯示該聖者的所行所言，為當代及今日的信徒，都有借鏡和取法的作用。這些條件大德蘭都有，並且非常突出。《全德之路》一書推心置腹地告訴讀者，她向隱修院的修女們所說的種種不外是謙卑、愛、敬畏上主的事，這些都是她自己的生活寫照，即道德修行（雖然她不明說）。至於文章，本書的特色是坦誠，風趣，平民化，文思一流。

本書給我們什麼借鏡，我們又如何取法呢？在此只想提出幾個重點作為展讀本書的小引。根據《全德之路》導論所言，本書述說的中心是祈禱。祈禱的根基是「愛近人、超脫和謙虛」。愛近人源於愛天主，超脫是針對聲色世界，謙虛是自持的態度。三者「共同構成祈禱的根基，因為碰到人對他人、對世界和自我關係的環節，能使心靈得到釋放（導論，本書第三十五頁）。」大德蘭講論靈修境界無論多麼高超，總不願修女或讀者失去愛德的同情心。至於超脫的主題包括神貧、克苦和委順於天主的聖意。超脫又和謙虛緊密相連，大德蘭不能專論其一，不談其二，二者形影相隨。

關於祈禱的方法，大德蘭寫此書不是為博學鴻儒，而是寫給相似她的人：「我極同情他們，因為我覺得他們好像非常乾渴的人，望見遠方的水，當他們想到那裡時，一路上，從開始，在半路，直至末了，都遇有阻擋他們通行的人（全德之路19．2）。」她想提供方法給他們，而求助於〈天主經〉，即基督教給我們的祈禱文。她說口禱並不阻礙默觀，不過，必須以她傳授的方法誦念這經文，她稱此為收心的祈禱：「因為靈魂收斂所有的官能，進入自己內，和天主在一起（全德之路28．4）。」必須與這個專心凝神一起有的，是領悟天主非常靠近我們：「所有的損害來自沒有真的了解，祂就在近旁（全德之路29．5）。」

「嚴格奉行某一祈禱公式，決不會是大德蘭的教導。她那自然流露的祈禱，幾乎展現在書中的每一頁上，包括了所有的祈禱方式：祈求、讚美、朝拜、奉獻、感恩。〈天主經〉開頭的禱詞，帶她翱翔於即興的祈禱中，她以自己的祈禱來教導我們。不過天主經總是在那裡，隨時可以再回來。除了這個不受嚴格限制的自由外，她很重視在基督面前的各種不同的心態：喜樂時，和復活的祂在一起；困苦和悲傷時，和苦難中的基督一起。面對我們內的基督，如祂在不同的福音記載中向我們顯示的，這能夠是一個更重要的幫助，有助於收斂心神和專注於祂。」（導論第三十九至四十頁）

大德蘭認為，主基督以頗隱晦的方式教我們〈天主經〉，好使每個人可各按其意向祈求。至於她自己，她獲知許多深奧的祕密，是教導眾人唸這祈禱文的上主展現給她的。「這這是確實的，〈天主經〉蘊含這麼大的祕密，從來不曾進入我的心思意念中；妳們已經看得出來，其中包含整個的靈修道路，從開始直到天主使靈魂完全著迷，賜予靈魂暢飲活水之泉，可以說，這是路程的終點（全德之路42．5）。」不過，沒有大德蘭所說的很大很大的決心，就不會抵達這個終點。所謂的決心是無論發生什麼事，不管工作怎樣忙，不達目的，誓不罷休。

本書分為四十二章，由二十七至四十二章，作者共用了十六章的篇幅講解〈天主經〉。這些篇章不是學者們的講經，如教宗本篤十六世的《納匝肋人耶穌》一書特闢一章講〈天主經〉那樣，而是上主展現給聖女的許多深奧祕密（見上文）。二十八和二十九兩章談收心祈禱，三十七章講〈天主經〉的卓越及給我們的安慰，三十八和三十九章描述形形色色的誘惑，四十章接上去講以愛和敬畏克勝誘惑。四十一章說明敬畏天主，不犯故意的小罪，最後四十二章解釋〈天主經〉結束句「但救我們免於兇惡。阿們」。聖女的講法如天馬行空，無拘無束，想到哪裡，說到哪裡，讀來逸趣橫生，直覺此水只由天上來。

非常引人注意的是，〈天主經〉第二部分開始，第一祈求所求的日用糧，聖女不認為是求物質上的吃喝所需，而是指精神的食糧，特別指聖體聖事中的耶穌的體血。然後她把耶穌藉此聖事留在人間、與人深深契合等，今天眾所周知的感恩祭的道理發揮得淋漓盡致，全然像一位梵二後的靈修導師。她說物質的食糧用不著祈求，因為天主自會供給那些忠於祂的僕人。這又和主耶穌所說的如合符節：「你們不要憂慮說：我們吃什麼，喝什麼，穿什麼？因為你們的天父知道你們需要這一切。你們先該尋求天主的國和祂的義德，這一切自會加給你們。」①

《全德之路》書首的導論，在略述該書的「緣起」及「親筆手稿」後，用了相當長的篇幅（二十六至三十四頁）交代本書的「歷史背景」說：「十六世紀的西班牙，其政治和宗教密不可分。世界各地發生的事，尤其西班牙及歐洲，都會在大德蘭的著作中留下痕跡。」在此只提一件事，就是基督新教的脫離羅馬基督公教的大震撼。大德蘭是極愛教會並與之認

1.《瑪竇福音》第六章第三十一～三十四節。

同的修女，她見到聽到許多教會受到的傷害，為之傷痛不已，而歸罪對方，未能顧及教會本身應悔改之處。不過新教的作風也誠如德文俗話所說：「把孩子與洗他的洗澡水一起倒出去了。」大德蘭說的也有理。

大德蘭知道她不是神學家，也意識到自己寫這書時多次跑出題外，即興發揮一時想起的事故或所得到的靈感。因此有些人（如沈起元神父P Fernando Mateos S.J.②）說她不像聖十字若望那樣條理分明，論說清晰。不過靈修不是作學問，這裡重要的是注意聖神的動向。大德蘭勤勉地讓聖神領導，做到如主耶穌所說的「風隨意吹，你聽到風的聲音，卻不知道它從哪裡來，往哪裡去：凡由聖神而生的就是這樣。」③我們做為讀者，也得信賴聖神，祈求聖神的光照和帶領，才會體悟本書的「**靜裡乾坤大，山中日月明。**」（彰化靜山入口對聯：李哲修撰）

主曆二〇一一年元月十二日

房志榮神父　寫於輔大神學院④

2. 沈起元神父，西班牙籍耶穌會士，曾於台大外文系教授西班牙文。一九八七年出版《西漢綜合辭典》，同年因該著作獲金鼎獎。主曆二〇一五年安息
3.《若望福音》第三章第八節。
4. 現已更名為輔仁聖博敏神學院。

推薦序

沉思聖女大德蘭的智慧

幾年前經朋友介紹芎林隱修院以後，接獲修女寄贈聖女大德蘭及十字若望著作的最新譯本，感激之餘，心中一直希望可以拜會修院的修女。

期待以久的拜訪終於在二〇一一年元月實現了。沒想到上帝奇妙的帶領，一位基督新教徒認識院中的修女，而這新教徒又同時是我的學生。經她穿針引線，我的願望達成了。我相信這是上主奇妙的安排。

此次拜會，更帶來意想不到的挑戰——修女邀請我為《全德之路》的新譯本寫序！

大約二十年前在聖保羅大學念靈修神學，曾讀過《全德之路》英文版。現翻閱芎林隱修院的譯本，更感親切、道地。這是因為修女中文造詣極深，行文流暢。

被邀為《全德之路》寫序，也是天主邀請我再次接受聖女大德蘭的循循善誘：

「要修行心禱，誰若做不到，就唸口禱、閱讀，或和天主交談……」（18．4）

「當我們一開始執著甚麼時，就應努力放開繫念的心思，轉向天主。」（10．2）

「雖然處身於繁務中，我們要退隱返回己內。即使只有片刻時間，讓我想起在我內，我有個伴侶陪伴，這是極有益處的。」（29．5）

「一位想成為天主密友的好修道者，他的一生就是長期的殉道。」（12．2）

「靈修成長……不是在祈禱中有更多的靈悅、出神、神見，或上主賞賜的其他這類恩惠。」（18．7）

這些發人深省，親切關懷的經驗之談，在《全德之路》一書內，比比皆是。生活在大都會，受著競爭、比較，求效率、表現，又要擁有和享受神氛圍影響的當代信徒，如果要認真修持，就該沉思聖女大德蘭的智慧。

譚沛泉博士　道風山基督教叢林　靈修導師

推薦序

《全德之路》楔子

時代背景

在大德蘭生活的時代，一群獻身於祈禱和默觀的婦女註定不會受到完全的信任。西班牙人所得的正式教導，是遵循克修生活和口禱兩者間「平穩」又「安全」的道路，而避開神祕主義的異常道路。

聖女大德蘭修女和聖十字若望（San Juan de la Cruz, 1542－1591）是西班牙神祕主義代表人物，也是菲力浦二世虔誠信仰領導下的文化產物。大德蘭修女一五六二年創新修會，名為「赤足加爾默羅修會」（Carmelo Descalzo，Descalzo意為赤足─苦行之意，發音似Descansado，喻為安詳寧靜），六七年認識聖十字若望，引導他加入「赤足加爾默羅修會」，共同改革加爾默羅男修會。大德蘭有生之年，共創辦十七座女隱修院、十六座男會院。聖女大德蘭曾撰寫許多靈修生活的書籍，道出個人的神修經驗，教導人與主契合。

時空特色

大德蘭生活的時空特色，便是亞味拉城堡對她的影響。亞味拉（Avila）一九八五年入選

聯合國教科文組織世界遺產，又稱為「聖徒和石頭之城」，西元十一世紀為了保衛西班牙領土，抵抗摩爾人的入侵而修建。今天的西班牙中部高原，早已看不到戰亂的痕跡，大自然的風光依舊壯闊，堡壘之城亞味拉的生活維持著一個內地高原固有的寧靜和平穩。

歐洲現存中世紀最完整的軍事長城所在地，也是聖女大德蘭的故鄉——西班牙亞味拉省。

亞味拉城堡

該省省治亞味拉市是四世紀神學家普里西利安（Priscillian）的出生地，他是第一位因為異端罪名被處死的基督徒。該市還以十六世紀加爾默羅會的改革者亞味拉的大德蘭（一五一五年至一五八二年）著稱，她的誕生地現在是一個修道院和一座教堂。從一四八二年至一八○七年，它也是一個大學的所在地。

創立隱修女院

赤足加爾默羅會（Carmelitas Descalzas）的創立者為聖女大德蘭（Santa Teresa de Jesús），一六三八年，誕生地才改建成為現貌，隱修院位於亞味拉南側城牆，建造在大德蘭的故居上，她出生的房間現改為巴洛克式教堂。聖女在一五一五年出生於西班牙之亞味拉。及長，入聖衣會潛修，經歷內心的掙扎，蒙受主恩，聖德日進。聖女竭力重整會規，受苦良多，卻能百折不撓，終於成功。

亞味拉降生隱修院。

大德蘭城門

想要觀賞亞味拉城壯觀的城堡景色，你得走到舊城的西北方外圍，由於這個觀賞點位在城的另一端，所以得花上至少半小時的步行時間！這裡有一座建有十字架的紀念塔，是紀念亞味拉聖女大德蘭當年和她的弟弟逃家時，被她的叔叔在此逮住。而逃家的原因是他們希望能在回教⑤徒的領地內殉道。

十字架紀念塔

聖女大德蘭小時候即熱衷與弟弟玩城堡遊戲，在《全德之路》一書中，隱約可見其經常用城堡作比喻。第三章說：「在這個小城堡內，已經有很好的基督徒，求天主不要使我們中有人去投靠敵方，並使這城堡或城市的指揮官，

5. 即伊斯蘭教。

就是指傳教士和神學家，在上主的道路上非常超群出眾（3．2）。」

與弟弟玩蓋城堡遊戲

亞味拉城仍保持了中世紀的古樸風貌，從它的哥德式教堂和其防禦工事可見一斑，其防禦工事由八十二個半圓型塔樓和九個城門組成，是西班牙境內保存最完整的城堡。古城牆是亞味拉的象徵，也是歐洲目前保持最完整的中世紀堡壘城牆，壘壘接的塔樓將古城圍繞其中，憑空倚高，防守嚴密，保存了城內的國寶級名勝古蹟。

《全德之路》一書重點

按大德蘭的看法，此書《全德之路》之作，為回應同會修女們的催促，是教導加爾默羅會修女如何進入祈禱生活。

大德蘭所著重的，最主要有三種修行，這三個修行是什麼呢？就是愛近人、超脫和謙虛，這三項修行是祈禱的根基。

大德蘭的祈禱方法是一種臨在法，在我們的祈禱中完全置身於天主面前，因為天主時時都完全地臨在於我們。大德蘭說：「我所希望的只是，我們要注視且面對著和我們談話的天主，而非以背對祂（全德之路29．5）。」

大德蘭不僅教導修女如何口禱，並傳授心禱要領，以便達到默觀祈禱（Contemplation），她也用對談方式教導修女們了解〈天主經〉的真諦。

導論中說：沒有不屈服的決心，則抵達不了路的終點，每人一定「要有一個很大和非常堅毅的決心」（**muy determinada determinacion**）不達目的絕不罷休！

大德蘭在《全德之路》的結論中說：凡達到活水泉的人，會發現自己的「生命」非常有益處，也會從中得到許多光明。

大德蘭修女認為靈修的體現不是「想」很多，而是「愛」很多，具體行為則是祈禱。她的作品均為自傳性質的靈修經驗談。《全德之路》剖析自己不同層次的默禱，及感應神召的力量，逐步達到靈性完美的境界；她也勉勵修行姊妹要做「堅強的男人，有淚不輕彈」，敦促勵行教會改革宗旨。今逢加爾默羅隱修會出版《全德之路》中文版之時，樂為之序。

潘貝頎神父（道明會士）

主曆二〇一一年二月二十日

《全德之路》導論

緣起

聖女大德蘭在《自傳》的最後五章，記述她為修女創立首座隱修院所發生的不凡事件。這幾章是重新修訂《自傳》時添上的，此時她已住進了這座稱為聖若瑟的隱修院①。當時她的告解神師是道明會的神學家道明．巴臬斯（Domingo Báñez），是亞味拉聖多瑪斯學院的神學教授，但聖女的《自傳》不是寫給他，而是寫給另一位道明會士，賈熙亞．托利多（García de Toledo）。由於神父急於得到此書，大德蘭把最後的完稿送去時，無暇再從頭閱讀一遍②。聖女的這份生命報告書談及如此之多的私人事情，及非常不尋常又高超的神祕經驗，幾個月之後，這書傳到巴臬斯的手中。雖然這部著作包含默觀祈禱的卓越道理，他卻不許修女及其他有興趣的人士傳閱。

聖若瑟隱院的修女獲悉創院會母著作的這部書，她們的好奇和一睹為快的渴望，可想而知。大德蘭本人並沒有告解神師那樣的顧慮，反而認為閱讀此書將有益於蒙受被動祈禱的人③。然而巴臬斯拒絕聽到這事，他甚至威脅說要把手稿付之一炬，為此之故，修女們催促大德蘭為她們另寫一本談論祈禱的書。博學的道明會士（巴臬斯）接納這個主意較為容易，所以他許可大德蘭「寫些有關祈禱的事（序言．2）④」。除了巴臬斯概括性的許可之外，修女們加上她們對這個主題的特別請求。有的急於學習默觀祈禱，甚至是完美的默觀；有的則顯然對這樣高超的主題感到驚嚇，請求給予比較簡單的指導，例如怎樣修行口禱（16．3）

1. 參閱《*The Collected Works of St. Teresa of Avila*》, tr. K. Kavanaugh and O.Rodriguez，卷一．導論（ICS Publications: Washington, D.C. 1976&1987）。
2. 參閱《自傳》跋．2。
3. 參閱《全德之路》42．6。
4. 《全德之路》序言．2：以下出自本書的引言，只標示章節，省略書名。

6；24．1～2；30．7）。無論如何，大德蘭為她的修女們寫《全德之路》時，內心懷想著她們的請求和需要；因此，她在整部著作中和她們對談。

按大德蘭的看法，她回應修女們的催促，有如一個服從的行動，她說：「我已決定服從她們（序言．1）。」多次，當她開始覺察自己的敘述方式凌亂無序時，她自我安慰地認為，她是為修女們寫的，出於服從她們，所以她們也不會見怪。在其著作當中的某處，她極不滿意地抱怨自己的文筆雜亂無章：「我寫得多麼雜亂無章！活像不知在做什麼的人。修女們，過失在於妳們，因為是妳們命令我寫的。妳們要盡所能地閱讀，正如我竭盡所能地寫；如不然，若認為寫得不好，妳們就燒掉它。需要有時間才能做好工作，如妳們看見的，我的時間少得很，八天已經過去了，什麼也沒寫。就這樣，我忘了已說過的，甚至記不得將要說的（15．1）。」

當她寫最後的結論時，簡單扼要地說明她談論的主題：「要如何抵達這個活水之泉；靈魂在那裡的感受；天主如何滿足靈魂（42．6）」及其他。她那時似乎在暗示，她認為這本書有如介紹她的「生命」，明確地表示，凡達到活水泉的人，會發現她的「生命」非常有益處，也會從中得到許多光明（42．6）。

起初，大德蘭說她要先把著作呈交一位神學家審閱，之後才給修女閱讀。我們不知道為何緣故，審閱者不是她所提及的巴臬斯（序言．1），而是賈熙亞．托利多。他大概不會像他的道明會同伴那樣地嚴格校閱，雖然如此，仍是勤奮地校閱，總共約有五十個修訂之處。其中有的稍有更改，有的則大事刪改，相當於刪除整個篇章。他顯然很明瞭許多論題中隱含的爭辯。雖然後來者會感激他沒有把書焚毀，如大德蘭所說，若得不到他的認可，則可將之付之一炬，不過，這許多的修改也要求謹慎地修訂整本書。

序言的部分，大德蘭隻字未改，包括指出巴臬斯為可能的審閱者，她修改了有問題的篇章，使之符合審閱者的意見，此外，她詳細說明某些教義方面的事，修飾許多比較自發又私密的述說，緩和一些從她的筆端流露出來的巧妙諷刺。她的第二版本也清楚地顯出努力寫出更工整的字跡，很可能審閱者抱怨閱讀時認字的困難。

大德蘭可能在一五六六年寫《全德之路》的第一版本，亦即在她完成《自傳》之後的一年。雖然有人認為《全德之路》寫於一五六二至一五六四，然而從書內明示的證據來看，例如，她提及巴臬斯和她的《自傳》，其著作的日期比較可能是一五六六年⑤。

她真在這一年寫了《全德之路》的第二版本，也是一件引人爭議的事。過去的歷史學家一致確定一五六九年為其著作的年代。他們的意見奠基於一位來自托利多（Toledo）隱院的小初學生的證詞。這個證詞的價值近來已經受到質疑，而所提出的年代是一五六六年⑥。因此，大德蘭可能在收到審閱過的稿件時，立即著手工作。這個意見乃基於她對新創立的隱院隻字未提，也毫無暗示，沒有提到她從熱心的方濟會傳教士亞龍索．曼多納多（Alonso Maldonado）神父得到的傳教精神，這位神父於一五六六年秋從印度返回西班牙。

《全德之路》的第二版本，再度由賈熙亞．托利多審閱，另有一位審閱者，但其身分我們不得而知。這一次，他們都沒有刪除或下評論，要求對這本書做任何重大的更改。第二版本中有一個段落，是大德蘭後來親自更正的，亦即第十六章中，有關回答這個問題：天主是否賜給不成全的靈魂神祕的恩寵？大德蘭認為天主會賜給，目的在於釋放他們的不成全。不過，她直截了當地否認天主會經常賜給犯大罪的人默觀之恩。對於她所改變的觀點，她只

5. 參閱*Camino de Perfección, Reproducción en facsímil del autígrafo de Valladolid*, ed. Tomás de la Cruz et al., vol. 2（Tipografia Poliglotta Vaticana: Rome, 1965), pp.15－30。
6. 同上。

說：「那麼，我想要說的是，有時候，天主願意賜下一些這麼大的恩惠，給予情況很糟的人，藉此方法把他們從魔鬼的手中奪出來（16．6）。」

親筆手稿

非常幸運，賈熙亞審閱的兩本《全德之路》手稿依然保存至今。第一本陳列在埃斯科里亞（Escorial）的皇家圖書館中；第二本保存於瓦亞多利（Valladolid）加爾默羅會隱修院，這是聖女大德蘭親自創立的會院之一。第一本手稿稱之為「埃斯科里亞」，以序言作為開端詞，接下來則不分章節，雖然大德蘭有指出她願在何處開始下一章。這本書共有七十二章，這些篇章的標題由聖女親筆寫在書的背面。

由於瓦亞多利手稿有幾章的篇幅加長，所以總共只有四十二章。大德蘭已經曉得，這書除了聖若瑟隱院的修女外，還會有其他的讀者，此外，如我們所說的，為了回應審閱者的評斷，她取消了某些資料。但在其他方面，她更進一步地詳談並發揮所探討的題目，例如：在論及收心和寧靜祈禱的重要主題上，我們所看到的。

瓦亞多利的手稿是道明會審閱通過的著作，且傳閱於新創立的各修院中。然而瓦亞多利的複寫本不全是精心之作。其中有兩份複本由聖女親自校對、修正並附加註解，至今仍分別保存在撒拉曼加（Salamanca）和馬德里（Madrid）加爾默羅會隱修院。

歷史背景

西班牙處於十六世紀時，其政治事件和宗教理念密切不分。世界各地所發生的事件，尤其在西班牙及歐洲各地，都會在大德蘭的著作中留下痕跡。而在降生隱院的小小世界裡所發生的事，也同樣在大德蘭及其著作中留下印記。明瞭其中的某些事件，自會使她論述祈禱的許多篇章更為精彩動人。

尋思大德蘭《自傳》所寫的最後經驗，讀者會以為這位卡斯提聖女所度的生活，更是在天堂的凱旋教會中，而非塵世的教會。她看到光榮復活的基督、榮福童貞瑪利亞、聖人和天使。在一個很特別的天使神見中，她經驗到天堂的光榮在她內，雖然她沒有清楚地看到天主⑦。從她以下的思想即可反映出，她是多麼地生活在天堂中：「我也認為，這些顯示非常有助於我，使我認識我們的真正家鄉，並看出來，我們是世上的朝聖客……那些我所認識的、在天堂裡的人是我的同伴，我由他們得到安慰，這事幾次發生於我；我認為，他們是真正生活的人，而在塵世的人，則是這麼的死氣沉沉，我覺得甚至連全世界都無法做我的同伴，尤其是當我經驗這些衝動時（自傳38．6）。」這一切，再加上她痛苦的愛之渴望，使她自以為將不久於人世⑧。

然而，《全德之路》的首章，表現出來的是非常返回塵世的大德蘭，對於受苦的教會深表強烈的憂心。「在那時，有消息傳來，我獲悉法國遭受的傷害，路德教派招致的災害，及這不幸的教派多麼快速增長。這些消息使我難過極了，於是，我向上主哭訴，祈求祂使我能補救這麼多的惡事，彷彿我真能做些什麼，又彷彿自己好似什麼人物似的（1．2）。」事

7. 參閱《自傳》39．22。
8. 參閱《自傳》20．13。
9. 胡格諾教派Huguenots：法國喀爾文派新教徒,因與天主教派（如吉斯家族）在政治上對立而引起法國宗教戰爭（1562－1598）。他們的領袖納瓦拉的亨利於1589年繼承王位。亨利改信天主教後於1598年頒佈南特敕令（Edict of Nantes），給與胡格諾派以重大讓步；但到1685年均被路易十四廢除，結果他們遭受迫害，紛紛逃亡國外。（劍橋百科全書）

情是這樣的，大德蘭聽到一些令人難過的謠傳，不過，她的話顯出她對事實並無清楚的認知。要記得，她說路德教派在法國，這句話表明她以含糊的方式說及誓反教，也證明她缺乏歷史和地理上的明確知識。天主教和胡格諾教派⑨之間的宗教戰爭，這個不幸的消息甚至傳入若瑟隱院內。大德蘭的陳述，反映出一般老百姓對這個新聞的可能詮釋。「教會正被摧毀，榮福聖體被撤除，許多司鐸喪亡了⑩。」

在大德蘭的意念中，教會和基督宗教⑪是同一的。「那些路德教派」的攻擊，她認為就是反基督宗教的攻擊。在整本書中，她都沒有使用「天主教」這個限定的名稱指示教會的成員，或教會本身。再者，她的神祕生活和教會之間的關係是不可分的，無論是指教會的牧職或痛苦。

真的很奇妙，儘管大德蘭有來自天主的這一切神諭、神見和通傳，她從未有過對教會的啟示，如同其他的聖人，諸如：瑞典的碧瑾（Bridget of Sweden）、謝納的佳琳（Catherine of Siena）、及瑪加利大．亞拉高（Margaret Mary Alacoque）。更好說，她的神祕生活在於對啟示內容的內在經驗，然而此乃由於其內的信德，也導致信德的內涵成為更銳利的焦點，結果使她形成一種確信和有力的意識，把握信德的奧祕。這是可以理解的，對信德的熱愛伴隨著她的經驗，且又推動她深入教會和《聖經》以尋求指導。在這方面，她寫道：「懷著這份對信仰的摯愛，此乃天主隨之灌注的，這是活潑有力的信德，經常致力於順服聖教會的主張，請教各種人，就像一個已經堅定同意這些真理的人（自傳25．12）。」她又更進一步地說：「根據我看見的，及從經驗得知，一個神諭，如果和《聖經》一致，則是具有來自天主的憑據（自傳25．13）。」在她的腦海裡，信德就是教會的主張，是《聖經》的真理。

10. 參閱《全德之路》1．2、5；3．1、8；35．3。
11. 基督宗教：Christianity此概念與Christendom（基督徒的總稱）有一體兩面的作用，較強調基督徒的宗教精神、靈修、教義與倫理觀。因為在一般天主教會的用法中，「基督教」一詞等同於「新教」（Church, Protestant），故用「基督『宗』教」一詞包含一切信仰耶穌基督的宗教團體，如天主教（Catholic Church）、新教（Protestant Church）、東正教（Orthodox Church）及一些小教派等。《神學詞語彙篇》

因此，當德蘭與博學者商談，向他們報告神修生活時，自己的生活和經驗是否合乎《聖經》的真理，這才是她最關切的事。於一五六三年，她寫給賈熙亞．托利多一份概括性的表白，述說她的靈魂，其中論及道明．巴臬斯，德蘭解釋說：「他是一位非常靈性的人，也是神學家。我和他討論關於我靈魂的每一件事。他則和其他博學者談論這些事，其中有曼西歐（Mancio）神父。他們發現我的經驗無不合乎《聖經》。這事使我現在非常平安，雖然我明白，只要天主以此道路引領我，我絕不可在任何事上信任自己。所以，我經常請教別人，即使我感到很困難。」⑫德蘭把博學者和神學家想像成「教會主張」的代言人，是「聖經真理」的大師。

所以大德蘭順服地呈遞著作，接受審閱，並非只是為了滿全形式的要求。為此，在《全德之路》的開端和結尾，她都提出巴臬斯神父，以之為其作品的審閱者；在她的著作當中，有兩次述說她順服教會宣佈的信仰⑬。另一件很有意思的事，後來大約一五七八年，當她準備出版此書再次審閱時，她加上了「羅馬」這個修飾語。卷首的信仰宣誓，也是在此時加上的。《靈心城堡》和《建院記》也同樣加上類似的更正。這些因素，可以說，指出德蘭不只熱衷於正統性的說法而已，更有甚者，按照她的單純觀點，在「慈母教會」內，她找到了啟示的真理、聖事和一個基督徒的大家庭。

「上主！請不要再容許任何傷害臨於基督徒（3．9）。」大德蘭很容易說教會是基督宗教；就像她很容易感受到，凡反對教會也就是反對基督；「祂如此地遭受欺凌（1．2）。大德蘭要如何阻止這個傷害，這些「惡事」呢？她一點也不訴諸暴力。「人的力量不足以阻擋異教徒引燃的烈火，雖然人們企圖以武裝力量應對，看能否挽救蔓延得這麼快、又

12. 《Spiritual Testimonies》3．13。
13. 參閱《全德之路》21．10；30．4。

這麼大的凶惡。我則認為必須這樣……正如我已說過，保護我們的是教會的力量，而非世間一般的武力（3．1）。」既然「教會的軍隊」是由傳教士和神學家組成的；在知識的程度上，他們必須以其學識和言語保衛教會。大德蘭並沒有包括在（這些人）內。她說：「然而，身為女子，又如此卑劣，服事天主，又不能如我所願做些什麼（1．2）。」然而，這些省思的結果，並非陷於漠不關心，反而是決心「去做我能力所及的些微小事。（1．2）」⑭

這個「些微小事」發展成德蘭的理想：小小的基督徒團體（起初只限於十一或十二位，後來增加到十五位，最後是二十一位），她們該是主的好朋友，努力盡可能地奉行福音勸諭，且為教會的保衛者、傳教士和神學家度祈禱生活；因此，這是服務教會，服務基督的生活。

然而，在那個年代，處於當時的種種境遇中，一群獻身於祈禱和默觀的婦女註定不會受到完全的信任，如果不是這樣，至少也會被人警告⑮。西班牙人民所得的正式教導，一般而論，是遵循克修生活和口禱兩者間「平穩」又「安全」的道路，避開神祕主義的異常道路，尤其是避開其附屬的現象：神諭、神見和啟示。

對於婦女，則更加急迫地聲明這個教導。假的女神祕家，其惡表成為閑聊和不可思議的嚇人資料。再者，還有遺傳法上的解釋，說女人是自然界的一個錯誤，是未完成的男人。這樣的反女權主義，達到何等的程度，從方濟．奧思納（Francisco de Osuna）寫的書中，明顯地表達出來：「一旦你看見妻子四處參拜聖堂，修行許多熱心敬禮，假裝成好像聖人一般，你要把她鎖起來；如果這樣還不夠，倘若她還很年輕，打斷她的腿，因為她可以跛著腳，從

14. 同上。若想更清楚明瞭大德蘭與教會，請參閱Tomás de la Cruz《*Santa Teresa de Avila Hija de La Iglesia*》，Ephemerides Carmeliticae 17（1966）：305－367。
15. 想更了解那個時代的讀者，請參閱《聖女大德蘭自傳》，加爾默羅聖衣會譯，（台北市，星火，2019）導論，18－55頁。

自己的家裡進入天堂，而不必到處尋求這些可疑的聖德形式。對一個女人來說，聽一篇道理，然後付諸實行就已足夠了。如果她渴望多些，在她紡織時，坐在丈夫的身邊，唸一本書給她聽。」⑯在當時，人們說，應該只准許女人三次離開家門：第一次是領洗，第二次是結婚過門到丈夫家，第三次是她的葬禮。這個說法不僅只是個笑話而已。

士林學派的神學家，受到亞里斯多德推理的影響，認為女人受到情緒的支配，不是以平穩的判斷行事。聖女大德蘭列聖品的過程中，巴臬斯承認他不願讓女人的著作傳閱⑰。至於他對聖女大德蘭《自傳》的正式評論，他讚美德蘭的美德，但警告她防備這許多的啟示和神見，「要經常對這些感到很害怕，尤其是女人家，她們更傾向於相信這些是來自天主的，並且以之建構聖德。」⑱

這種毒害導致對待婦女的這些態度是可以想像的：德蘭身為女子，確實感到非常無能為力。雖然如此，她在《全德之路》的第一版本上，清楚有力地寫出她對女人的保護，招致審閱者的干預，因而讓她感到不得不在修訂本上刪除一大部分。她指出，主在女子身上找到和男人一樣多的愛，也找到更多的信德，當祂在世時，這世界如此地恐嚇女人，竟使她們「不敢公開為祢做任何有價值的事，也不敢說出私下哀嘆的真理」，德蘭尖銳地下此結論：因為「世上的法官，他們畢竟都是亞當的後代，也全都是男人，對於任何女人的德行，都會感到懷疑。是的，我的君王，這個日子必會來臨，到那時，人們會認清一切。我不是在為自己說話——世人早已知道我的惡行，我也很高興被公諸於世——而是因為我看到許多時候，輕看有德而堅強的靈魂，是錯誤的，即使她們是女人（3・7）。」

德蘭這個小小的婦女團隊要成為上主的好朋友，藉著不斷祈禱的生活發展這個友誼，如

16. Francisco de Osuna, *Norte de Estados*（Seville, 1531）, as quoted by D.De Pablo Maroto in *Dinámica de la Oracion*（Madrid: Espiritualidad, 1973）, p. 109。
17. 見*Biblioteca Mísitca Carmelitana*, ed., Silverio de Santa Teresa, Vol. 18 （Burgos: El Monte Carmelo 1934）, p.10。
18. *Obras Completas de Santa Teresa de Jesús*, ed., Efrén de La Madre de Dios and O. Steggink（Madrid: BAC, 1967）, p. 190。

加爾默羅會的會規所規定的。但除了她們是女人之外，她們要修行心禱的這個念頭，也造成問題。因為伊拉斯穆斯（Erasmus ⑲）和神光派（Alumbrados ⑳）的信徒非常極端，極力主張修行心禱，他們相當輕視口禱，包括禮儀祈禱和其他禮典及儀式。這樣的輕視是否真是許多神光派信眾教導的一部分，仍是一件有待深入探究的事。當時柯南撒（Carranza）總主教曾提及某人被指控為神光派者，只因他在十字苦像前祈禱，這話暗示著假控訴的可能性㉑。柯南撒保護心禱，他主張心禱優於口禱，不過他並不譴責口禱。

雖然如此，保守派的神學家很擔心，恐怕修行心禱會播下誓反教的種子，對於西班牙黃金時代民間和教會的統治者，這無異於瘟疫般的恐怖。道明會士卡諾（Melchior Cano ㉒）是特利騰大公會議的神學家，也是國王斐理伯二世和宗教裁判所（Inquisition ㉓）的咨議，他攻擊自己的道明會同伴柯南撒總主教，以及路易斯．格拉納達（Luis de Granada ㉔），反對他們在民間推行心禱。宗教裁判所的總長瓦耳德斯（Fernando Valdés），抱怨路易斯．格拉納達，說他企圖寫默觀的道理，只是為了給木匠的妻子㉕。一五九九年，瓦耳德斯頒佈禁書目錄，其中幾乎囊括所有涉及祈禱的書籍（自傳26．5）。普通的老百姓應該忙於供養家計。對於這些人，望望彌撒和唸唸口禱就夠了。道明．索托（Domingo Soto ㉖）是屬於這一陣營的神學家，承認他不瞭解，那些在聖體龕前跪上兩個小時的人怎能思想天主，因為天主是無形可見的㉗。還有，另一位特利騰的神學家曼西歐．基督聖體（Mancio de Corpus Christi）批評柯南撒，因為他講論祈禱彷彿是朋友之間的分享。

此乃大德蘭創立女隱院時充滿懷疑的環境，她們獻身於祈禱、與天主建立親密友誼、充滿活潑信德和愛的生活，對德蘭而言，最完美的典範是榮福聖母，而她是木匠的妻子。這一

19. 伊拉斯穆斯（Erasmus, Desiderius 1466／69－1536），荷蘭神學家、人文學家、天主教司鐸。編訂希臘文《新約聖經》（*Novum instrumentum*, 1516），並按原文譯成拉丁文。主張神學不應以哲學，如士林神哲學為基礎，而應以聖經為根源。因此，對新教的宗教改革有所啟發，為天主教日後的革新鋪路。著有《輕視世界》（*De contemptu mundi*, 1493）、《神學的真正理念》（*Ratio verae theologiae*, 1518）、《有關自由意志的辯論》（*De libero arbitrio diatribe*, 1524）等。

切對女子的不信任，充分地包含在大德蘭的話裡：「像人們多次對我們說的：『有危險』、『某某人因此而迷失』、『另有一人也受騙了』、『那個經常祈禱的人跌倒了』、『這會妨害德行』、『這不適合女子，會使她們陷於幻覺』、『還不如用心紡織比較好』、『她們不需要這麼巧妙的事』、『念念〈天主經〉和〈聖母經〉就夠了』（21．2）。」

雖然如此，對於最後的這句話，大德蘭倒是完全贊同。如果以真實的態度用天主經來祈禱，必會進入心禱。德蘭幾乎像母親責備自己的孩子一般，她興師問罪，指出對所力求之事的無知。『基督徒啊！你們說心禱沒有必要，這是什麼？你們懂嗎？的確，我不認為你們明白，所以才會要我們也跟著錯誤：你們不知道什麼是心禱，不知道應該怎樣唸口禱，也不知道何謂默觀；要是你們明瞭這些，就不會一方面責備，另一方面又讚美（22．2）。」大德蘭在此強有力地保護心禱，不過，她也讚揚口禱，以之和心禱結合一起，並且論及這會引導人進入完美的默觀。

大德蘭主張，如果會有什麼危險，這危險係來自忽略心禱，她熱情地吶喊：「女兒們，好好作為，他們無法從妳們手中奪走〈天主經〉和〈聖母經〉（21．8）。」審閱者在此靈敏地逮住要點，加以干預，除了按慣例刪去一個段落外，更有甚者，在頁緣處寫道：「好像在責怪宗教法庭的審查者，他們禁止祈禱的書（21．8註）。」

祈禱是教會的工作，尤其當祈禱者是天主的密友時，祈禱是有效力的，大德蘭確信此事，即使是婦女的祈禱亦然。「我的天主！我信賴的是祢那些居住在此的僕人，我很清楚，她們除了悅樂祢之外，別無所求、所盼。為了祢，她們捨棄自己僅有的些微事物，而希望得到更多，為能以之來事奉祢。而我的造物主，因為祢不會忘恩負義，我因而認為祢不會不垂

20. 神光派（Alumbrados），或譯作光照派，先覺派。十六世紀西班牙的一個默觀靈修團體，強調人與天主／上帝的直接往來，個人靈修生活的安排不需透過教會的分辨判斷。

21. 見J. Ignacio Tellechea Idígoras, "Textos Inéditos Sobre El Fenomeno De Los Alumbrados, "*Ephemerides Carmeliticae* 13（1962）：768－774。

22. 卡諾（Melchior Cano [Canus]，1509－1560），西班牙神學家、道明會會士、天主教主教。參與特利騰大公會議有關聖體聖事及和好聖事的研討。為支持西班牙國王斐理伯二世反對教廷的政策，而出版《神學研討》（*Consultatio theologica*, 1556）。其著作《各種神學知識之來源》十二冊（*De locis theologicis libri* I－XII, 1543－1560），死後出版，共出了三十多版。

允她們的祈求。上主！當祢在世間行走時，祢並不輕視婦女，反倒是常常滿懷憐憫幫助她們。」這些靈魂的祈求緊密地與基督結合，她更進一步述說，也與祂和聖神的祈求一致，且是由於基督自己的功勞得蒙應允（3．7）。

這個聚在一起度祈禱生活的婦女團體，也可在加爾默羅會的會規精神中找到肯定。古時的隱修士在加爾默羅山上度著嚴厲的獨居和默觀生活，成為鼓舞這個小團體的典範（11．4）。儘管事實上，大德蘭好像不知道一二二六年教宗奧諾理三世（HonoriusIII）批准的會規，這是寫給獨居隱士的更早期會規。一二四七年依諾森四世所批准的加爾默羅會的托缽會規，其中的隱修精神已足以影響大德蘭，使她強調藉著禁地和從世俗退隱來修行獨居，遠勝於當時降生隱院的會規㉘。

降生隱院內住有許多人，由於團體的貧困，迫使修女耗費時光，在院內或院外的私宅陪伴恩人。為了相同的理由，患病時，修女必須離開隱院，尋求外界的援助。還有為了其他的目的，她們能夠輕易地得到離開修院的許可。降生隱院內有些修女渴望更嚴格地遵守禁地，好能奉行特利騰大公會議的命令。然而大德蘭想要的是隱修的精神：「我們努力達到的修道方式，不只是做個隱修女，而是要成為獨居隱士（13．6）。」對她那獻身於祈禱的小團體，獨居是最重要的。為此，要避免在公共工作室內操作；「修女們各自獨處，更容易守好靜默；而習慣獨居，對祈禱幫助極大（4．9）。」

雖然有許多的證據可以證實，降生隱院的團體，實際上是虔誠而熱心的，但按照個人的貧富背景，院中確實存在著不同生活形態的階層組織。無論錢的來源為何，個人能得到存錢的許可，有的修女甚至能有收入。因此，我們發現有關買賣房間的習俗，當然，較好的房

23. 宗教裁判所（Inquisition），或譯異端裁判所，指1231年由教宗額我略九世所建立的一種特殊的天主教會法庭，目標是處理宗教方面的異端者。1542年改組，由十二位樞機主持，教宗為主席。後漸漸改為聖職部，近日改為教義部。

24. 路易斯．格拉納達（Luis de Granada [Sarria] 1504－1588），西班牙靈修神學家、道明會士。致力於靈修生活的指導。著有《祈禱與默想》（*Libro de oración y meditación*, 1554）、《為罪人的輔導》二冊（*Guía de pecadores* I－II, 1556－1557）、《信經導論》二冊（*Introducción del símbolo de la fe* I－II, 1583－1588）等。

間必然屬於較富有的修女。至於窮修女根本沒有個人房間，而是睡在宿舍。貧富的懸殊也可從會衣顯露出來，諸如：褶邊、顏色、釦子等等。有的戴著戒指，有的則豢養寵物狗。有些人，例如大德蘭，保有doña（即夫人或女士）的尊稱，擁有寬敞的私人寓所，可招待家人來訪並留宿。有的修女還有服事她的僕人或奴隸。有的則因其顯赫的家室，得以在經堂內居首席。還得再多提一件事，在那時代，許多人入修會是為了解決社會問題，而非答覆修道的聖召，這是常有的事。㉙

由於觀看修道生活中這一切的修行和方式，大德蘭轉向不同的方向。福音中的神貧，如同一塊強力的磁鐵，吸引著她：「出身愈好的人，反而要愈少說她的父親。大家都必須是平等的（27·6）。」貧窮應是德蘭隱院的徽章：「在房屋、衣服和說話上，而最重要的是思想上的貧窮（2·8）。」與超脫金錢緊密相連的是超脫榮譽，因為「榮譽和金錢幾乎總是形影相隨；喜愛榮譽的人必不憎惡金錢，憎惡金錢的人必不看重榮譽（2·6）。」這種人人平等和謙虛的生活，正如大德蘭所展望的，要發展成真誠互愛的生活，這愛是基督對其跟隨者強烈要求的，如同她所說：「在我們的會院中，人數不超過十三位，也不該有更多，人人都必須是朋友，都必須被愛，都必須被疼愛，都必須被幫助（4·7）。」

中心主題

《全德之路》經賈熙亞·托利多審閱後，大德蘭繼而修訂，她在卷首寫此正式的標題：「本書所談論的，是耶穌·德蘭給她同會姊妹和女兒的教導和勸告。」這是一本「教導和勸

25. 見P. Tommaso della Croce, "Santa Teresa E I Movimenti Spirituali Del Suo Tempo, "*Santa Teresa Maestra De Orazione*（Rome: Teresianum, 1963）, pp.30－36. Cf D. De Pablo Maroto, *Dinámica De La Oracion*, p.106。
26. 道明·索托（Domingo [Dominicus] de Soto 1495－1566），西班牙神學家、道明會會士。趨向人文思想，特別研究恩寵論。影響特利騰大公會議的《成義法令》（*Decretum de iustificatione*）。支持保護拉丁美洲印第安那人所頒發的「新法律」。著有《邏輯學總論》（*Summulae*, 1529）、《羅馬書信註解》（*In epistolam ad Romanos*, 1550）、《基督徒教義大全》（*Summa de la doctrina christiana*, 1552）、《論正義與法律》（*De iustitia et iure*, 1553）等。

告」的書，是後來加上的，而這標題也不是大德蘭撰寫的，不過，她知道且批准這事。德蘭的手稿中，卷首的對頁出現的標題是：「本書題名《全德之路》，係加爾默羅山聖母隱修會耶穌．德蘭修女的著作。」因此，《全德之路》是一本實用的書，內含「教導和勸告」，預定教導加爾默羅會修女進入祈禱生活。所以整本書中，德蘭是一位導師，實地示範教學，指出陷阱，剖明正道與歧途。

祈禱的根基

德蘭開始寫這本書時，她首先確定此一默觀祈禱生活方式背後的原因。由於她熱切渴望天主的朋友應是良朋好友，她願意小團體盡可能成全地奉行基督的勸諭（1．2）。包括認真地遵守會規，她認為加爾默羅會規的本質因素是不斷祈禱（4．1～2）。度祈禱生活必須是平安的。為此，大德蘭避免加給修女們重擔。她所著重的，最主要只有三個修行，因為這些修行有助於保有主基督勸告她們的內、外平安，也會備妥她們度祈禱生活（4．4）。這三個修行是什麼呢？愛近人、超脫和謙虛。它們共同構成祈禱的根基。因為碰觸到人對他人、世界和自我關係的環節，能使心靈得到釋放。

雖然大家公認，大德蘭的著作中有其內在的結構和邏輯，可是她並沒有以條理分明的方式，費力地陳述她的觀念。她懷著獨特的單純態度，打一開始就坦誠告明：「由於不知道自己要說些什麼，也就無法說得條理分明（序言．2）。」她不只在卷首論及作為祈禱根基的這些修行：愛德、超脫和謙虛的主題，後來也成為談論祈禱效果的資料。她的離題旁論也是

27. 見D. De Pablo Maroto, *Dinámica De La Oracion*, p.107。
28. 參閱*Rule of st. Albert*, eds. H. Clarke and B. Edwards （Aylesford: Carmelite Priory, 1973）
29. 想獲悉降生隱院生活的讀者，請參閱P. Tomás Alvarez, "La visita del padre Rubeo a las carmelitas de La Encarnación de Avila（1567）," "Monte Carmelo 86（1978）：5－25. 也可參閱D. De Pablo Maroto, "Camino De Perfección," Introducción A La Lectura De Santa Teresa（Madrid: Espiritualidad, 1978）：285－288。

眾所周知的，使讀者在盡力跟上她的思想時，會有些挫折感；她打從一開始就突然地離題長談（整個第二章），這本來比較合適於別處的。因此，書的某處所敘述的主題，經常在他處重提此事時加以補充。

大德蘭開始談第一個修行，愛近人，她以四章專題來解析愛。把愛分成純靈性的、混雜感性的，關於後者，她特別感到難於解釋。修訂本中，她重新再寫這一部分，之後又撕掉，第三次再度執筆（4．12）。

談到愛這整個的主題，她抱怨說，人們經常使用「愛」這個字，但卻和真正而成全的愛毫不相干。她承認友誼的重要性，及何以友誼必須漸漸達到成全的愛，且因之而增進友誼；至於她的修女們，彼此朝夕共處，人數又少，她鼓勵她們要以人人為至友。此外，由於她擅長結交朋友，大德蘭說，過分的壓抑會把人們嚇跑，而不要服事天主。「我們的本性就是這樣，這些恐懼和壓抑，使人逃離妳們行走的道路，雖然他們清楚知道那是更有德行的道路（41．5）。」她那自然流露，及沒有壓抑而洋溢的自由風格，明顯地呈現在第一版本的許多地方，這些都經過審閱，或於修訂本中刪除。例如，警告修女們拒絕華麗的房舍，她結論說：「又憑著良心，我敢說，願豪華修院蓋好那天，馬上塌下來。」不過，第一抄本中，她寫得更強烈：「願所渴望的豪宅蓋好那天，馬上塌下來，壓死所有人（2．8）。」

無論她講論的靈修境界多麼高超，她總不願自己的女兒或讀者失去愛德的同情心。「有時候，一件芝麻小事，使人痛苦萬分，就像大難臨頭一般，對於天性敏感的人，小小的事情，也能使她大感憂苦。如果妳們天性並非如此，也不可沒有同情心（7．5）。」

超脫的主題包括德蘭所謂的神貧、克苦和委順於天主的聖意。觀察人的境況，最影響她念及超脫的是「萬有皆虛幻，一切行將告終，何其快速（10・2）。」修行超脫並非修女們的特權，愛德和謙虛的修行亦然。雖然大德蘭為她的修女寫《全德之路》，其實也可說是她的《會憲》註解，不過，這書已成為廣為流傳的靈修書，她的勸言適合每一位讀者。很明顯的，大德蘭不說修女們有更大的理由修行超脫，或說她們的生活更艱苦；相反的，有時，她觀察到已婚者被迫實行更大的自我修練，因為他們的責任，也因為活在世俗中的人所面臨的困難考驗，而修女們則沒有這些束縛（11・3）。她說：「我說『棄捨一切』，並非指入會修道，因為入會者可能遭遇阻礙，而成全的靈魂處處都能超脫與謙虛（12・5）。」

超脫的幸福結果是內在的自由，從擔心身體的舒適、榮譽和財富中得到釋放。考量德蘭生活的時代，她所規定的守齋和補贖是輕微的。「然而有些人，天生好受尊敬，喜愛好名聲，看得見別人的過失，總看不見自己的，諸如此類，確實都是來自缺乏謙虛（13・5）。」

超脫和謙虛如此地緊密相連，致使大德蘭不能專論其一，不談其二，這兩個德行「似乎總是形影不離，相隨出現（10・3）。」因為謙虛包含超脫自我，不掛心尊崇與名聲。所以，正如聖童貞以謙虛吸引天上的君王降臨塵世，靈魂也藉謙虛吸引愛（愛即天主）進入其內。「因為我不能明白，沒有愛怎會有謙虛，或怎能有謙虛呢？我也不懂，沒有謙虛又怎能有愛呢？而沒有極力超脫所有的受造物，也不可能有這兩個德行（16・2）。」

至於自卑則與謙虛無關，且可由所引起的擾亂不安辨識出來。大德蘭寫道：「謙虛不會使靈魂焦躁、不安或擾亂，無論是多麼大的謙虛；而是帶來平安、愉悅和平靜。……如果是好的謙虛……不會擾亂和折磨靈魂，反而擴大靈魂，使之有能力服事天主更多（39・

2）。」

確信每一件美好的事物來自天主，是論及謙虛時提出的一點。如果有一天，她自覺非常超脫萬物，德蘭從經驗得知，這樣的超脫可能在另一天會被拿走。她因而結論說：「既然是這樣，誰能說自己有德行、或富有德行呢？因為在最需要德行的時候，卻發現自己一貧如洗（38．7）。」

祈禱的方法

是否有個祈禱方法是大德蘭所教導的？這是一個經常提出的問題。在她那時代，一般的祈禱方法是推理默想。本書的第二部分，德蘭專題討論祈禱，寫下天主經的註解，她提出許多的默想書作為開場白。其中最有名的是道明會士路易斯．格拉納達的《祈禱與默想》，出版於一五五四年，也是她在《會憲》中推薦的。德蘭一面誇讚這些書，一面又加上很有意思的資格限定：「對那些腦袋有條有理的人，或訓練有素、又能專注於自己的靈魂，已有許多專家執筆的好書；那麼，如果妳們還來留意我說的關於祈禱的事，那就錯了（19．1）。」她確實無意寫給具有上述資格的那些人。她的方法是寫給相似她的人，他們的腦袋如同「脫韁的馬（19．2）」。「我極同情他們，因為我覺得他們好像非常乾渴的人，望見遠方的水，當他們想到那裡時，一路上，從開始，在半路，直至末了，都遇有阻擋他們通行的人（19．2）。」

大德蘭提供她的方法給這些人，給所有無法跟隨推理默想之路的人。為此，她求助於

〈天主經〉，這是基督教給我們的祈禱；因為口禱並不阻礙默觀。不過，必須以大德蘭傳授的方法誦唸這禱文，她稱此祈禱為收心的祈禱。她稱之為「收心的」，「因為靈魂收斂所有的官能，進入自己內，和天主在一起（28·4）。」必須與這個專心凝神一起的，是領悟天主非常靠近我們。她強烈地主張天主親近每一個人。「所有的損害來自沒有真的了解，祂就在近旁，反而想像祂在遠處（29·5）。」祂不只離我們很近，而且祂「的雙眼卻從不離開妳們。」德蘭問道：「誰能轉移妳們靈魂的雙眼，不看這位上主呢？（26·3）」

她的方法是一種臨在法，在我們的祈禱中完全置身於天主面前，因為祂時時都完全地臨在於我們。「我所希望的只是，我們要注視且面對著和我們談話的天主，而非以背對祂（29·5）」專心凝神於內，完全臨在，注視著，凝望著；這些都是表達她祈禱方法的相稱說詞。「我並沒有要妳們思想祂，或獲取許多的觀念，或用妳們的理智，做偉大又巧妙的省思；我要求妳們的，無非是注視祂（26·3）。」

如果人做此努力，也就夠了，為此之故，德蘭稱此收心的祈禱為一個方法（29·4）。我們知道，收心有不同的程度，大德蘭預言說，開始時會有一點困難，但不久「就會清楚看到所獲得的益處（28·7）」

這個帶有口禱的收心祈禱，真的是個卓越的祈禱方法，大德蘭發現，這方法預備人達到默觀祈禱。「他的神性老師，更加快速地來教導他，賜給他寧靜的祈禱，這不是用其他什麼方法可以達到的（28·4）。」她聲稱「直到上主教導我這方法以後，我才了解愉悅滿足的祈禱是怎麼回事（29·7）。」她結論說：「所以，修女們，為了愛上主，妳們要習慣以這樣的收心，來祈禱誦唸〈天主經〉，不久妳們就會看到它的好處。因為這個祈禱方法，靈魂可以這麼快就養成習慣，而不致迷失，感官也不會激動浮躁，時間會向妳們證實這事的（29．6）。」

嚴格奉行某一祈禱公式，決不會是大德蘭的教導。她那自然流露的祈禱，幾乎展現在書中的每一頁上，包括了所有的祈禱方式：祈求、讚美、朝拜、奉獻、感恩。〈天主經〉開頭的禱詞，帶她翱翔於即興的祈禱中，她以自己的祈禱來教導我們。不過天主經總是在那裡，隨時可以再回來。除了這個不受嚴格限制的自由外，她很重視在基督面前的各種不同的心態：喜樂時，和復活的祂在一起；困苦和悲傷時，和苦難中的基督一起。面對我們內的基督，如祂在不同的福音記載中向我們顯示的，這能夠是一個更重要的幫助，有助於收斂心神和專注於祂。雖然祂已復活，祂仍藉著祂世上的奧跡，更真實地親近吸引我們，而影響著我們（26．4、5、8）。

有時在此祈禱中，靈魂感到一種被動的沉靜，漸漸地被引入更深的寧靜。「我知道有許多人誦唸口禱時被天主提拔，達到崇高的默觀，他們卻不知道是怎麼回事（30．7）。」從這個收心的方法開始，大德蘭接著繼續描述寧靜的祈禱，即默觀的最初階段，以她的話來說，這常是被動的祈禱，也是無法以人的努力獲得的。這默觀的最初階段，還不是官能的完全靜默，接下來的是結合的祈禱，此時所有的官能安息於內在的靜默中。當默觀開始，沉浸於收斂心神；話變少了，有時只一句話就足夠了。不過，無論是製造或緊握神祕祈禱，個人的努力根本毫無作用。「更能留住這恩惠的是，清楚地明白，我們既不能除去，也不能擺置這恩惠；我們只能滿懷感恩，自認極不堪當地領受這恩惠；無需許多的話語（31．6）。」默觀就像從水泉裡喝活水；但是這和世上的水不同，活水解除靈魂的口渴，同時又增加她的渴。

大德蘭認為，主基督以頗為隱晦的方式教我們〈天主經〉，好使每個人可各按其意向祈求。至於她自己，她獲知許多深奧的祕密，此乃教導眾人唸這禱文的上主展現給她的。「這是確實的，〈天主經〉蘊含這麼大的祕密，從來不曾進入我的心思意念中；妳們已經看得出來，其中包含整個的靈修道路，從開始直到天主使靈魂完全著迷，賜予靈魂暢飲活水之泉，可以說，這是路程的終點（42．5）。」

沒有大德蘭的「*muy determinada determinacion*」，亦即不屈服的決心，則抵達不了路的終點。「要有一個很大和非常決心的決心（*muy determinada determinacion*），不達目的絕不罷休，無論什麼事臨頭，或發生什麼事，不管工作怎樣辛勞，或有什麼流言蜚語，不論達不達到目的，或死在途中，或面對路途的磨難，灰心喪志，甚或整個世界都坍塌（21．2）。」

英文譯本

由於複本的需求和短缺，經過一些時日後，大德蘭想要付印她的書，她也覺得需要請人幫她細心編排。有位不知名的編輯應邀前來，不明智地編訂這份細膩的工作。他的措辭優雅，以至不再保有大德蘭許多迷人的特點。大德蘭重新修訂，耐心地刪除，並重寫編輯者過分修改的地方；這份手稿保存於托利多的加爾默羅會隱院。《全德之路》的初版，採用的正是這份手稿，一五八三年出版於依凡拉（Evora）、一五八五年撒拉曼加、一五八七年瓦倫西亞（Valencia）。然而，凡熟識大德蘭的自然流利及會話風格的人，對此頗感不悅，路易斯·雷翁（Fray Luis de León）編選大德蘭全集時，選用了瓦亞多利的手稿。不管怎樣，兩個不同版本的出現，導致更混亂的情勢，甚至達及我們的時代，直到斯培理奧（Silverio）神父在他的原文校訂版本中澄清了整個的問題。

我們的譯本採用瓦亞多利手稿，是大德蘭修訂的，經賈熙亞神父批准。然而，如果只譯出瓦亞多利版本，則會有些不齊全，致使英文讀者無法賞識埃斯科里亞版本中生動的段落，及有趣的差異。埃斯科里亞版本中，許多的增刪修改能納入瓦亞多利版本，不至於嚴重地損及書中奔放的思想。我們會指出引用的部分，且以括號【】插入瓦亞多利版本。若兩個版本有相同的段落，卻又很不一樣，我們把埃斯科里亞版本的譯文放入註解中㉚。

《全德之路》按其主題劃分如下：

1. 德蘭加爾默羅會的宗旨（1～3章）
2. 祈禱的根基：愛近人、超脫和謙虛（4～15章）
3. 默觀團體中各種不同的途徑（16～18章）
4. 概論祈禱（19～26章）
5. 註解〈天主經〉（27～42章）
   ① 基督是祈禱的導師和嚮導（26～27章）
   ② 收心的祈禱（28～29章）
   ③ 寧靜的祈禱（30～31章）

30. 在這一點上，中文譯本略有不同，由於埃斯科里亞版本的譯文很長，不宜放在註解處，因此全部放進正文，以括號【】標示。

④捨棄自我承行主旨（32章）
⑤聖體聖事（33～35章）
⑥寬恕罪過及超脫榮譽和尊重（36～37章）
⑦免於欺騙和幻想（38～41章）
⑧嚮往永生（42章）

一九七九　紀南・柯文諾OCD於麻州布魯克林加爾默羅會院

† † †

預備本書時，得到多方的協助，理當在此表達謝忱。首先特別感謝十字多瑪斯（奧華雷思）神父（Padre Tomás de la Cruz）（Alvarez），允許譯者使用他的西文版《聖女大德蘭全集》。預備本書註解時，他的豐富註解是我們絕對必須的參考資料。我也感謝艾利斯堡（Elysburg）及賓州（Pennsylvania）加爾默羅會隱修院，她們提供編製索引的重要服務。其他幾座加爾默羅會隱修院：丹弗（Danvers）、羅斯勃（Roxbury）及印第安納波里（Indianapolis），幫助分擔繁瑣的編輯事宜和校稿。安德倫・庫尼神父（Fr. Adrian Cooney）提供編輯上的寶貴建議。珍・瑪蘿（Jean Mallon）細心地打出整本書。最後，我必須向許多人深表感激，他們鼓勵歐迪理奧神父（Fr. Otilio）和我，繼大德蘭全集卷一之後，恆心譯出偉大聖女的全部著作。

JHS ①

本書所談論的，是耶穌．德蘭給她同會姊妹和女兒的教導和勸告。因我們的主和榮福童貞天主之母的助祐，她創立這些隱修院，遵守《加爾默羅山聖母原初會規》。她特別寫給亞味拉聖若瑟隱院的修女；這是她的首座隱修院，書寫本書時，她是該院的院長②。

† † †

本書中，凡我所言，完全遵從羅馬慈母聖教會的教導，若有任何違逆之處，應歸咎於我的不明事理③。為此，我請求審閱本書的博學之士，為愛主之故，詳予審閱，並更正書中任何違反教會之處，及其他方面可能有的許多錯誤。書中若有任何善言嘉語，但願能榮耀和光榮天主，並能服事祂的至聖母親，我們的聖母和主保，雖然我極不堪當，仍身穿她的聖衣。

序言

❶ 在這聖若瑟隱修院的修女獲悉，我得到現任神師神父④，榮福道明會的會士，道明．

1. 意即耶穌人類的救主（Jesus Hominum Salvator）。聖女大德蘭寫每一本書開頭就先寫JHS。
2. 聖女大德蘭創立亞味拉聖若瑟隱院，卻非該院首任院長。一位來自降生隱院，年紀較大的安納．聖若望修女（Ana de San Juan）才是首任院長。她嚴苛地對待聖德蘭，羞辱且貶抑她。不久之後，這位院長修女因健康欠佳返回降生隱院。約於1563年3月初，聖女被任命為院長，她擔任此職，直至1568年。她寫本書，正是在任期內。
3. 這段遵從聖教會的宣言，出現在托利多抄本，是聖德蘭補述的。為出版之故，1579年送呈依凡拉總主教德奧多尼歐．布納加撒（Don Teotonio de Braganza）。

巴臬斯神父（Padre Presentado ⑤ Fray Domingo Bañes）的准許，寫些有關祈禱的事。由於我曾和許多神修人及聖人談論過祈禱，因此彷彿我有可能善盡此責。修女們纏擾不休，一再要求我對她們談些祈禱，所以我決定服從她們。我明白，由於她們對我的厚愛，會使我那不完善又笨拙的文體，更受悅納，超過那些寫作精良的書籍，那些書的作者知道自己所寫的是什麼⑥。我信賴她們的祈禱，或許因為她們，上主將樂於幫助我述說，有關本院奉行的生活方式和風格。如果我寫的不好，我的神父是首先閱讀這本書的人，他或是更正錯誤，不然就是燒掉它。服從這些天主的婢女（譯按：指修女們），我則一無所失。她們會看到，當至尊陛下不幫助我時，我會是怎樣的。

❷ 我想提出一些良方，針對魔鬼設下的一些小小誘惑，由於這些小誘惑層出不窮，人可能不拿它們當一回事。我也想說說其他的事，如天主使我懂得的事、及我記起來的事。由於不知道自己要說些什麼，也就無法說得條理分明；我認為這樣更好，因為寫這本書對我而言，已是一件毫無倫次的事情。願上主在我所做一切事上伸出援手，使之翕合祂的聖意，這是我常有的渴望，雖然這些工作像我一樣，有這麼多的缺點。

❸ 我知道，自己並不缺乏愛和渴望，想竭盡所能，幫助我姊妹們的靈魂，在事奉天主上，日益精進。這一份愛，再加上我的年紀，以及我曾在一些修道院的經驗，可能使我比那些博學者，更善於談論這些芝麻小事。因為他們有其他更重要的事，又是強壯的男人，這些看似不算什麼的瑣事，他們不會這麼在意的；至於像我們這樣脆弱的女人家，什麼都可能造成傷害。因為魔鬼詭計多端，要對付幽居在隱修院的人，魔鬼已看出來，要加害她們，必須使用新式的武器。卑劣如我者，尚且不知如何善加抵禦，因此我希望，我的姊妹們能從我得

4. 根據聖德蘭所說，巴臬斯神父擔任她的神師長達六年，約由1562至1568年。
5. Presentado：聖女大德蘭敬稱道明．巴臬斯神父為Padre Presentado，「Presentado」是當時道明會士專用的敬稱，現已不使用，無法翻譯。請教道明會的潘貝頎神父，他表示可以省略，直接稱神父即可，所以本書中凡有敬稱之處，直譯為神父。
6. 有位審閱者在邊緣附註：「聖國瑞（San Gregorio）寫些關於約伯，及談倫理的事，是由於天主的僕人們一再強求，如他所說的，他信賴他們的祈禱。」

到鑑戒。凡我未曾經歷，或在他人身上未曾見過的，【或祈禱時，上主未曾明示我的事，】我將一概不提。

❹ 不久前，我受命寫一份報告，敘述我的生命，在那裡我也談到一些祈禱的事⑦。但恐怕我的神師不願妳們看這報告，所以本書中，可能會寫些已在那裡說過的，而我也要寫寫其他我認為必要的事情。願上主親手執筆行文，如我向祂懇求的；並願祂使之愈顯主榮。阿們。

7. 這裡所說的是她的《自傳》，1565年底，她在亞味拉聖若瑟隱院內完成那本書的第二修訂本，接著開始寫《全德之路》。

第一章

談論促使我建立這座遵守如此嚴規隱院的理由。

❶ 起初，當我開始創立這座隱院時（創院的理由，前述提及的書⑧中已述說了，由於一些崇高的恩惠，上主使我明瞭，祂將在這隱院得到很多的事奉），我並不想要外表這麼嚴格，又沒有定期收入的隱院；相反的，我盼望有可能什麼都不缺。總之，像我這樣脆弱和卑劣，雖然這樣做是出於一些好意向，而非為了我個人的舒適。

❷ 在那時，有消息傳來，我獲悉法國遭受的傷害，路德教派招致的災害，及這不幸的教派多麼快速增長。這些消息使我難過極了，於是，我向上主哭訴，祈求祂使我能補救這麼多的惡事，彷彿我真能做些什麼，又彷彿自己好似什麼人物似的。我覺得，**為了拯救那許多失落靈魂中的一個，我情願死千萬次**。然而，身為女子，又如此卑劣，服事天主，又不能如我所願做些什麼，我所有的渴望，從過去到現在始終是：既然祂的敵人這麼多，朋友這麼少，這些極少的朋友該是很好的朋友。因此，我決心去做我能力所及的些微小事，也就是，盡我所能徹底完美地遵守福音勸諭，並且使住在這裡的少數幾位也同樣如此。**我信賴天主的寬仁慈悲，凡決心為祂捨棄一切的人，從不缺少祂的助祐**。而我也相信，如果在這裡的修女，符合我寫給她們的，我所期望的理想，置身於如此豐富的德行中，我的過失就不會太強烈；我也可因此而稍稍取悅天主。而當我們全都專心致志為保衛教會者祈禱，為這些保護教會免遭攻擊的宣道者和博學者祈禱，我們就是盡所能幫助我的這位上主。祂正被那些祂曾善

8. 即聖女大德蘭的《自傳》。

待過的人欺凌。這些叛徒好像要重新把祂釘上十字架，使祂連枕頭的地方也沒有。

❸我的救贖主啊！念及這些事，我的心不能不感到極度的沉重悲痛。現今的基督徒怎麼了？最冒犯祢的人，總是那些虧欠祢最多的人嗎？那些人，祢豈不是在他們身上行了大事，揀選他們作祢的朋友，以聖事陪伴他們行走，和他們交往嗎？祢為他們忍受的痛苦，他們還不滿足嗎？

❹的確，我主！現今與世隔離的人，並非做了什麼了不起的大事。既然這世界對祢這麼不忠誠，我們還期待些什麼呢？或許我們更值得被人善待嗎？或許我們能對世人行更大的善舉，而和他們維持友誼嗎？這是什麼啊！我們現在期待的是什麼呢？因天主的慈善，我們免受瘟疫般的癩病，而那些人已經是屬於魔鬼的人了。的確！他們罪有應得，以自己的雙手贏得懲罰，以他們的快樂獲取地獄永火。那是他們的憂慮！然而，**看到這麼多靈魂失落，我的心為之破碎**。雖然我不能對那無法挽回的罪行過於憂傷，我實不願看到失落的靈魂與日俱增。

❺啊！我在基督內的修女們！幫助我向天主懇求這事，這是妳們為何聚集在這裡的緣故，這是妳們的聖召！這些必須是妳們投身的事業，必須是妳們渴望的事，是妳們流淚的事；這些必須是妳們祈求的對象，我的修女們！妳們要祈求的不是塵世俗務。人們來這裡求我們祈禱，向至尊陛下祈求財富和金錢，關於這些事，我嘲笑，甚至為此感到憂傷，我希望有些人會祈求天主賜予踐踏萬物的恩寵。他們有很好的意向，總之，看在他們的虔誠上，我們為他們的意向祈禱，雖然對我自己來說，我不認為，當我祈求這些東西時，天主曾俯聽過我。**這世界正烈火燎原，人們要再次判決基督**，就是說，他們揭發無數的假見證控告祂，他

們想破壞祂的教會。而我們向天主要求那些東西，豈不是在浪費時間嗎？萬一天主賜予所求的，在天堂上，我們豈不是要少掉一個靈魂嗎？不是這樣的！我的修女們！現在不是和天主討論無關緊要之事的時候。

❻老實說，如果我不看人的軟弱——人們因獲得急難時的援助而受安慰（我們能盡力幫助人，這是很好的），要是人們能了解他們如此操心掛慮祈求天主的，不該是這些東西，我是會很高興的。

第二章

談論何以必須輕忽肉身的需求，並論神貧的好處。

❶我的修女們！妳們不要以為，不去討好世俗人，就會沒得吃，這事，我可以向妳們擔保。千萬不要運用人的策略謀求維生之計，那樣，妳們都會餓死，確實如此。雙眼緊盯著妳們的淨配吧！祂必定養活妳們。如果妳們悅樂天主，連那些最不愛妳們的人，即使他們可能不願意，也會供給妳們食物，正如妳們從經驗中看到的。如果這麼做，會使妳們餓死，那麼，聖若瑟隱修院的修女是有福的！為了上主的愛，妳們不要忘記這事。因為妳們已放棄定期收入，放棄對食物的擔憂；如果不這麼做，一切都會喪失。那些上主願意有定期收入的修會，他們為之擔憂是合宜的，因為那是他們的聖召，這是非常正確的；至於我們，修女們，

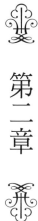

這樣做則是大錯特錯。

❷擔憂別人的收入，我認為，等於是惦念他人的享受。的確，妳們的操心不會改變人家的想法，也不會促使他們渴望施捨。把這份掛心交託給能推動萬有的主，因為祂是金錢和賺錢者的主。由於祂的命令，我們來到這裡，祂的話是信實的，不會過去；反之，天和地都會過去⑨。我們不要捨棄天主，不用怕祂會捨棄妳們。如果有時祂捨棄妳們，那是為了更大的益處，就像聖人為了主而被殺，他們的生命被捨棄，這是因為經由殉道，會增加他們的光榮。這是很好的交換，以稍縱即逝的一切換取永恆豐盈的福樂。

❸修女們！請注意，這事非常重要，即使在我死後依然重要，為此之故，我寫下來留給妳們；在我有生之年，我會提醒妳們。透過經驗，我看出來最大的獲益是：當所擁有的愈少，我的憂慮也愈少。我認為，天主知道，有許多盈餘時，比有所匱乏時，更令我難受。我不知道，這是不是因為我已看到，一有所需，上主立刻給予。如果我們只圖外表貧窮，而心靈卻不是如此，這就是在欺騙世界。可以說，我的良心會不安，我認為，這就像富人在乞求施捨；求求天主，事情不會這樣。因為過於掛慮是否得到施捨的地方，這些掛慮遲早會成為一種習慣，或者很可能，我們會去要求並非需要的東西，或許會去向比我們還貧乏的人請求。雖然施予的人毫無損失，只有獲益，我們卻會有所損失。我的女兒們！求求天主，不要這樣！如果必須如此，我寧可妳們有定期收入。

❹為了天主的愛，我請求妳們，就像我求妳們給我施捨一般，妳們的心思千萬不要被這事占有。在這修院內，只要覺察出有這樣的事，最小的修女要呼求至尊陛下，也要提醒院長。謙虛地告訴她，這是不對的；並且是這麼錯誤，將會逐漸喪失真正的貧窮。我在主內懷

9. 參閱《路加福音》第二十一章第三十三節。

著希望，但願事情不會這樣，祂也不會捨棄祂的僕人們。為此之故，即使不為其他的理由，但願妳們要我寫的這本書，能有助於提醒妳們這些事。

❺ 我的女兒們！要相信，為了妳們的好處，天主賞賜我稍微明瞭神貧內蘊含的福祐，凡有經驗的人都會明白，或許不像我知道這麼多；因為我不但缺乏神貧，即使我已誓發了聖願，而且在精神上我是很狂妄的。**神貧是個寶貝，世上一切好事，盡含其內。**【而且我相信，所有的德行都蘊含深度的神貧。關於這事，我並不肯定，因為我不知道每一德行的價值，至於不認為自己透徹明白的事，我就不述說；不過，對我而言，神貧包含許多德行。】神貧具有很大的統治權。我是說，對那根本不掛念世上美物的人，神貧再次賦予他統治一切的權柄。如果我毫不想望國王和公卿貴族的財富，也不討取他們的歡心，如果我連極小的事也不願惹天主不高興，那麼，國王和公卿貴族與我有何相干？如果我已明白，**窮人最大的光榮，就在於真正貧窮**，他們的榮譽又算得了什麼呢？

❻ 我認為，榮譽和金錢幾乎總是形影相隨；喜愛榮譽的人必不憎惡金錢，憎惡金錢的人必不看重榮譽。要清楚明瞭這事，因為在我看來，渴望榮譽者，對金錢或收入，往往也會有某種程度的興趣；因為，若有窮人在世上受尊榮，這會是個奇蹟；反之，即使堪受尊榮，他所得的也是微乎其微⑩。真正的貧窮帶來至極的光榮；只為天主而選擇的貧窮，我說，除天主外，無須去討好任何人。這是非常確實的事，對人無所需求者，擁有許多朋友。從經驗中，我清楚明白這事。

❼ 因為，有好多談論這德行的文章，我實在弄不清楚⑪，更別說要來述說，為了不致因我的讚美，而有辱這德行，我不再多說。我只說從經驗中得知的事，我也承認，自己這麼沉

10. 聖德蘭在這裡指出十六世紀西班牙的社會境況，尊榮地位只保留給上層階級和貴族。按照國王斐理伯二世的諭旨，只准貴族有封號，窮人無權享有封號，因此也與尊榮絕緣。
11. 「我實在弄不清楚」：原文很有意思，no lo sabré yo entender，直譯是，我不知道我懂得。

浸其中，所談論的是些到現在我仍不明瞭的事。不過，由於已經在說了，為了上主的愛，要知道，神貧是我們的徽章，我們的修會開始建基時，深受先輩聖父的重視並遵行。（因為知道的人告訴我，他們不為明天存留什麼。）外在這麼成全的神貧，我們既然無法遵行，就要在內心努力保有神貧。生命一場兩小時⑫，賞報是極大的；除了奉行上主給我們的勸諭外，別的什麼都不做，這時，能稍微師法至尊陛下，已是豐厚的酬報了。

❽我們的旗幟上必須有這些徽章，也要渴望在各方面守好神貧：在房屋、衣服和說話上，而最重要的是思想上的貧窮。當妳們這樣奉行時，賴天主的恩祐，不必怕修院內的修道生活會衰退；因為，如聖佳蘭說的，貧窮是修院的高牆。她說，她渴望用來圍繞修院的，就是這些神貧、及謙虛的高牆⑬。如果真的守好貧窮的話，端莊⑭和其他一切德行會更形堅固，勝過非常豪華的院舍，這是千真萬確的。要守好神貧；為了天主的愛，也為祂的寶血，我向祂祈求這事；又憑著良心，我敢說，願豪華修院蓋好那天，馬上塌下來。【⑮願所渴望的豪宅蓋好那天，馬上塌下來，壓死所有人，我說這話，毫無良心的自責，我會向天主祈求這事。】

❾我的女兒們，用窮人的錢蓋豪宅，這樣是很糟糕的。願天主不要容許這事；整座院舍該是小而貧窮。讓我們稍微相似我們的君王，祂除了誕生時的白冷馬槽，死亡時的十字架外，無家可歸。這些房舍應是這樣的，能有個小地方來散心⑯。那些蓋豪宅的人，知道他們在做什麼；他們有其他的聖善意向。然而，對十三位窮修女來說，什麼樣的一個角落都該夠了⑰。如果因為完全隱居的生活，妳們必須有田園（這甚至有助於祈禱和虔敬），附帶幾間獨修室，供妳們退隱祈禱，非常好；但是，千萬不要有豪宅和大廈。天主啊！拯救我們吧！

12. 生命一場兩小時：dos horas son de vida，就是說，生命稍縱即逝。
13. 聖德蘭可能在聖文德（Bonaventure）的《聖方濟和聖佳蘭行傳》（Leyenda mayor de S. Francisco y S. Clara, Toledo, 1526）看到這些話，而說是聖佳蘭說的。
14. 端莊：honestidad有穩重、純潔、正派的意思，參見第五章第六節的註解。
15. 在第一抄本中，她的措詞非常強烈。
16. 加爾默羅會修女畢生幽居隱院，此處所說，有個小地方散心，除了指散心室，也指有點戶外的空間如陽台、花園。

妳們要常常記得：審判之日，所有一切都要塌下來，我們怎知道，這日子不會很快來到呢？

⑩不過，十三個小窮修女住的房子，塌下來時，發出天大的響聲，這是不好的；真正的窮人必然不聲不響；為得到人的同情，也一定是不吵不鬧的人。當她們看到，某人因救濟她們而免陷於地獄，她們會怎樣歡欣喜樂！這完全是可能的，由於恩人供給她們食物，她們大有義務，不斷為恩人祈禱。雖然食物來自上主，祂還是要我們感謝恩人，因為是經由恩人而賜給我們食物。妳們不要疏於表達感激之情。

⑪我不知道開始說些什麼，因為我已經離題。我相信，這是上主願意的，因為我這裡所說的事，我從未想到要寫下來。願至尊陛下常常親手保護我們，使我們不致喪失神貧。阿們。

第三章

繼續談論第一章開始的主題，說服修女們時時專注於懇求天主，恩祐為聖教會操勞的人。章末以熱烈的呼求結束。

❶重拾第一章的話題，亦即，為何上主讓我們聚集在這會院，又為什麼，我極渴望我們能稍稍取悅至尊陛下。我說，眼看著這麼大的凶惡，人的力量不足以阻擋異教徒引燃的烈火，雖然人們企圖以武裝力量應對，看能否挽救蔓延得這麼快、又這麼大的凶惡。我則認為

17. 按聖女大德蘭的看法，每一團體修女的人數該是少數。1561年，她認為15位（參閱1561年12月12日寫給Lorenzo de Cepeda的信）。後來，她說13位（見《自傳》32・13），意即12位修女代表宗徒，院長則代表基督。起初，亞味拉降生隱院只要14位修女，12位代表宗徒，兩位分別代表主基督和聖母。大德蘭隨從降生隱院早期的傳統時，她增加第十五位，念及大聖若瑟。1576年，古嵐清神父擔任宗座委員，遵照大德蘭的主張，規定凡守神貧的隱院，除輔理修女外，可有13或14位修女，在有收入的隱院，則可以有20位修女。見Biblioteca Mistica Carmelitana, ed. P. Silverio de Santa Teresa, O.C.D., 20 vols.（Burgos: El Monte Carmelo, 1915－35）, 6:525（以下這出版處簡稱BMC）

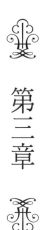

必須這樣，就像打仗時，敵軍侵犯了整個國境，君王自覺被重重圍困，而退避到一座設防堅固的城裡，從那裡，他有時能反擊敵軍。因為這城內的人，全是精選的英勇戰士，他們獨自一人能完成的事功，遠超過許多懦弱的士兵，他們也多次這樣獲勝。至少，即使沒有得勝，也不會被征服；因為，他們中沒有叛徒，若不是由於饑餓，是不會被征服的。然而，即使面臨這樣的饑餓，也不足以迫使他們投降；是的，他們寧願死，也絕不屈服。

❷ 然而，我為什麼說這事呢？我的修女們，是為使妳們明瞭，我們必須祈求天主的是什麼。在這個小城堡內，已經有很好的基督徒，求天主不要使我們中有人去投靠敵方，並使這城堡或城市的指揮官，就是指傳教士和神學家，在上主的道路上非常超群出眾。他們中大多數是修會的會士，我們要祈求天主，使他們在全德和聖召上突飛猛進，這是非常必要的，因為，正如我已說過，保護我們的是教會⑱的力量，而非世間一般的武力。然而，兩者都不能有助於我們的君王時，我們要努力成為像這樣的人：就是使我們的祈禱能幫助天主的忠僕，他們以博學廣識、生活聖善和操勞工作，使自己剛毅堅強，為能在此時能有助於天主。

❸ 妳們可能會問我，為什麼如此強調這事，又為什麼我說，我們必須幫助那些比我們更優秀的人。我要告訴妳們為什麼，這是因為，我不認為妳們已經弄清楚，妳們虧欠天主多少，祂帶領妳們來到此地，除免俗事的繁務、犯罪的機會、及和世俗的交往，的確，這是個極大的慈惠！我所說的那些人，就無法和我們一樣，不過，他們不能如此，是好的，尤其是在現今這樣的時代。因為他們必須堅強軟弱者，鼓勵卑微者。沒有指揮官的兵士是多麼的可憐！這些人必須生活在人群中，與人交往，住在皇宮內，有時甚至必須在外表言談舉止，和他們相似。我的女兒們，想想看，他們必須涉足俗世，生活於其中，處理世間事務，並且如

18. 教會（ecclesiastical）：在聖女大德蘭的心中，教會就等於基督。

我說過的，說起話來如同世人，但在心中卻要對世間的事物冷漠、敵對，猶如遭受放逐的人一樣，總之，就是要像不食人間煙火的天使，妳們認為，這對他們是個小小的要求嗎？

如果不是這樣，他們就不配稱為指揮官，天主也不會允許他們離開自己的斗室，因為他們造成的損害，將遠超過行善造福。現在不是看到那些教導者不完善的時候。

❹ 如果他們不是由於徹底明白踐踏萬物於腳下、超脫轉眼告終的事物、緊握永恆事物的重要性，而使內心堅強穩定的話，無論他們如何掩飾，還是會露出蛛絲馬跡。他們必須交往的不是世俗嗎？不用怕世俗會原諒這些缺失；沒有什麼不成全的事，世俗不知曉的。世俗忽略許多善事，甚或不認為是善事，但對於一切惡事或不成全，不用怕，世俗是不會放過的。令我驚嚇的是，現今教導世人全德的會是些什麼樣的人。大家學習不是為了修練、保有德行（因為他們認為對此毫無責任，只要他們合理地守好十誡，就已足夠），而是用來責難他人。有時候，他們視德行猶如奢華的行為。

因此，妳們不要以為，在傳教士和神學家投身的大戰場中，他們只需要一點點的天主恩寵，恰恰相反，他們需要至極的大恩。

❺ 我請求妳們，竭盡所能，使我們堪當蒙受天主賜予兩項恩惠：第一，在眾多的博學之士和會士當中，使許多人具備我所說的，打這場仗必須有的資格，至於沒有資格的人，求主預備好他們。一位具備全德的人，所能成就的，遠超過許多不成全者。第二，置身在這戰場後，如我所說的，並非易事，求主保護他們，免陷於世俗中的許多危險；掩住他們的耳朵，處危險世海中，不讓他們聽到迷魂歌聲。如果以上的某些祈求，得蒙上主俯允，即使幽居隱院中，我們正在為祂作戰。那麼，為創立這個小角落所遭遇的種種苦難，我認為是很值

得的。在這裡，我希望完善遵守我們的聖母、也是我們母后的會規，如同原初時那樣成全。

❻ 不要以為持續這些懇禱⑲是無益的。因為有些人認為，要他們不為自己的靈魂多多祈禱，是件難事⑳，然而，有什麼祈禱比以上所說的更好呢？如果為了無法減輕日後煉獄之苦感到憂心，要知道，藉此祈禱也能減輕煉苦，又如果，妳還必須付清債務，同樣可藉此祈禱而償還。**就算經由我的祈禱，只能拯救一個靈魂，而為此我卻必須留在煉獄中，直到世界末日，那又有什麼關係？**何況，這不但有益於許多人，也是為了天主的光榮！如果經由那些終將結束的痛苦，我們能更經常事奉上主，我們何須在乎痛苦？祂為我們不是忍受了這麼多嗎！妳們要時常探求什麼是更成全的【後來我會請求妳們這事，也會說明我的理由，妳們必須常常和博學者交往】。

因此，我為愛主之故，請求妳們，祈求至尊陛下在這事上俯聽我們。至於我，儘管可憐不堪，仍要向至尊陛下祈求這事，因為，這是為了祂的光榮和聖教會的益處；而我所有的心願就是這些。

❼ 我似乎過於妄自尊大，自以為舉足輕重，能使這些祈禱得蒙應允；我的天主！我信賴的是祢那些居住在此的僕人，我很清楚，她們除了悅樂祢之外，別無所求、所盼。為了祢，她們捨棄自己僅有的些微事物，而希望得到更多，為能以之來事奉祢。而我的造物主，因為祢不會忘恩負義，我因而認為祢不會不垂允她們的祈求。**上主！當祢在世間行走時，祢並不輕視婦女，反倒是常常滿懷憐憫幫助她們。**【祢在她們身上尋獲這麼多的愛，及更多的信德，超越男子，祢的榮福母親亦然；由於她的功勞——因為我們身穿她的聖衣——我們才堪當，原本由於我們的過犯，我們是不堪當的。主啊！這世界令我們膽怯……我們不敢公開

19. 意指前段中所說的那二項祈求，其中蘊含德蘭神恩的使徒因素。
20. 這是一句諷刺的話，表示有的人只為自己祈禱，若要他們為別人祈禱，是很困難的。

為祢做任何有價值的事，也不敢說出私下哀嘆的真理，難道這還不夠，連祢也不俯聽我們正義的祈求嗎？主啊！因著祢的慈善和公義，我不相信會是如此，因為祢是公義的法官，而非世上的法官，他們畢竟都是亞當的後代，也全都是男人，對於任何女人的德行，都會感到懷疑。是的，我的君王，這個日子必會來臨，到那時，人們會認清一切。我不是在為自己說話——世人早已知道我的惡行，我也很高興被公諸於世——而是因為我看到許多時候，輕看有德而堅強的靈魂，是錯誤的，即使她們是女人。】[21]當我們向祢祈求榮譽、定期收入、金錢和世物時，請不要應允我們。可是，當我們向祢祈求祢聖子的光榮時，永恆的聖父，祂不惜為祢喪盡光榮和生命，祢卻為何不俯聽我們呢？天主啊！不是為了我們，因為我們實在不堪當，而是為了祢聖子的寶血和祂的功勞。

❽ 啊！永恆的聖父！請看著，不要讓這麼多的鞭打、凌辱、及這麼至極嚴酷的刑罰被遺忘！然而，我的造物主！祢的聖子，為使我們更悅樂祢，懷著摯誠熱愛（因為祢命令祂愛我們）而完成的事功，難道說，像祢那樣慈愛的一顆心，竟能容許人們這樣不看重嗎？就像現今那些異端教徒極不恭敬聖體，他們摧毀聖堂，破壞祂的居所！為了中悅祢，祂是否還少做了什麼？可是，祂已做盡一切。永恆的聖父啊！當祂在世時，連枕頭的地方都沒有[22]，常常處於這麼多的艱難中，難道這樣還不夠嗎？連祂現在用來邀請朋友相聚的處所[23]，也要被摧毀？（祂見我們軟弱，知道勞苦者必須得到食糧的滋養。）祂豈不是早已無數倍償付亞當的罪？無論何時我們再犯罪過，總是要由這深情的羔羊償還嗎？我的君王！不要准許這樣的事！請立即息怒！不要看我們的罪過，但看祢榮福聖子救贖了我們，看祂和祂榮福母親的功勞，以及如此之多的聖人和為祢致命的殉道者，看看他們的功勞！

21. 括號中這段話出現在第一個抄本，但被托利多的古嵐清神父（Fr. García de Toledo）刪除，他認為這些有關女子的話過於大膽；此係該時代人的想法。聖女德蘭順服此修改，故在第二版本中略而不提。然而這是激勵女性的一段話，指明她們對聖教會和世界能有所貢獻。
22.《路加福音》第九章第五十八節。
23. 這裡意指聖堂。

❾ 唉呀！主啊！誰膽敢以我們全體的名義這樣祈求呢？我的女兒們！這是多麼糟糕的轉禱者啊！既要得蒙垂允，又這樣要求妳們。而當看到我如此狂妄大膽，至尊的法官必會憤怒有加，而這全屬合理、公義！然而，我主！請看！祢是仁慈的天主，請垂憐這個小罪人，這個膽敢對祢狂妄無禮的微蟲。我主！請看我向祢這樣祈求時所懷有的渴望和眼淚；請忘記我的作為，因為祢是我的天主；**請垂憐這麼多瀕臨喪失的靈魂，並幫助祢的聖教會**。上主！請不要再容許任何傷害臨於基督徒。**請在這一片漆黑中，賜下光明**。

❿ 我的修女們！我請求妳們，為了愛主之故，將這可憐蟲交託給至尊陛下，並祈求天主賜給她謙虛；妳們要把這事當成妳們的責任。我沒有要求妳們特別為國王、教會神長，尤其為我們的主教[24]祈禱，因為我看到妳們已經很認真地這麼做，應該沒有必要再強調。讓那些後來的修女明瞭，如果長上[25]是聖善的，其屬下也必如此；這是非常重要的事，總要帶到上主面前。妳們的祈禱、渴望、紀律和齋戒，如果不是為了我所提及的意向，妳們應該反省：妳們沒有在執行任務，沒有完成天主帶領妳們來到此地的目的。【但願上主因祂之所以為祂，總不容許妳們忘記這事。】

第四章

本章勸導善守會規，並談靈修生活中三個重要的事項。說明其中的第一項，即友愛近

24. 即亞味拉主教，阿爾瓦羅・曼多撒（Don Alvaro de Mendoza）（參見《自傳》第三十三章第十六節）。在托利多抄本中，她親筆加上「……以及這榮福童貞的修會，和其他所有的修會」。
25. 長上：原文prelado，意指隱修院院長，或高級神長，如主教或會長等。

人，以及特殊友誼有何害處。㉖

❶ 那麼，我的女兒們，妳們已經看到了，我們所要努力達到的偉大事業，【這是為了教會的神長和主教──妳們的長上，並為了修會，這些我已在前面說過，因為一切全是為教會的益處；而為教會祈禱是個義務。】為了不要在天主和世人眼中顯得非常冒失，妳們想我們該當如何？很明顯，我們必須辛勤工作，這極有助於獲得崇高的思想，鼓舞我們，致使作為也與思想一樣崇高。因為，如果我們努力遵行會規和會憲，極為細心認真，我期望上主，祂會應允我們的祈禱。我的女兒們，我沒有請求妳們做什麼新的事情，而只要我們守好已誓發的聖願；遵守會規和會憲是我們的聖召和責任，雖然在遵守的程度上有許多的層次。

❷ 我們的《原初會規》規定：必須不斷祈禱㉗。如果我們盡可能全神留意，修行不斷祈禱──因為這是會規上最重要的，那麼，必不會失去會規所命令的齋戒、克苦和靜默。因為妳們已經明瞭，如果祈禱是純真的，必須有其他的事輔助；**祈禱和舒適的生活是互不相容的**。

❸ 這些有關祈禱的事，就是妳們請求我談一談的，也是直到現在我所講的；為答報我將要述說的，我要求妳們，對於我所說的，要甘心情願修行，且要時常閱讀。

在我述說心靈之事──也就是祈禱──之前，我要提出一些追隨祈禱之路的人必須具備的條件。這些事如此必要，甚至，即使不是非常默觀的人，能夠具有這些德行，她們也能在事奉天主上突飛猛進。除非具備這些條件，她們不可能成為很默觀的人，而若她們自認如此，那麼，就是完全受騙了。願天主為此事，賜我恩寵，助祐我，願祂教導我說該說的，因為這全是為了祂的光榮，阿們！

26. 在瓦亞多利抄本中，本章為二章，從第五小節開始新的一章。當聖女為付梓而預備托利多抄本時，她決定二章合併成一章。
27. 《會規》上規定：「每位會士應留在他自己的斗室內，或在斗室附近，若沒有其他正當的事情，則該日夜默想天主的法律，醒寤祈禱。」

❹我的朋友和女兒們，不要以為我會吩咐妳們許多事。祈願上主保守我們，使我們能實踐修會聖父們所規定和遵行的；他們因行走這條道路而堪當聖父的榮銜。尋求其他的途徑，或隨從他人學習，都是錯誤的。我要闡明的只有三點，全都出自我們的會憲：實踐這三點，對擁有上主特別推薦的平安──不論內在和外在──都很有幫助，而能有這樣的體認，是很重要的。我所說三點的第一點是彼此相愛，第二是超脫一切受造，第三是真謙虛。雖然我最後提到謙虛，它卻是最重要的，並且涵蓋其他一切。

❺能做到第一點，彼此相親相愛，是非常要緊的，因為**任何令人厭煩的事，彼此相愛的人無不感到輕鬆容易，而原本極感厭煩的事，也會生出愉悅**。如果在世俗中守好這個誡命，如同本該守好的那樣，我相信非常有助於遵守其他的誡命。然而，若非過分，就是不足，我們從未完美地守好這條誡命。

人們以為，在我們當中失之太過，不致有害，然而，後來引起的這麼多的惡事、這麼許多的不成全，除非親眼目睹，我不認為會有人相信。魔鬼在這裡放置許多的陷阱，那些對於取悅天主粗心大意的人，他們的良心不但無所知覺，甚或視過量為德行。至於追求成全的人，他們瞭若指掌，深知過於親愛，必會逐漸消減意志的力量，這力量本該完全用來愛天主。

❻我相信，這情形在女子當中遠多於男子，並且明顯地為害整個團體：我們因此不能平等地泛愛眾人；朋友受委屈時，會打抱不平；希望有東西送她做禮物；找時間和她談話，且多次向她訴說妳愛她，或說其他無關緊要的話，而非說妳如何愛天主。像這樣的親密友誼，很少能幫助人更愛天主，相反的，我相信魔鬼會藉此開始在修會內造成黨派。因為當友

誼尋求的是事奉天主時，意志不會被情緒擺佈，反而會尋求協助以克服其他的情緒。

❼如果是在一個大修院中，我會樂於看到許多這樣的友誼，然而**在我們的會院**，人數不超過十三位，也不該有更多[28]，**人人都必須是朋友，都必須被愛，都必須被疼愛，都必須被幫助**。為了愛主之故，無論她們如何聖善，都要當心這些特殊友誼，而即使這樣的友誼存在於修士之間，往往也是有毒害的，我看不到其中有何益處。而若彼此是親戚，更加糟糕，簡直就是瘟疫[29]！修女們！相信我吧！雖然妳們可能認為這些話太極端，其中卻包含至極的成全和平安，且能使那不太強壯的人脫免許多危險。然而如果意志傾向於更偏愛某人，超過其他人（此乃人的本性使然，是無可避免的；我們時常被吸引去愛那些資稟豐盈，但卻乏善可陳的人）。我們要很小心，不要讓那樣的感情支配我們。要愛慕德行和內在的美善，常常用心避開注意外表的稟賦。

❽啊！修女們！除了以寶血救贖人靈的那位[30]，不要讓我們的意志作任何人的奴隸。要明白，妳們會發現自己，在不知不覺中，身陷貪戀執著，無以自拔。天主啊！幫助我們吧！源自於此的蠢事，不計其數，然而，由於全是些芝麻瑣事，只有親眼目睹的人才能瞭解和相信，在這裡，我們無須再說些什麼，只說無論是誰，有這樣的友誼是很不好的，而如果是院長，那就像瘟疫了！

❾想要斷絕這些特殊的友誼，從一開始產生友誼時，就得特別留神，也要用巧妙的手法和愛心來處理，而非嚴苛以待。改善這一情況，很重要的是：除指定的時間外，避免相聚一起，彼此談話。這正是我們現在遵行的習俗，如《會規》所命令的[31]，我們並不共聚一起，而是每個人單獨留在自己的斗室內。在聖若瑟隱院內，不設立共同工作室，因為，雖然

28. 請看第二章第九節的第二個註解。
29. 這樣強烈的說詞是聖女的一種譴責語法，表示很嚴重並會傳染的不道德罪行。見本章第八節。
30. 參閱《伯鐸前書》第一章第十八節至十九節。
31. 見第四章第二節的註解。

這是值得稱讚的習俗，但修女們各自獨處，更容易守好靜默；而習慣獨居，對祈禱幫助極大。由於祈禱該是本會院的基礎，我們必須學習喜愛祈禱上最有助於我們的一切。

⑩ 重拾前題，再來談我們間的彼此相愛。囑咐這事，好像沒什麼道理，因為，會有什麼人這麼粗魯呢？她們既終日相處，互相陪伴，不和會院外的人士交談、往來、散心，又相信天主愛她們，她們也愛天主，而且也已經為天主捨棄了一切，又怎能不彼此相愛呢？尤其，德行常激發愛情，我期望至尊陛下，但願賴天主的助祐，居住在此會院的人常是有德行的。因此，我認為，關於這事無須多加囑咐。

⑪ 至於彼此相愛該是怎樣的，及什麼是有德行的愛——這是我希望妳們在此擁有的——又怎麼知道我們有這個德行，這是個很大的德行，因為我們的主這麼推薦我們，也這麼囑咐祂的門徒們㉜。依照我的粗俗淺見，我現在願意稍稍談論上述的事。如果在其他的書中，妳們找到詳盡的解說，就無須採納我的看法，因為我或許不知道自己在說些什麼。

⑫ 我要談論的愛有兩種：一種是純靈性的，因為不會觸動感性（sensuality／sensualidad）或我們本性的柔情，使之失去純潔。另一種是靈性中混雜我們的感性、軟弱或善情，這似乎是正當的，就像我們對親戚和朋友的愛。關於這事，我已經說過了。【㉝……另一種靈性的愛中混雜我們的感性和軟弱。最重要的是這二種愛完全沒有情欲（pasión／passion）的影響。因為一旦有了情欲，和諧即喪失殆盡，一切為之擾亂不安。如果以我所說的愛，節制而明智地彼此相愛，一切都成為有功勞的，因為那些我們以為是感性的，也會成為德行。然而靈性的愛中如此混雜著感性，致使有的時候，沒有人瞭解這種愛，尤其，如果是對某些神師的愛。因為，如果實行祈禱的靈魂看見神師是聖善的，又瞭解她們的進展方

32. 見《若望福音》第十三章第三十四節。
33. 聖女德蘭不滿意第一版本中寫的第二種愛。她在第二版本中重新寫這一部分。不過她曾撕掉一整頁，然後寫下第十三節中所談的。以下是她在第一版本中所寫的。

式，她們會深深愛上他。在這裡，魔鬼以顧忌多疑強力打擊，使靈魂飽受騷擾不安，此乃魔鬼的惡意作為。尤其，如果神師引導靈魂更臻成全，魔鬼則多方折磨，使之放棄神師。儘管靈魂一而再、再而三地變換神師，魔鬼還是不停地以同樣的誘惑打擊她。

在此情形下，靈魂能夠做到的是，努力不要存想愛或不愛神師；而如果她們愛他，就讓她們愛他。因為，既然我們感到愛那照顧我肉身的人，對常常操心照顧我們靈魂的人，我們不也應該愛嗎？更好說，我認為，愛神師是幫助人突飛猛進的最主要因素，如果，神師有聖德又有神修，我也看得出他對我靈魂的進步非常用心。因為我們的軟弱就是這樣的，有時候，這愛極有助於我們在服事天主上完成大事。如果不像我所說的這樣，其中必有危險；單只是讓神師知道有人愛他，就能夠造成極大的傷害，而在退隱的禁地隱院中，其遭受的損害尤甚於其他修院。因為很難知道哪一位神師很好，所以必須更加審慎明辨。最好的勸告是，讓神師對此愛一無所知，也不要對他說有這回事。然而，魔鬼百般慫恿靈魂向神師告明，而使這個勸告無效。靈魂以為她唯一必須告明的就是這份情愛，而且有責任告明。為此之故，我願修女們明白，這愛一點也不算什麼，更不要多加注意。

就讓她們採納以下的勸言：如果她們知道神師說的話全是為靈魂的益處，而她們既沒有看到，也覺察不出他有什麼虛榮（因為凡不願做傻瓜的人，很快就能辨識出來），並且知道，他是個敬畏天主的人，那麼，因過於喜愛神師而來的誘惑，她們無須為之苦惱不安；當魔鬼精疲力盡後，自會遠離而去。可是，如果她們注意到，神師對她們說的話有虛榮的傾向，則該有所顧忌，要避免繼續和他交談，即使所談的是祈禱或天主。她們應簡短地辦完告解，即刻告退。最好是告訴院長姆姆，妳的靈魂對這神師感到不妥，要更換神師。如果能如

此處置的話，是最合宜的。我期望天主，但願事情會是如此，而妳們則該竭盡所能，避免和他談話，即使感到如同死亡一般痛苦。】

⓭ 現在我想要說的，是毫無激情混雜的靈性之愛，因為一旦夾雜激情，和諧即遭破壞。如果我們節制而明智地與有德之士交往，尤其是神師，我們必會獲益。可是，如果妳們注意到神師有某些虛榮的傾向，則該事事有所顧忌，絕對不和他交談，即使是好的交談亦然；扼要地辦完告解，即刻告退。最好是向院長報告，妳的靈魂對這位神師感到不妥，且要更換神師。如能做到不傷害神師的名譽，這樣做是最合宜的。

⓮ 在相似或其他的事情上，魔鬼能害人陷入許多的困境，使人不知要採取什麼勸告，此時，最適當的做法是向博學之士討教；——必要時，應該許可有此自由——向他告明一切，按照他對這事所說的去做；因為，若得不到補救良方，有可能犯下更多大錯。**世間多少錯事，就是因為未向他人請教釀成的！**尤其是會傷害到他人的事情！不讓人給予補救良方，絕不可以！因為一旦魔鬼加入，決非小事，除非即刻迅速斬斷。為此，如我所說，向另一位神師討教，是最適宜的做法，設若能有機會的話；我期望天主，但願確有如此的機會。

⓯ 要留意，這事非常重要，因為是很危險的事、是個地獄、也傷害所有的人。我說，不要等到出現許多惡事，才曉悟過來，應該從一開始，盡其所能和所知的方法，立即斬斷關係；憑好的良心，妳們能夠這樣做。然而，我期望天主，那些必須經常祈禱的人，但願不要容許她們愛上任何不是天主忠僕的人。這是非常確實的，否則的話，她們就不符合這裡所追求的，也就是不修行祈禱，也不力求成全。因為，如果她們看到，一個人不懂她們的語言，不愛談天主，她們是不可能愛他的，因為不像她們。而如果相似她們，由於這些天主的婢女

很少有機會交朋友，除非他是個傻子，他不會想自尋煩惱去打擾她們。

⑯ 我已經開始談到這事了，因為如我已說過㉞，魔鬼能造成的傷害是很大的，卻很遲才會被識破；就這樣，不知是怎麼回事，卻能使全德逐漸墮落。因為，如果這位神師有虛榮心，喜愛讓虛榮留有餘地，那麼，在一切事上，他都會有些許虛榮，甚至對別人亦然。願天主，因祂是至尊陛下，解救我們脫免類似的事。如是這般的光景，足以擾亂所有的修女，因為良心告訴她們的，和神師所說的完全相反。而如果限定她們只能有一位神師，她們真的不知該如何是好，或該如何獲得安寧。因為本該平靜她們，提供良方的人，正是那造成傷害的人。必定有某些地方，充滿許多像這樣的折磨，我為此深感痛惜，也因此，如果我向妳們說明這個危險，妳們不要感到驚訝。

第五章

續論神師。述說神師必須是博學者的重要性。

❶ 祈願上主，因祂是至尊陛下，不要讓這會院內的任何人，遭受我剛才所說的磨難，看見她的靈魂和肉身受折磨，或是，因著院長和神師交情很好，致使誰也不敢向神師說及院長，或向院長提到神師。此時，將會引起誘惑，隱而不告嚴重的大罪，因為擔心招惹不安。天主啊！幫助我吧！魔鬼在這裡能多麼害人啊！由於受限制和想顧全榮譽，修女們得付出多

34. 見本章第十四節。

大的代價啊！她們認為只要有一位神師，即是為修道生活和修院的名譽完成大事，而當魔鬼無計可施時，就是用這技倆來捕捉靈魂。如果請求另覓神師，人們立刻認為修會生活的和諧就要喪失了。或者，如果神師不是本會會士，即使他是個聖人，連跟他談話，也會被視為羞辱。【女兒們，妳們要極力讚美天主，因為在這裡妳們有這自由，除了平常的聽告神師外，妳們能和其他的神師——雖然不是很多——交談，這些人會在一切的事上光照妳們[35]。】

❷ 我請求院長，為了愛主之故，要許可這神聖的自由，願她徵得主教或省會長的同意，使院中除平常的聽告神師外，她和全體修女有時能與博學者談話，商討靈魂之事，尤其，若是聽告神師，不論他多好，缺少學識時，更需要如此。【[36]要讓院長常能請教博學者，她的修女們也該如此。願天主解救她們，聽告神師若非博學者，她們不會事事受到他的指導，無論他看起來，或事實上，是如何地具備神修涵養。】博學極有助於闡明一切事理。而找到德學兼備的神師，也是有可能的。天主愈在祈禱上恩待妳們，妳們的善工和祈禱更需要有良好的基礎。

❸ 妳們已經知道，**第一個基石是必須是純潔的良心[37]，妳們要竭盡全力，連最微小的罪過也不違犯，並且尋求至高的成全**。妳們以為每位神師都知道這事，實則不然。我曾和一位神師談論過良心的問題，他已修畢全部的神學課程，由於他對我說，有些事根本不算什麼，使得我受害匪淺。我知道他不是故意欺騙我，他也沒有理由騙我，而是因為他所知不多。除了這位，我還有過兩、三次同樣的事[38]。

❹ 這個得到真正的光明，好能完善地守好天主的法律，對我們全然有益。祈禱穩穩地建立在這真光上。如果不許修女自由地辦告解，又不能和像我說的那樣的人談論靈魂之事，

35. 聖女大德蘭的這個教導，讓隱修女有自由和神師交談，聖教法典後來已經採納。
36. 第一版本的說法稍有不同。
37. 參見加爾默羅會的《原初會規》，芎林加爾默羅會隱修院譯，新竹芎林，2006，87頁。《會規》一開始就說：「古時的聖祖們，曾經制定多種不同的方式（參閱〈希伯來書〉第一章第一節），無論任何人，屬於任何修會，或選擇任何修道生活方式，都應懷著純潔的良心和誠懇的善意（參閱〈弟茂德前書〉第一章第五節），忠心地服從耶穌基督（參閱〈格林多後書〉第十章第五節），並事奉祂。」.

那麼，缺少這個堅固的根基，整座建築勢必會虛而不實。

【因此，她們必須請教神修與博學兼備的人。如果所指定的神師並非兩者兼具，她們則該有時求教其他的人；又如果，她們可能受命不得向其他神師告解，那麼，她們能在告解之外，向我所說的那種人請教。】而我敢更進一步地說，即使神師樣樣全備，有時也要照我所說的去做，因為他也有可能錯誤，所以，最好不要讓所有的修女被他誤導。要常努力不在任何事上違犯服從，因為凡事都有解決的方法，對靈魂而言，這是很重要的，因此，能尋獲不違抗服從的方法是很好的。

❺ 我剛才說的這一切，和院長有關。為此，我要再次請求院長，由於在這裡的修女，除了靈魂的安慰，別無所求，她要在這事上謀求給她們安慰。天主引導人靈的道路不盡相同，也不可能一位神師樣樣精通；我向妳們保證，如果妳們的靈魂是純真的，雖然妳們可能是貧窮的，但妳們必不會缺乏願意指教妳們，安慰妳們靈魂的聖善人士。養活妳們肉身的祂（天主）會喚醒某人，賜給他渴望，前來光照妳們的靈魂，並治好我所擔心的這個惡事。又倘若神師受魔鬼誘惑，誤解某些道理，當他知道妳們也向其他人討教，他會謹慎小心，凡事處處留神。

一旦這個入口被關閉，拒魔鬼於門外，我仰望天主，不要讓牠在這會院找到別的入口。因此，我請求主教，無論是哪位主教，為了愛主之故，容許修女有這個自由，當她們向德學全備的人討教時，不要加以阻止。在我們這小小的城內，若有這樣的人，她們會立刻知道的。

【㊴即使已有告解神師，也不要取消她們的自由，讓她們有時能向博學者辨告解，談談

38. 聖女德蘭在《自傳》中提到幾個例子，敘述她得到的不好勸告，見第四章第七節；第五章第三節；第六章第四節；第八章第十一節；第二十六章第三節，等等。
39. 第一版本繼續說道。

她們的祈禱。為了許多的理由，我知道這是適宜的，其中可能導致的害處，真不算什麼，可以說，比起反其道而行，所造成的隱瞞、嚴重傷害、幾乎無可救藥，要好多了。在修院裡，除非極其注意，小心維護，好事常是稍縱即逝，至於惡事，一旦開始，極難除去，因為很快養成習慣，不成全的事也變得理所當然。】

❻ 我在這裡所說的事，是我親自看見和領悟的，並且和既博學又聖善的人談論過，他們曾細察，為了在成全的道路上進步，什麼是對本修院最合適的。而在所有的危險中——人生在世，總是有危險——我們認為這是其中危險最小的⑩。代理神父⑪絕不可自由進出隱院，告解神師也沒有這個自由；他們要監督會院的收斂與端莊⑫，及內外兼顧的進步；若見有什麼過失，則應呈報主教；但不可自居為院長。

【㊸因為，如我說的，仔細考量每件事後，可以找到重大的理由來支持，這麼做是最好的，亦即，若修院有駐院司鐸，由他來擔任平常的告解神師，而當靈魂感到有需要時，可以向我所說的那樣的人辦告解。他們可由主教提名，或者，如果主教將此職責委託給院長姆姆，院長可以自行安排。因為修女的人數很少，她們不會佔用任何人太多時間。達成上述的決議，是經由許多人的祈禱，包括我——雖然可憐不堪，還有許多博學、聰明和祈禱的人。我仰望天主，但願這是最適當的做法。】

❼ 這正是我們現在遵行的，但並非只出自我個人的看法；因為我們的現任主教，我們隸屬於主教權下（因著許多的理由，我們並非歸屬修會管轄）㊹，他喜愛修道生活，為人聖善，是天主的偉大忠僕（他的名字是阿爾瓦羅．曼多撒〔Don Alvaro Mandoza〕，係出身貴族，厚愛本院，處處予以恩待），他召集博學者，及有內修和有經驗的人士，共同商討，達

40. 意指所有的危險中，讓修女自由辦告解的危險，是最小的危險。
41. 聖德蘭時代，由地方主教或省會長指定一位神父，作為隱修院的代理神父，他應在有關管理隱院方面受過特別的教導。
42. 收斂與端莊（recogimiento y honestidad／recollection and decorum）：收斂是指內修生活方面的要求，「端莊」這個中文譯詞比較難表達出原文的全部涵意，因此需要一些說明。honestidad意指外在的禮規遵守得很合宜，使人一看就留下良好的印象。

成這項決定。日後繼任的主教，理當遵守此項經由許多聖善人士討論的決議，他們並曾以許多祈禱，懇求天主明示最好的做法。截至目前所知，這確實是最好的做法。為了天主的更大光榮，但願祂時時提攜守護，阿們！

第六章

再談先前已開始的主題：成全的愛。

❶ 我已經離題太遠；不過，我所說的是這麼重要，凡懂得的人必不會責怪我。現在重拾前題，再來談談我所說的純靈性的愛，若能擁有這愛，會對我們有益[45]。我不曉得是否知道自己在說些什麼。至少我認為談論這愛，無須長篇大論，因為很少人擁有這純靈性的愛。蒙主恩賜此愛的人，應當極力讚美上主，因為這人必定已達到至高的全德。總之，我想稍微談談這愛。也許這麼做會有點益處，將德行擺在我們眼前，渴慕的人會喜愛它，也會去追求。

❷ 祈願天主賜我明白這愛，更賜我知道如何講述。因為我不以為自己知道何者為純靈性的愛，或什麼時候靈性的愛中混雜感性的愛，也不知道為什麼我要談這愛。好像人聽到遠處的談話，不懂人家說些什麼；我就是像這樣，有時也不知道自己說些什麼，天主卻願意我講得很好。如果有時我胡言一番，那才是我的真相，說起話來不著邊際。

43. 第一版本繼續堅持說。
44. 聖女大德蘭創立的第一座隱修院，隸屬亞味拉主教管轄，何以如此的理由請參閱《自傳》第三十章第十六節。
45. 見第四章第十二節，聖德蘭試圖解釋兩種愛，一是純靈性的，另一是靈性中混雜感性，她在此繼續談論純靈性的愛。

❸現在，依我的看法，當一個人蒙受天主的引導，清楚地洞察：什麼是世界，及世界是怎麼回事，又還有另一個世界，知道兩者的不同，一是永恆的，另一則是夢幻；或者，認清了愛造物主和受造物是怎麼回事（透過經驗可看清此事，只是想一想和相信它，則大不一樣）；或者，看出並證實愛造物主所得為何，而愛受造物所失為何，也知道造物主是怎麼回事，受造物又是怎麼回事，還有其他許多事情，凡願在祈禱中受教的，或至尊陛下願意教導的，上主都會指教他們；這些人愛的方式，非常不同於尚未達到此境的人。

❹修女們，很可能，妳們認為談論這事並非適宜，妳們會說，我所講的，已是人人皆知。天主保祐，但願事實如此，妳們深刻體認我所說這些的重要性，且將之深印五內。因為，如果妳們了解這事，妳們就會明白，我說蒙天主引導達到全德之境的人擁有這愛，並非說謊。凡被天主帶領，達到此一境界的人，都是慷慨的靈魂，高貴的靈魂；他們不滿足於愛像肉身那樣卑賤的事物，無論是如何美麗動人，如何優雅可愛。當他們看見美麗優雅時，雖也感到愉悅，並讚美造物主，卻不會停留在這裡，我說「停留在這裡」，意指他們愛這些事物的心態，他們會感到如此地愛戀事物，如同捕風捉影，這使他們引以為憾，也覺得沒有面子，羞愧萬分，不敢對天主說他們愛祂。

❺妳們會告訴我：「像這樣的人，不知道愛，也不懂得以愛還愛。」

——至少，他們很少在意別人對他們的愛。有時候，由於被愛，本性馬上感到高興，而一旦回復正常，就會感到如此實屬荒唐愚昧，除非那些愛他們的靈魂，能藉由道理或祈禱獲益，否則，其他所有的愛，都令他們感到疲累。因為他們明白，這麼做非但無益，而且有害。但是他們對別人的愛，依然感激，並將之託付天主，以為回報。他們將愛他們的人託付給天主照顧，因為他們知道，他們的愛是從天主來的。他們認為自己內沒什麼見愛於人的，當他們被愛時，立刻會想到，這是因為那些人愛天主。他們讓天主來報答愛他們的人，也這樣祈求天主，而能自由無礙。他們認為，回報他人的愛，並非他們的事。總之，我有時會想，如果愛不是來自那些，如我說的，對我們獲致全德有幫助的人，願意見愛於人這個渴望，會是多麼盲目！

❻現在，請留心注意，當我們願意獲愛於某人時，常是尋求我們的利益或滿足。然而，這些成全的人已將世俗能給的一切美物和享樂踐踏在腳底。他們的安慰是這樣的，雖然他們也喜愛世物，可以說，他們不能忍受擁有世物而遠離天主，或不談論天主。畢竟，見愛於人對他們能有什麼益處呢？

❼當這個真理呈現在他們面前，他們嘲笑自己的過去，曾經為別人有否還愛而憂苦。雖然我們的愛是善意的，願意得到還愛也是非常自然的。然而，一旦得到回報，我們所得到的如同稻草，完全像空氣一樣，毫無份量，隨風飄逝。**無論我們如何深得人愛，又留得住什麼呢**？因此，如果不是為獲得靈魂的益處，愛我所說的那些人——因為他們瞭解我們的本性，知道如果我們不被愛，很快就會感到厭倦——妳們不該在意別人是否愛妳們。

妳們會認為，像這樣的人，除了天主，誰也不愛，誰也不知。我說，他們確實在愛，他們愛得更多，更純真，他們的愛更熱烈，更有益於人，總之，這才是愛。這些靈魂往往是施予比領受多，甚至對造物主本身，他們也希望給的多，得的少。我說這才堪稱為「愛」；至於其他卑賤的愛情，則是徒具虛名，僭稱為愛。

❽妳們會想，如果不愛看得見的事物，他們愛的是什麼？

——確實，人們愛眼之所見，迷戀耳之所聞；但是，他們所見的是恆久的事物。如果這些人愛，他們會超越肉軀形體，把眼睛注視在靈魂上，看靈魂內有何堪愛；如果沒有，而他們看到有些可能的希望、或靈魂自己也願意做準備，若加以挖掘，必會在這礦坑內尋獲黃金，而如果他們愛這靈魂，這份辛勞不會使他們痛苦。沒有什麼能擺在他們面前，阻止他們竭誠力求靈魂的益處，因為他們願意持之以恆地愛這靈魂。然而他們清楚知道，若非深愛天主，且有天主的福祐，這是不可能的。我說這是不可能的，無論他們多麼自覺責無旁貸，願為靈魂而死，盡其所能，為靈魂做盡一切好事，具有本性的所有美德，他們的意志仍是沒有力量去愛，他們的愛也不能持久。**擁有成全之愛的人，他們已經深知並體驗世上萬物的真相**，他們不會受騙上當。他們明白，自己並非和另一人合而為一的，而二人繼續彼此相愛是不可能的事。因為當生命終結時，如果另一方沒有遵守天主的誡命，這愛必會隨之結束，他們也明白，如果另一方不愛天主，二人必會走向不同的結局。

9 像這樣的愛只能持續於此塵世，蒙受天主灌注真智慧的靈魂，不會過分看重這種愛，甚至會輕視它。那些喜歡在世物上尋樂，追求歡樂、榮譽和財富的人，看重另一方是否富有、或能否提供消遣和娛樂，然而，早已憎惡這一切的人，他們不會在意這些，或者根本就不在乎。

那麼，現在，**論到成全的愛，如果一個人去愛，他的愛是熱情的，願意對方的靈魂更能見愛於他人**，因為，如我說的，若非如此，他不會繼續愛對方。**這是代價極高的愛。這個人毫無保留地盡其所能，尋求對方的益處；他情願犧牲千萬性命，而使另一靈魂獲得些微的幸福。**

寶貴的愛啊！這愛效法的是愛情的統帥，耶穌，我們的至善！

第七章

講述同一主題。論靈性之愛，並談獲得這愛的幾個勸言。

❶ 這愛是多麼的熱烈，真令人驚奇，付出多少的眼淚，多少的補贖和祈禱。多麼認真為所愛的人求祈禱，託給所有他認為能幫助那人尋獲天主的人，多麼殷切的渴望，願意其他的人把那人交託給天主。除非看見那人有進步，否則他不會滿意。然而，如果見到那人進步後，卻又退步一些，則使他感到生命毫無樂趣；或吃或睡，無不掛念這事，常常擔心，惟恐所愛者的靈魂喪亡，兩人必須永遠分離。塵世的死亡，他毫不在意，因為那些剎時即從雙手溜逝，不再能掌握的東西，他不想緊握不放。如我所說的㊻，這是全然無私的愛，他的全部渴望和切盼是看見那靈魂有豐盈的天上福祐。

❷ 這才算是愛，世間那些不幸的愛情根本不是，然而我說的，並非那些充滿罪惡的愛，願天主免除我們陷於此種罪惡。**我們必須不厭其煩地譴責，凡引人墮入地獄的愛都是惡事**，即使是最小的惡，我們也不會言過其實。修女們，關於這樣的愛，我們甚至不該口出隻言片語，也不該想它存在這世上。無論這些話出於開玩笑或真實，我們都不該聆聽，不要允許人當面談說、或討論類似的愛。這類的愛，一無是處，甚至只要耳聞，就能害人。至於另

46. 見第六章，第六和九節。

一種正當的愛，如我所說的，即我們彼此間的愛、對親人朋友的愛，則非如此。我們的全部意願是希望他們不死；如果他們頭痛，我們的靈魂也覺疼痛；如果他們受磨難，如人們所說的，我們也沉不住氣；諸如此類的種種情形。

❸ 純靈性的愛則非如此。雖然本性的軟弱立刻有所感受，理智隨即思量，對那靈魂是否有益處，是否增進他的德行，及靈魂如何忍受痛苦；他祈求天主，賜給所愛的人忍耐，使他堪當受磨難。如果見到那人安心忍耐，他就一點也不覺難過，反而感到欣喜，也得到安慰。如果能把受苦所得的功勞和利益，完全讓給所愛的靈魂，他寧願親受其苦，而不願看見所愛者受苦，但他卻不會因此而不安，也不會焦燥。

❹ 我再說一次[47]，純靈性的愛好似效法耶穌——至良善的好愛人——對我們的愛。所以，如此去愛的人會大有進步，因為他們擁抱所有的磨難，使另一方無須受苦，而能因他們得到益處。像這樣，擁有他們友誼的另一方，獲益良多。請你們相信，他們若不是斷絕友誼——我說的是特殊友誼——就是向我們的主求得聖寵，使所愛的人走上相同的道路，抵達同一目的地，如同聖婦莫尼加為聖奧思定所做的。他們的心對所愛的人不會虛偽；如果看見他們誤入歧途，或犯某些過失，他們會立刻直言相告。他們不能不如此行之。如果另一方不願改善，他們也不會去奉承討好，或文過飾非。若非另一方改過遷善，不然就是斷絕友誼；他們無法容忍此事，也不該容忍。雙重心態持續不斷交戰。一方面，他們對全世界不加理會，也不管別人是否事奉天主，唯獨專務自己全心事主。然而，另一方面，對於他們的朋友，卻又不能置之不理，也不能絲毫隱瞞。他們洞察最細微的瑕疵。我說他們背負著很沉重的十字架。【被這樣的人所愛的靈魂，何等幸運哪！認識他們的那天，何等幸運哪！我的上

47. 見第六章第九節。

主啊！祢會不肯惠賜我許多能那樣愛我的人嗎？的確，我主，得到這樣的愛，比擁有普世國王和諸侯的愛更勝一籌。確實如此，因為那些人竭盡所能，以各種方式使我們成為世界的主人，且使萬有隸屬於我們。修女們，當妳們認識某位像這樣的人時，要竭誠努力，使院長姆姆能促使他和妳們交談。對於像這樣的人，妳們可盡量去愛。他們必定為數很少，然而，若有人達到至善全德，天主會樂於讓人們獲知這事。人家立刻會告訴妳們，無須和他談話，因為有天主就夠了。可是，獲得天主的一個好途徑是和祂的朋交談；人往往從中獲益良多，我由經驗得知此事。追隨上主，如果我不會下地獄，是因為有像這樣的人，我常很喜愛他們將我託付給天主，為此，我熱切地要他們這樣做。現在，讓我們言歸正傳。】

❺ 我希望我們擁有的正是這種純靈性的愛。雖然開始時不是如此成全，但天主會使之日漸完美。我們開始時要有些方法，雖然這愛略帶溫柔，但若是普遍對待每一個人，則不致有害。有時候流露出愛的溫柔，並顯出情感，同情姊妹的困苦和病痛，即使是些微的苦痛，這是很好，也是必須的。有時候，一件芝麻小事，使人痛苦萬分，就像大難臨頭一般，對於天性敏感的人，小小的事情，也能使她大感憂苦。【妳們不要驚奇，因為可能魔鬼在此用盡全力，比妳們遭受很大的患難和痛苦時，用力更猛。】如果妳們天性並非如此，也不可沒有同情心；可能是天主願我們在這些事上免受其苦，但在其他的事上，我們卻會受苦。那些我們覺得沉重的痛苦——即使真是沉重——或許在別人看來，反倒是輕易的。所以，我們不可按己見判斷這些事，想想自己在最軟弱時的樣子，不要想在堅強時，因為或許那是天主使我們堅強，不是靠我們自己的力量。

❻ 請注意，以下的勸告多麼重要：知道如何同情妳近人的憂苦，無論多麼輕微；尤其

是對前文中提及的靈魂㊽。他們切望受苦，輕視一切的磨難，因此，他們必須用心回想自己軟弱無能時的樣子，並明白如果現在不軟弱，其力量並非從自己來的；因為魔鬼可能藉此趁虛而入，冷卻我們對近人的愛德，又使我們誤以毛病為全德。**凡事都必須留心注意，保持清醒，因為魔鬼是不睡覺的**；這對那些精修於全德的人，更須如此；魔鬼的誘惑更形鬼祟，因為牠別無伎倆可施。倘若，如我所說，人們不加小心的話，除非已身受其害，是無法覺察傷害存在的。總之，**必須經常醒寤和祈禱，因為要發現魔鬼的詭計，暴露牠們的形跡，沒有比祈禱更好的良方**。

❼ 當有需要㊾及在規定的散心時間，雖然妳們可能不感興趣，還是要努力和修女們同樂，因為凡行事顧慮周全，就是成全的愛。

【然而，當我想談論另一種不是這麼成全的愛時，在這會院中，我沒有找到什麼路，讓我認為擁有這樣的愛，會對我們有好處，如同我說的，無論這愛如何美好，都必須回溯其根源，亦即我所說的成全的愛。我原本打算多談談這另一種愛（即第二種較不成全的愛），現在決定刪去；我不認為它適合我們的生活方式，因此，就此打住。我仰望天主，但願在這會院內，除了成全的愛——雖然未臻成全——不要有其他的愛。】所以，若有些修女憐憫其他姊妹的困難，這是很好的事。但是她們要留意，若涉及違反服從，不可不審慎明辨。儘管你們內心感覺院長的命令頗為嚴厲，除非謙虛地告訴院長本人，絕不可顯露於外，或讓其他人知道，否則必會造成很大的傷害。妳們要學習知道如何對待修女們，該在什麼事上表示難過和同情。常要對任何的過失表示難過，如果這過失是眾人皆知的，是妳們在某位姊妹身上看到的。而若妳們學會容忍過失，不驚不怪，這就是很好地表達和修練愛德；至於妳們的過

48. 指本章第四節所說。
49. 隱院中，除了日常規定的散心時間，在特別的情況下，也會增加散心的時間。例如慶祝大節日、發願、金慶、銀慶……等。

失，別人也會同樣相待，因為妳們自己未加覺察的過失可能更多。要將這位修女交託給天主，且要努力修行和她的過失相反的德行，修到盡善盡美。妳們要盡力這樣實行，為能以身作則，教導那人，因為很可能從言語或處罰，她無法明瞭或從中獲益。師法在別人身上看到的燦爛德行，很能影響其他人。這是個很好的勸告，妳們不可忘記。

❽ 啊！若有修女能為其他的姊妹著想，不顧私利，只謀求眾人的益處，她的愛是多麼的卓越！多麼的真實！她必會在所有的德行上突飛猛進，也會完美至極地恪遵會規。這是更好的友誼，遠超過人所能說的一切甜言蜜語。在這修院內，彼此之間不說，也不該說像這樣的話，比方：「我的生命」、「我的靈魂」、「我的寶貝」、及其他類似的說法，時而用來稱呼這位，時而稱呼那位。妳們要為淨配保留這些溫柔的話語，因為妳們必須常常和祂相處，而且是很單獨地和祂在一起，凡妳們所有的一切都必須善用。至尊陛下悅納這些柔情蜜語，然而倘若我們彼此常說，對上主說時，必不會如此悅耳動聽。此外，也沒有理由要這麼說，那是很女子氣的。**我的女兒們！無論在什麼事上，我都不願妳們顯得女子氣，我也不願妳們相似女子，而要像強壯的男子。因為如果妳們善用自己的能力，天主會使妳們強壯得使男人驚訝不已！**對天主來說，這是多麼容易的事啊！因為祂從虛無中造生了我們！

❾ **愛還有個非常好的標記，就是努力承擔修院內的勞苦工作，減輕其他姊妹的辛勞，在看到她們的德行增長時，歡欣喜樂，極力稱揚天主。**所有這一切事，除了蘊含其中的許多優點外，非常有助於彼此間的平安與和諧，因天主的慈善，正如我們現在所體驗的。願天主樂於永遠維持這愛，如果事非如此，正好相反：少數幾個人，卻又彼此不和睦；這是多麼可怕的事！多麼令人難於容忍！深願天主不要容許這樣的事！[50]

50. 見第二章第九節第二個註解，即號註釋17。

❿如果，萬一有什麼輕率的話說溜了口，要立刻尋求補救，且要熱烈祈禱。這一類的事，不管是什麼，如果繼續不斷，例如：分黨分派、野心勃勃、爭取面子（當我寫到這裡，心想有朝一日，可能發生這事，我覺得體內的血都凍結了，因為我看這是修院中的萬惡之首）；當這些事開始發生時，妳們必會喪亡。要想一想，也要相信，妳們已把妳們的淨配逐出修院，迫使祂另尋住處，因為妳們已把祂趕出自己的家。請向至尊陛下呼求！要尋求補救的辦法！因為，如果這麼勤辦告解、領聖體，仍然無所助益，要感到害怕，恐怕妳們當中有猶達斯。

⓫院長應多加留意，為了愛主之故，不要讓這些弊端留有餘地，從一開始就立刻徹底斬除，因為受損害或得根治全繫於此。【如果愛無法處理這事，則要待以嚴罰。】惹事生非的人，應遣送到其他修院，天主會供給她資助金。妳們要除掉這個瘟疫，盡所能地斬斷枝幹。如果這還不夠，就要連根拔除。如果這些都不奏效，那麼，這位興風作浪的修女應予以拘禁，不可讓她離開牢房。這樣總比讓她散佈不可救藥的瘟疫好得多。這是多麼嚴重的惡事啊！願天主解救我們，不會成為遭受瘟疫侵襲的修院。若有這樣的修院，我寧願它遭火焚燒，完全付之一炬。

因為，關於這事，我相信在別處還會多談一些——由於這事非常重要——這裡我就不多講了。【51因為，關於這事，在別處我還會再述說，所以除了以下幾句，這裡我不再多說什麼：雖然妳們的愛，並非如我剛才說的那樣成全，亦即對待姊妹一視同仁，我還是更希望妳們以溫柔和喜悅彼此相待，而不要有不和睦的時候。願上主不要容許這事發生，因為祂是至尊陛下，阿們。】

51. 第一版本的結論是這樣的。

第八章

談論內在與外在超脫受造萬物，所獲得的大好益處。

❶ 現在，我們來談談該有的超脫，這一點，如果做到成全的地步，就是一切了。這裡，我說這就是一切了，因為若我們唯獨擁抱造物主，毫不在意受造的萬有，至尊陛下必會傾注德行。我們只須一點一滴地竭盡所能，就無須介入任何征戰；上主為護祐我們，將親自迎戰魔鬼、對抗世界。

修女們，我們得以將自己完全、毫無保留地奉獻給萬有者，這項恩寵，妳們認為是個小小的福分嗎？由於其中包含所有的福分，如我說的，我們要極力讚美祂，修女們，感謝祂使我們聚集在這裡，除了完全奉獻給祂，無須涉及其他的事。事實上，我不知道自己為什麼要說這些，因為在這裡，妳們每一位都能夠教導我。我承認，在這麼重要的事上，我並未能如我所願、或如我認為該當有的那般成全；這還包括所有的德行，及我在此所說的一切，因為描寫談論，比起實際修行，容易得多。而我甚至連寫都寫不好，因為知道如何談論，有時在於仰賴經驗；我之所言若屬無誤，我的實際修行，卻可能和所說的德行完全相反。

❷ 至於外在的事物，可以看出來，在這裡，我們已經和一切隔離。【好似上主願意我們斷絕一切，帶我們來到這裡，為使我們毫無阻礙地，在這裡與至尊陛下結合。我的造物主！上主啊！什麼時候我才堪當這樣大的尊榮呢？為了帶領我們到祢的身旁，祢似乎繞行遠道；願天主保祐52，我們不要因自己的過失，喪失這個尊榮。】修女們哪！為了天主的愛53，

52. 願天主保祐：原文是Plegue a vuestra bondad，直譯是「願慈善的祢喜歡」。
53. 為了天主的愛：por amor de Dios，是句類似口頭禪的話，意思是看在天主的愛上。

要知道，凡蒙上主帶領到這裡來的人，祂所賜予的大恩惠。妳們每一位都要好好地深思這事，因為這裡只有十二位，而至尊陛下竟希望妳們是當中的一位[54]。有多少比我好的人，我知道，她們也熱切渴望有此機會，上主卻將之賜給我——這麼一個極不堪當的人。願祢受讚美，我的天主，願所有的受造物頌揚祢！這個恩惠也是無法回報的，就像祢賜給我的其他許多恩惠，因為賞賜我成為修女，已是至極的大恩！由於我是這麼卑劣，上主！祢不信任我；因為，如果在很多人共處的地方，我的卑劣，這一輩子，都不會被人清楚覺察。為此，祢帶領我來到這裡，由於人數這麼少，若不要人知曉，似乎是不可能的。由於行走更加小心，祢除去我所有的危險[55]。我已沒有推託的藉口了，上主，我坦白承認這事，因此我更需要祢的憐憫，使祢能寬恕我[56]。

❸ 修女們，我極力要求的是，如果有人自知不能奉行這裡的習俗，她要說出來。還有其他的修道院，上主同樣受到非常好的服事。請不要打擾至尊陛下聚集來此的少數幾位。在其他的地方，有自由為了得到安慰，能和親戚相聚；在這裡，若有親戚獲准拜訪，則是為了和我們相聚而獲得安慰。不過，若有修女為了自己的安慰，渴望見到親戚，如果他們不是有靈修的人，她要自認還不成全。她要相信自己沒有超脫，也不健康，尚未擁有心靈的自由，沒有完全的平安。她需要醫生，而我說，如果她斷絕不了，又不得醫治，她就不是屬於這隱修院的人。

❹ 我所知的最佳解藥，就是不再和他們見面，直到藉著許多的祈禱，她已獲得釋放，達到上主賜予的自由。當她把這些探訪看成十字架時，就可以讓她會見他們，她的親友將會因此獲益，也不致為害她自己。【但是，如果她心疼自己的親友，為他們遭受的痛苦憂心忡

54. 見第二章第九節第二個註解。
55. 所有的危險：todas las ocasiones，英譯本譯為掩飾過失的機會，但若從大德蘭著作的常用字來看，她指的是犯過的機會，這是她在《自傳》常常多次自責的用語。這些犯過的機會，就是說，這些危險，實際上是指，在降生隱院的大團體中，不守禁地，許多的會客……等等。
56. 大德蘭創立的聖若瑟隱院，修女人數僅13人；而她離開的那座降生隱修院，修女的人數超過180位。

忡，又喜愛聽他們談論俗務，她要相信，這樣必會傷害自己，又對他們毫無益處。】

第九章

談論已經離開世俗的人，躲避親戚所得的大益處，及他們尋獲的朋友更是多麼真實。

❶ 啊！但願我們修道人能夠了解，和親友交往過多所導致的害處！我們要多麼避開他們！我不明白他們能給我們什麼安慰（甚至使我們失去與天主的關係，而只求自己的放鬆、休憩）；畢竟他們的娛樂不是我們能享有的，這對我們也不是正當的。我們當然可以心疼他們的受苦，事實上，我們確實為他們的磨難流淚，有時，甚至比他們還過分。當然，如果他們給予肉身一些優惠㊟，我們也要在靈性上好好地回報他們。關於這事，妳們在此已不用操心，因為所有的一切皆屬公有，沒有人能領受特有的餽贈；他們給予的捐獻，都屬團體共有，妳不必為此取悅他們，因為誠如妳們已經知道的，上主供給一切所需。

❷ 和親友交往引起的傷害，令我深感驚心。我想除非親身經歷，沒人會相信的。當今的修會，好似已忘掉修行全德這件事。當我們說為了天主捨棄所有時，如果我們無法忘卻其中最主要的項目，也就是我們的親友，我不知道，在這世上，我們割捨的究竟是什麼。事情已到了這個地步，如果會士不愛自己的親友，不和他們多談話，就是缺少德行；他們不只這麼說，甚至提出種種的理由。

註：給予肉身一些優惠，意思是：在食物用品上的資助。

❸女兒們，在這會院中，要很認真地將他們託付給天主；這是正確的。除此之外，應當盡可能放開他們，置於記憶之外，因為我們的意志緊握著他們，甚於其他任何人，這是很自然的事。

他們向來很疼愛我，根據他們所說的，我也同樣深愛他們，不讓他們忘記我。不過，從自己和他人的經驗中，我得知，患難臨頭時，親友給予的協助，往往最少；幫忙我的都是天主的僕人。當然，我所說的親友，並不包括父母，因為父母極少不幫助自己的兒女，因此，當他們需要慰藉時，我們理當安慰他們。只要不妨礙我們的修道生活，我們不要疏遠他們。懷著超脫的胸懷，我們可以這麼做，至於對待兄弟姊妹，也是一樣。

❹修女們，要相信，如果妳們善盡一切服事至尊陛下，妳們就找不到會有什麼親友，比得上祂派來給妳們的人。我知道事情就是這樣。妳們要確信——就如妳們之來到這裡——也要了解，如果不這樣，就是辜負了妳們真正的朋友和淨配；要相信，妳們很快就會獲得這份自由；也要相信，妳們可以信任那些只為至尊陛下而愛妳們的人，超過任何的親友，那些人不會辜負妳們。在那些從未想到的人中，妳們會尋獲父母與兄弟姊妹。因為他們之服務我們，是為了天主的賞報。那些為了獲得我們回報的人，看到我們如此貧窮，對他們毫無用處，很快就會感到厭倦。或許我們不能以偏概全，但現今的事情往往是這樣，畢竟，人世就是如此。

無論誰對妳們說些別的什麼，並認為那樣做是德行，千萬不要相信。若要將和親友交往的所有害處一一說清，我非得增加許多篇幅；既然已有比我更清楚自己在說些什麼的人，著述談論此一主題，目前我所說的這些，應已足夠。不成全如我者，都已如此清楚，那些德行成全者，所了解的又會怎樣呢？

❺ 聖人勸導我們遠避世俗的一切說辭，顯然是很好的。相信我，正如我所說的57，在這世上，我們最依戀不捨的就是親友，也是我們最難超脫的。因此，凡遠避自己鄉土的人，做得很好；如果這麼做真有實效的話，我是說，因為我不認為身體的隱匿，真能有所助益，除非我們下定決心，以靈魂擁抱好耶穌、我們的上主，因為在祂內會尋獲一切，也會遺忘一切。雖然如此，在我們認識此項真理之前，我們的退隱是極大的幫助。因為，後來，上主或許要我們和他們來往，讓我們在以往享樂的地方，背負起十字架。

第十章

談論如果我們無法超脫自我，縱然有上述的超脫，何以仍屬不足；並談論何以超脫和謙虛是形影不離的德行。

❶ 一旦我們超脫世俗和親友，並照所說的方式隱居在這裡，就以為我們已做盡一切，再不必和什麼奮戰了。哎呀！我的修女們，妳們不要自覺安全，也不要睡著！這就好像一個人，因為害怕竊賊而鎖門，卻把竊賊留在屋子裡，就此極其安心地熟睡。而妳們已經知道：沒有比我們自己更壞的竊賊。如果妳們不小心謹慎地行走，如果每位修女不萬分留神，相反個人的私意——且把這看成比一切都來得重要——許多事情將會奪去神聖的靈性自由；藉此

57. 第九章第二節。

自由，妳們才能飛向妳們的造物主，而不會被泥土或鉛塊羈絆。

❷要做到相反私意，有個極好的良方，那就是不斷地切記：萬有皆虛幻，一切行將告終，何其快速。這有助於除去對細微瑣事的迷戀，而專心致志於永恆的事物上。雖然看來不像是個有力的方法，卻很能強化靈魂，使之對最細微的事物也小心翼翼。當我們一開始執著什麼時，就應努力放開繫念的心思，轉向天主，至尊陛下必會予以助祐。祂已經賜與我們大恩惠，因為在這所會院，大部分的超脫工作已經實行——雖然要做到這個轉移與相反自我是個難事，因為我們非常緊密地共處，且又深深地相親相愛。

❸在這裡，真謙遜可以上場了；對我來說，謙遜和超脫這兩個德行似乎總是形影不離，相隨出現。它們不是分得開的兩姊妹，不是我勸妳們遠離的那些親友，相反地，妳們應當加以擁抱、疼愛，絕不要讓人在妳們身上看不到這兩個德行。啊！至高的德行，（你們是）[58]一切受造物的統治者，世界的帝王，避開魔鬼諸多圈套和糾纏的解救者！深受我們的導師基督所喜愛，片刻不離其身的德行！凡擁有這兩個德行的人，能夠輕而易舉地出征，去和整個地獄戰鬥，並對抗全世界及其罪惡。這人誰也不怕，因為他擁有的是天上的王國。他不畏懼任何人，因為即使失去一切，他並不在乎，也不會視之為損失。他唯一害怕的是沒有取悅他的天主；他祈求上主，助祐他保守這些德行，不致因自己的過錯而失落。

❹這些德行真的具有隱藏自己的特性，致使有這些德行的人，儘管人家說他有德行，卻從來看不見、也不相信自己有什麼美德。可是他那麼重視這些德行，總是盡力獲取，因而使自己的德行愈來愈成全。這些有德者的美德表露無遺，雖然他無意顯露，和他交往的人會立即認出這些德行。

58. 為使上下文清楚易懂，譯者加上括號內的字。

然而，我之稱頌謙虛與克苦，是多麼的愚蠢！榮耀的君王已這麼地讚揚它們，藉著親身的許多磨難確認它們。那麼，我親愛的女兒們，這是逃離埃及必須做的工作，因為尋獲這些德行的同時，妳們也會找到瑪納[59]。所有的一切妳們品嘗起來都是美味的；世人嘗起來味道很糟的，妳們都能嚐出其中的甘甜。

❺ 那麼，現在，首先我們要努力的，就是除去對自己肉身的偏愛，因為我們中有些人，天生這麼愛享受，在這方面得下不少的工夫。我們這麼愛惜健康，為此惹起的戰爭，真是令人讚美天主[60]，修女們尤其如此，其他的人亦然。不過，有些修女進入隱院，不為別的，正是為了不要死；人人竭盡所能，力求不死。說真的，在這裡，我們沒有這樣做的餘地，連有這樣的想望，我都不願意。修女們，要下定決心，妳們來，是要為基督而死，不是為基督而過享受的生活；魔鬼則慫恿妳們隨心所欲，「為的是能實行和守好會規」；以致為了要守好修會的紀律，而竭盡所能照顧、保養身體健康，結果畢生至死，沒有一個月完全遵守會規，甚或連一天都做不到。那麼，我不知道我們是來做什麼的！

❻ 不要怕在這樣的事上我們會不夠謹慎，這是少之又少的，因為神師立即就擔憂起來，怕我們要用補贖殺死自己。而我們這麼憎惡「不夠謹慎」，因此，我們願能事事周全。那些行事與此相反者，我知道她們毫不在意我所說的，而如果她們說我是獨自下判斷，我也無所謂，因為她們說的是真話。我的體悟是：上主希望我們體弱多病；至少就我而言，祂藉著我多病的身體，賞賜我極大的慈惠。祂知道，無論如何，我都會顧念到自己的安適，祂希望讓我有個理由那麼做。

然而，觀看這些人如何加給自己折磨，是件好笑的事。有時，她們無緣無故渴望做補

59. 參閱《出谷紀》第十六章；《智慧書》第十六章第二十節。
60. 「讚美天主」：是略帶幽默的誇張說法，意思是令人稱奇，讓人感到驚奇。

贖，這樣的渴望可能持續兩天，可以這麼說。然後，魔鬼挑撥她們的想像，認為補贖會加害她們；魔鬼使她們害怕做補贖，後來連修會的命令都不敢奉行，因為都已經嘗試過了。【[61]有時，無緣無故，她們感到興起一股要做補贖的狂勁……。魔鬼挑撥她們的想像：「補贖是有害的」、「再也不要做補贖了！修會的命令也奉行不來了，因為都已試過了」。】我們不遵守會規中非常普通的項目，譬如靜默，那是不會害我們的；只要我們的頭開始疼痛，我們就不去經堂，這也不會殺死我們。【某天我們因為頭痛而不去經堂唸經，第二天因為頭還痛也不去，第三天則因為恐怕會再頭痛，所以也不去。】我們在腦袋裡發明各種補贖，結果弄得補贖做不來，會規也守不成。有時只不過稍感不適，我們就自認無須做任何事，因為我們得到所求的許可了。

❼妳們會說，那為什麼院長要給許可呢？如果她知道我們的內在情況，她或許就不會給許可。然而，妳告訴了院長妳的需求，又不乏有醫師替妳幫腔，還有朋友或親人陪妳哭泣，院長能做什麼呢？她難免有所顧慮，想自己是否有違愛德；她倒情願缺少愛德的是妳們，不是她自己。【她似乎無權判斷妳們不好。天主啊！請幫幫我，修女們當中，竟然有這些抱怨！但願祂能寬恕我，但我恐怕這已成為一個習俗。曾經，一位修女向我抱怨頭痛之事，吐訴一大堆怨言。然而，到了檢驗她時，頭全然不痛了，其他的部位卻又開始疼痛起來。】

❽上述的這些事，有時是會發生的，為使妳們能小心防備，我在此書寫下來。因為，如果魔鬼一開始恐嚇我們有損健康，我們就什麼也不做了。願上主賜與我們光明，讓我們能事事正確，阿們。

61. 第一次修訂版的措詞更強烈。

第十一章

繼續談論克苦修行，並述說生病時應得到的對待。

❶我的修女們，經常抱怨一些輕微的病痛，我認為這是個不成全；要是妳們能忍受病苦，就不要抱怨。病情嚴重時，病痛的本身自會申訴；這樣的告狀完全不同，即刻呈現病況。想想看，妳們的人數很少，如果當中有一位習慣抱怨，若是妳們彼此相愛且又有愛德，大家都會受到拖累。如果有人真的病了，她要說出來，並接受必要的治療。如果妳們除去自愛，對於任何的自我放縱，妳們都會很快覺察出來，那麼，就不必怕妳們會取用無需之物，或無端抱怨。有需要時不說，比起無病呻吟求取安慰，更加糟糕；又如果，她們不同情妳們，那是很不好的。

❷更有甚者，在這有愛德的地方，修女的人數又少，總不會不關心妳們的病得到痊癒，這是非常確實的。至於女人家的那些虛弱、或輕微病痛，妳們要忘掉而不抱怨，有時候，魔鬼在我們的想像中投入這些病痛；這樣的事情來來去去，如果不除掉妳們那凡事愛說、愛抱怨的習慣——除非，妳們是對著天主這麼做——妳們會沒完沒了的。【我非常堅持這事，因為我認為非常重要，這也是導致隱修院非常鬆懈的一個原因。】因為肉身有個缺點，得到的享受愈多，發現的需求也愈多。肉身之渴求舒適享受，真是驚人；就像在這裡，對健康的需求，無論是多麼小的需求，總帶著一些美好的掩飾色彩，欺騙可憐的靈魂，使他不再成長。

❸妳們要想想，有多少貧窮的病人，他們不得向任何人抱怨。所以，貧窮和舒適是不能同路並行的。妳們也要想想許多已婚的婦女——我認識一些有地位的婦女——她們得了重病，卻為了害怕打擾她們的先生，不敢向先生抱怨，遇有很大的磨難時亦然。哎呀！我實在是個罪人！真的，我們來這裡不是為了比她們更享福的！唉！妳們已經免受世俗的沉重磨難，也要曉得為了愛天主而受點小苦，可不要事事吐訴，弄得人人皆知！那麼，如果有位婚姻生活很不幸的婦女，她不訴說，也不抱怨，為的是不要讓先生聽到，因此遭受許多的不幸，而且沒有任何人給她舒解，為此，我們豈不是要在天主與我們之間擔待一點病苦嗎？而且，我們之生病，乃由於我們的罪過。更何況，抱怨病痛根本無濟於事。

❹我說的這一切，不是指嚴重的疾病，那時會發著高燒——雖然如此，我還是請求妳們要適度，且經常保有耐心——我指的是，還站得起來的輕微不適。然而，如果我所寫的這些被修院外的人看到，將會怎樣呢？所有的修女會怎樣議論我呢？要是有人因此得以改善，我甘心樂意忍受這一切！因為即使只有一位修女愛抱怨，一般說來，結果演變成，即使有人病得再重，都沒有人會相信。【[62]……總之，事情的結果是，某些人連累了其他人；如果有位修女患病，甚至醫生們也都不相信她，認為她就像所曾見過的，為了小毛病，抱怨連連的那些修女。】

我們要記憶古時的聖父們，這些隱修士的生活，是我們要努力效法的：他們忍受的是何等的痛苦啊！多麼孤單、寒冷、飢餓！又多麼酷暑、炎熱啊！除了天主，他們沒有誰可以抱怨。妳們想，他們都是鐵打的嗎？像我們一樣，他們也是很脆弱的。女兒們，請相信，當我們開始征服這卑微的肉身，就不會再這麼受干擾，也會有足夠的人手照顧有需要者。除非有

62. 第一版本繼續寫道。

明確的需要，妳們忘掉自己吧！如果我們不痛下決心，徹底地吞下死亡和不健康，我們什麼也做不了。

❺ 要努力不怕死亡和生病，不管會發生什麼，將妳們全交託給天主。我們死了又怎樣呢？身體這麼多次哄騙我們，我們不是也該至少作弄它一次嗎？要相信，痛下決心的重要，遠超過我們所能理解的。如果我們持續不斷這樣行事，漸漸地，賴上主的恩祐，我們會成為肉身的主人。所以，征服一個這樣的敵人，在我們一輩子的戰鬥中是件大事。願上主以祂的大能促成這事。我真的相信，除非已經獲享勝利的喜悅，否則，這個修行的益處是人領略不到的。這是多麼大的益處，我則相信，因為處在這樣的平靜和駕馭自我中，沒有人會自覺遭受磨難。

第十二章

談論真愛天主的人，必然輕視他的生命與榮譽。

❶ 我們要來談其他同樣很重要的事，雖然好像是些瑣碎的事。每件事看來都是大工程，這是正確的，因為是對抗我們自己的戰爭。然而，我們一開始工作，天主就會在靈魂內大力興工，並賜予如此之多的恩惠，致使我們窮畢生之力能做的，全算不了什麼。至於修女們，我們做盡所能的一切，也就是說，為了天主的愛，我們捨棄自由，受人管轄，經歷這麼

多的磨難、守齋、靜默、退隱，且在經堂誦經，為此，無論我們多麼想取悅自己，也很難辦得到；在我看過的許多隱院中，或許，唯一會享受的人就是我[63]！那麼，在修行內在的克苦上，為什麼我們要止步不前呢？由於內在的克苦促使其他一切更有功勞，也更成全，隨後，做起事來更加平靜與安心。內在的克己是藉著努力修行獲得的，正如我所說的[64]，慢慢地，即使在瑣碎的小事上，也不順從我們的意願和欲望，直至心靈完全制服了身體。

❷ 言歸正傳，我說[65]，整件事或其中的大部分，在於不掛念自己或自己的舒適。凡真正開始服事上主的人，至少能獻出生命。既然已把意志給了祂，還怕什麼呢？這是很清楚的，真正的修道人、或真正的祈禱者，如果希望得享天主的歡愉，一定不會背棄為主捨生和殉道的渴望。修女們，難道妳們不知道嗎？一位想成為天主密友的好修道者，他的一生就是長期的殉道。我說「長期」，因為與瞬間斷頭的殉道者相比，可說是長期；然而，眾人的生命都是短暫的，有些人更是短促極了。我們怎知自己的生命不會這樣短促呢？當我們下決心全力事奉上主，豈知再過一小時或片刻，生命就要告終了？這是可能的。總之，我們毫無理由重視任何行將告終的事物。若是想到每個小時都是生命的末刻，誰不會賣力工作呢？那麼，要相信我，這個想法是最安全的。

❸ 為此，我們要在一切事上，表現出相反自己的意志。如果妳們認真細心，如我說過的[66]，不知怎樣，漸漸地，妳們會發現已置身於山頂。然而，如果只說，我們不在任何事上取悅自己，而不說明，伴隨相反私意而來的滿足和愉悅、甚至在今生就能有益處，這就會顯得嚴格極了！而這是多麼的安全啊！在這裡，由於妳們都修行相反私意，大多半的工作已完成；妳們要彼此提醒，互相幫助；在相反私意上，每個人都要努力修行，超越他人。

63. 這是聖女大德蘭幽默的自謙之詞。
64. 於第十一章第五節。
65. 參見第十一章第四節。
66. 參見本章第一節；第十一章第五節。

❹至於內在的騷動要很留意，尤其，如果是涉及地位高下時。願天主因祂的苦難，解救我們不滯留於說或想：「我是老前輩」、「我年紀較大」、「我做更多的事」、「別人得到的待遇更好」。如果一出現這些想法，必須立刻斬斷。設若妳們逗留於其中，一想再想，或加以談論，這是瘟疫，從中產生【隱院內】的大禍，【千萬小心，我對此清楚得很！】如果妳們有一位院長，她容許這些事，不論事情多麼小，妳們要相信，由於妳們的罪過，天主才允許有她做妳們的院長，使妳們開始腐化；妳們要熱切地祈禱，求天主賜下補救的方法，因為妳們已處在很大的危險中。

❺妳們可能會說：「為何我那麼看重這事？」及「要這麼嚴格嗎？」又「天主也賜安慰給不是這麼超脫的人？」

我相信這事，由於祂的無限上智，祂明瞭，若要吸引為祂捨棄一切的人，這麼做是適當的。我說「棄捨一切」，並非指入會修道，因為入會者可能遭遇阻礙，而成全的靈魂處處都能超脫與謙虛；不入修會者受到的磨難更大，這樣的準備是件大事。不過，請妳們相信我一件事，如果對榮譽或財富稍有一點看重（這種情形，在修院內也大有可能，如同在修院外，雖然修院內已除掉很多這樣的機會，所以其過失也就更大），即使妳們有多年的祈禱（或者，更好說是深思，因為成全的祈禱終究會除去這些壞毛病㊂），妳們絕不會大有進展，也享受不到祈禱的真正果實。

❻修女們，想想看，在這些事上，妳們有否一些這樣的情況？妳們在這裡別無其他目的。看重榮譽並不會使妳們更有榮譽，反而失去原本可以獲得的益處；就這樣，喪失榮譽和損失，在此連結一起。

67. 這句話清楚地流露聖女對祈禱的觀點，祈禱不只是思想上的事，不是想什麼的問題而已，而是整個人的轉化。

每位修女要看看自己是否謙虛，就能看出自己真正的進步。我認為，在地位高下的事上，魔鬼不敢誘惑真謙虛的人，即使在他起心動念之際也不敢；因為魔鬼是這麼靈通，害怕受打擊。如果一個人是謙虛的，若魔鬼以此方式誘惑他，在謙德上，他會得不到更大的勇力和進步，這是不可能的。因為很明顯的，他必會細察自己的生命，看看自己如何服事上主，及上主應受何等的服事，還有，為了給我們立下謙德的榜樣，上主貶抑自己所行的奇事；他也會細思自己的罪過，知道由於這些罪過，自己該到什麼地方去。靈魂獲益無數，滿載而歸，來日魔鬼再不敢重返，以免牠的頭被粉碎。

❼ 要聽從我的勸告，且不要忘記：不要只有內在的謙虛——如果我們不能從中獲益，這將是很不好的——也要有外在的修持，使修女們因妳們的誘惑而獲益。如果妳想報復魔鬼，快快脫離誘惑，那麼就在誘惑一開始時，即刻請求長上指派妳們去做些卑微的職務；如有可能，就自行去做。妳們也要學習，如何在相反私意的事上屈服妳們的意志。那麼，上主會使妳們弄明白這些事，為此，誘惑將無法久留。【⑥⑧（在相反私意的事上）……同時也做公開的克苦，因為在這所會院中，是這麼做的。避開魔鬼的誘惑，一如避開瘟疫，不要讓魔鬼留在妳們這裡。】願天主解救我們，脫免那些想服事天主又念念不忘榮譽的人。這是很壞的想望，並且，如我所說的⑥⑨，在渴想榮譽的同時，即已失去榮譽，特別是有關居高位的事。世上再沒有什麼毒物，像這些事物那樣致死全德的。

❽ 妳們會說：「這些是本性上的小事，不必拿來當一回事。」妳們不可玩弄這些小事，因為其增長有如泡沫，在這麼明顯的危險中，沒有什麼事是小的，如掛念榮譽，及在意我們是否被冒犯。除了其許多的理由之外，妳們知道為什麼嗎？很

68. 第一版本另寫道。
69. 見本章第六節。

可能，開始時，某人認為是很小、也幾乎沒什麼的事，接著，魔鬼慫恿別人，把它看得非常嚴重，甚至以為對她說：「怎麼受得了像那樣的委屈呢？」是個愛德。願天主賜她忍耐，使之獻給上主，一位聖人也忍受不了更多。魔鬼把慫恿的話置入另一位的口中，雖然妳們已忍受了，卻又陷於虛榮的誘惑，因此而沒有成全地忍受當受的苦。

❾我們的本性這麼脆弱，甚至自言自語說：不必忍受什麼。我們自以為已經做了些什麼，也認為對不起自己，再看到別人也認為對不起我們時，更是不得了。結果，靈魂失去立功的機會；她更加脆弱，並且大開門戶，使魔鬼有機會重返，帶來更糟的東西。甚至會發生這事，當妳想要忍受痛苦時，她們來對妳們說：「難道妳們是畜生嗎？」「要對那些事有感覺才對！」【嘿！如果其中有位是妳的朋友！】哎呀！為了天主的愛，我的修女們！但願沒有人受到輕率愛德的唆使，在這些有虛假的凌辱上，向另一位表示同情，這就好像聖約伯的朋友與妻子[70]。

第十三章

續論克苦，及為獲得真智慧，何以必須躲避世俗的觀點和理智。

❶修女們，我多次對妳們說過，現在我想在這裡寫下來，使妳們不致忘記，亦即，在這所會院，甚或任何有意達到全德的人，千萬別這麼說：我是對的、她們沒有理由這樣對待

70.《約伯傳》第二章第九至十三節。

我、這樣待我的人是沒有道理的……，但願天主解救我們，消除這類歪理。我們的好耶穌忍受那麼多凌辱，受到那樣無理的對待，難道都是合理的嗎？除非自認合理，就不願背負其他十字架的修女，我不知道為什麼還要留在隱修院裡？讓她重返世俗吧！在那裡，人們也不會跟她講這些理。或許妳們已受夠了，妳們不必再多忍受什麼！這是什麼道理？的確，我不懂。

❷ 當人們施加一些榮譽、享樂或善待給我們時，我們把這些理搬出來瞧瞧看，在此生，人家優待我們，確實是沒什麼道理。然而，當我們受到一些委屈時——人們這麼說，實則沒有人委屈我們——我不知道要說些什麼。我們或者是這麼偉大君王的淨配，或者不是。如果我們是，有什麼榮耀的女人，不分擔丈夫遭受的屈辱呢？雖然她並非樂意受辱，畢竟，夫妻雙方都得同受榮辱。那麼，要享有並享受祂的王國，卻不想分受祂的受辱和磨難，這是大錯特錯的。

❸ 願天主不要允許我們如此，反而是，若有修女自認是眾人中最卑微的，要想她是眾人中最有福的。確實是這樣，如果她忍受屈辱，一如必須忍受的，無論在今生或來世，她決不會沒有榮耀。關於這事，相信我吧！不過，我說錯了，說妳們要相信我，其實這些話乃真智慧所言⑪，【祂是真理本身，是出自眾天使之后⑫。至少，我們要稍微仿效她的謙虛⑬，我說「稍微」，因為不論我們多麼屈就和謙卑，像我這樣的人，等於什麼也沒做；因為由於我的罪過，我堪受魔鬼的貶抑和輕蔑，雖然我並不喜歡如此。即使人們沒有這麼多的過失，要是他們不做點什麼該下地獄之事，實在是奇跡。】

我的修女們，我們要稍稍仿效榮福童貞的至極謙虛；我們身穿她的會衣，自稱是她的隱

71. 智慧：原文及英文都是首大寫*Sabiduría*／Wisdom，表示主耶穌基督。
72. 參閱《路加福音》第一章第四十八至五十二節；第十四章第十一節。

修女是很慚愧的。無論我們自認多麼謙卑自下，還是不配成為這位母親的女兒，及這位淨配[74]的新娘。

因此，對於前面所說的，如果妳們不勤勉地斬斷，今天看來不算什麼的，明天可能就是小罪；而這是非常棘手的事，如果妳們使之放任，罪過必不會只有一個，為修道團體是非常糟糕的事。

❹ 住在修院的我們應非常留意，不要傷害那些致力於使我們獲益，並樹立善表的姊妹們。如果我們明瞭，開始一個壞習慣，所造成的傷害多麼大，我們寧死也不願意成為肇始者；因為這是肉身的死，而靈魂的喪亡則是個很大的失落，彷彿是無止盡的喪亡；因為死者亡故，生者繼之；而由我們開始的一個壞習慣，則可能傷害所有的人，遠超過我們的許多德行；因為魔鬼不會讓壞習慣停止，而我們的脆弱本性卻會讓德行失落。

❺ 若一位修女自知無法奉行本會院的習俗，她承認這事並離開我們，啊！這是多麼至極的愛德，對天主又是多麼了不起的服事！她也該這麼做，如果她不想在此生就有地獄；祈求天主，但願來生也不要有！

【[75]如果一位修女看清自己不能奉行本院的全德和習俗，她承認並離開，留給其他人平安，啊！這是多麼至極的愛德，對天主又是多麼了不起的服事！……甚至所有的隱修院（至少如果她們相信我）都不該收她，也不能讓她發願，直到經過許多年的考驗，看她是否已有改善。——我說的不是補贖和守齋上的過失，因為即使這些是過失，卻不會造成這麼大的傷害。然而有些人，天生好受尊敬，喜愛好名聲，看得見別人的過失，總看不見自己的，諸如此類，確實都是來自缺乏謙虛。如果天主沒有恩待她，賜給他靈性的大恩惠，又如果經過多

75. 第一版本篇幅較長，措詞更加強而有力。
73. 有的版本清楚寫出「效法至聖童貞……」。
74. 淨配是大寫的，意指基督。

年，妳們未見她有所改善，願天主解救妳們，不使她作妳們的同伴。要明白：她永遠不安寧，也不讓所有的人安寧。由於妳們沒有收取入會金，在這方面天主恩祐了妳們[76]。我很同情一些隱修院：許多次，為了不把錢退還，竟讓盜賊留在她們當中，偷竊她們財寶，或者，她們這麼做是為了顧全親屬的名譽。在這個修院，妳們已冒了險，也失去了世上的榮譽，因為窮人是沒有榮譽的。不要想望別人之受榮耀，係因為妳們付出這麼大的代價。修女們，我們的榮耀必須是服事天主。如果有人是妳們這麼做的障礙，她就該帶著她的榮譽，留在她的家裡。為此，我們的神父們規定，需有一年的初學期，而在我們的修會，我們有這樣的自由，能將初學期延長至四年。而在這裡，我甚至願意延長至十年。謙虛的修女不會在意延遲發願。她早已明白，若是她好，沒有人會遣回她，若是她不好，她為什麼要傷害這所基督的學校呢？我說的「不好」，指的不是虛榮之類的事；賴天主的助祐，我相信這些會遠離我們隱修院。我說的「不好」，是指沒有克苦，反而執著世物，或對我前面所說那些事念念不捨。一位修女看不到自己有許多超脫的特質，如果她不想在今世就下地獄，應該要相信我，不要發願。但願天主也不使她來世下地獄，因為在她身上有許多下地獄的原因；可能我們會院中修女不了解這些事，或許那位修女也一樣，不像我這麼明白這些情況。】因為，害怕這事是有許多理由的，可能她或其餘的修女，都不像我那麼明白這事。

❻ 在這事上，妳們要相信我！如果不信，時間會為我作證。我們努力達到的修道方式，不只是做個隱修女，而是要成為獨居隱士，所以妳們要超脫所有的受造物，凡為此而蒙上主揀選的人，我看到上主特別地賜給她們這個恩惠。雖然現在她的超脫並非全然完美，但由於不再需要涉及世事，給予她莫大的滿足和喜樂，並享受修道生活中所有的愉悅，從中可

76. 意指可以自由地遣回不合適的修女。

以看到她的進步。

我再說一次，如果她偏向世物，又不見她進步，她就應該離開。如果她還想做修女，就到其他的修院去；如果她不肯這麼做，她將看見自己的下場。她不要抱怨我——開始本院者——沒有警告她。

❼ 如果在世上能有天堂，這修院就是個天堂。凡以取悅天主為樂，且又輕視悅樂自己的人，她在這裡的生活是非常幸福的；如果還想望其他更多的什麼，一切都會喪失，因為她無法擁有什麼。這個不滿足的靈魂好像極度厭食的人，食物再好都令她討厭；健康者吃得津津有味的東西，也使他反胃作嘔。這修女在別處反而更能得救，或許逐步漸進地，她也能到達成全之境，在這裡，她受不了我們要求全部做好一切。雖然內在完全的超脫與克苦需要時間，外在的部分則是必須立刻做到。若有人眼見大家都盡力修行，且生活在這麼多好同伴中，她在一年內毫無進步，我怕再過許多年也進步不了，甚至反而退步。我不是說，她要和其他的修女一樣，做得那麼完善，但是妳們會看出健康正在恢復；若所患的是致死的病，很快就能看得出來。

第十四章

本章談論凡精神違反上面所說之事者，不應准許她發願是非常重要的。

❶ 凡痛下決心的人，我深信上主非常恩待她，為此，必須留意入會者懷有什麼意向，以免她來此只為尋求安定的未來（就像許多人那樣）[77]。如果她是個有好理智的人，上主仍能把她的意向導引至成全之境；如果她不是，則是無可挽回，因為她既不明瞭為什麼要入會，而後來那些想帶她進入較高境界的人，她也不了解。因為，大多半，有這方面缺點的人，往往認為比起那些博學者，她們更懂得什麼合適自己。我認為這是個無可救藥的惡事，因為，如果她們放棄其惡行，真是奇事。在修女眾多之處，這毛病還可以容忍，但在這麼少人的會院則是忍無可忍。

❷ 一個良好的理智，如果開始熱愛向善，就會以剛毅堅心持守，因為她明瞭這麼做最為妥當。當她無法達到更高的靈修境界時，若能接受良好的勸告，她還是會進步並有所助益，而不致拖累他人。缺少這樣的理智時，我不知道，在團體裡能有什麼用處，很可能還會造成許多傷害。

這個缺乏無法立即察覺，因為許多人雖能言善道，悟力卻差得很，而有些人寡言少語，說話笨拙，卻對許多善事具有聰穎的領悟。事實上，有一種神聖的單純，對世間的俗務和方式所知不多，但卻擅長和天主交往。為此，若要接納她們，詳細探詢是必要的，而在允許發願前，也必須經過長期的試驗。讓世人徹底明白：妳們有自由遣回她們，而在一個嚴格的隱

77. 十六世紀的西班牙，一個家庭僅長子享有繼承權，因此，修院生活給予許多女孩有保障的未來，使得一些人雖然沒有聖召，卻仍進入修會。

修院裡，有許多這樣的機會，一旦成為慣例，就不會有人將遣回視之為屈辱。

❸ 我這麼說，因為我們處在這麼不幸的時代，我們的本性又是如此的脆弱，雖有先輩的命令，不要我們注意現今人們視之為榮譽的事，這還是不夠，我們仍然不願冒犯親友們。但願我們不要因為今生所收納的人，在來生付出代價；這些人總有說服我們的藉口，要我們收納他們。【至於這麼重要的一件事，沒有什麼藉口是好的，因為，一位照管修院福祉的院長⑦⑧，如果沒有偏執和私情，我從不認為天主會讓她犯下錯誤。然而，如果她還在意這些同情和愚蠢的想法，我確信她一定會犯錯。】

❹ 這是每個人都要留意的事，應交託給天主，並鼓勵院長姆姆，因為是非常重要的。為此，我祈求天主賜給妳們光明。妳們很幸運，不用收入會金；在那收入會金的修院，可能會發生這事：為了不要退還金錢——她們已沒有了——而把盜賊留修院內，竊取她們的財寶，真的可悲至極。在這件事上，妳們不要同情任何人，因為妳們想要幫助的人，很可能反而受到妳們的傷害。

第十五章

本章談論雖無過而受責備，不為自己辯解的大益處。

❶【然而，我寫得多麼雜亂無章！活像不知在做什麼的人。修女們，過失在於妳們，

78. 院長：原文el Prelado，這個字指的是隱修院的院長、及教會的高級神長，如主教，ICS英譯本翻譯成bishop／主教，Allison Peers譯為superior／長上，按上下文的脈絡，譯為院長比較連貫。

因為是妳們命令我寫的。妳們要盡所能地閱讀，正如我竭盡所能地寫；如不然，若認為寫得不好，妳們就燒掉它。需要有時間才能做好工作，如妳們看見的，我的時間少得很，八天已經過去了，什麼也沒寫。就這樣，我忘了已說過的，甚至記不得將要說的。現在是我不對，向妳們要求不做我剛剛才做的事，也就是自我辯解。因為我明白，不自我辯解是最成全的習慣，也是極好的表樣，而且很有功勞。雖然我常教導妳們這事，妳們因天主的慈惠而有所修行，至尊陛下從未將之賜給我⑲。】

我要勸服妳們的事令我深感慚愧，因為，關於我對妳們說的這個德行，自己多少也該有所修持，然而，事實上我承認，在這方面我的進步很少。我總是有理由這麼想：在辯解時，自己是更有德行的。因為有時候，給理由是正當的，不給反而不好。我不夠謹慎——或更好說，不夠謙虛——適時地這麼做。因為，確確實實地，眼看著沒有過失而挨罵，又默不作聲，這是大謙虛，也是極度效法除免我們所有罪過的上主。為此，我懇切請求妳們致力於這個修行，因為會帶來極大的利益。至於力圖辯解自己的過失，我一點也看不出有何道理，除非——如我說的——在有些情況下，如果不講實話會導致憤怒或立壞表樣。那比我更明智的人會辨識這事。

❷ 我相信這為我們是有益的：習於修養此一德行，或努力獲得上主的真謙虛，亦即由這德行而來的謙虛。因為真謙虛的人，必定真的渴望不被看重、遭受難為、沒有過失而挨罵，甚至是在很大的事上亦然。因為如果他渴望效法上主，還有什麼比這更好的？因為在這樣的事上，既不需要身體的力氣，也無需任何人的協助，只要有天主。

❸ 我的修女們，我切盼我們熱烈研習這些大德行，並做補贖。至於過分做補贖，妳們

79. 最後一句是聖女大德蘭的自謙話語。

已經知道，我不表贊成，因為如果不審慎明辨，有可能會損及健康。至於修練那些德行，則沒有什麼好怕的。無論內在的德行多麼高超，也不會奪走我們奉行院規所需的體力，反而使靈魂更加堅強。若能在很小的事上養成習慣——如我其他時候所說[80]——方能在大事上獲勝。【這事寫來多麼容易！我做的又是多麼不好！】事實上，我從未在重大的事上考驗自己，因為，無論聽到別人說我什麼不好，我知道，他們說的沒有什麼不夠的；即使在那些事上，我沒有過失，在其他許多方面，我還是冒犯了天主；在我看來，她們沒有指控我其他的那些過失，實在是相當仁慈。她們論及我所說的不實，比起說出實情，往往更令我高興。【[81]這些事情，無論多麼重大，我都不會怎樣。然而，在一些小事上，我順從自己的本性——並且持續如此——沒有覺察什麼是更成全的。因此，我希望妳們儘早開始了解，每一位都要深思細想，從所走的途徑所得的諸多益處，我相信，沒有一個人會迷失的。最主要的收獲就是在某方面追隨了耶穌。我說「某方面」，因為——如我說過的——我們之被責怪，總不會沒有過失。】

❹ 透過各種的方式，使人獲益良多，細察這事，是很有幫助的，而且——如果我們仔細詳察——每當我們被怪罪時，總不會沒有過失，我們常滿身過錯，義人一天跌倒七次，若說我們沒有罪，是在說謊[82]。因此，雖然我們無過而受責難，我們絕不會完全沒有過失，像好耶穌那樣。

❺ 我的上主啊！每當我想起祢遭受的種種痛苦，以及祢完全不該受這些苦，我不知道還能為自己說些什麼？當我不想受苦時，我也不知道我的腦袋在哪裡？在為自己辯解時，也不知到底自己身在何處？我的至善！祢早已知道，如果我有什麼好的，那是出於祢親手的

80. 參見本書第十一章第五節；第十六章第一至二節。
81. 第一次修訂本繼續說得更詳細。
82. 參閱《箴言》第二十四章第十六節；《若望福音》第一章第八至十節。

賞賜，而不是別人。上主，給的多會比給的少讓祢付出更多代價嗎？如果我不堪當這個好德行，同樣我也當不起祢先前賜予我的恩惠。祢——萬善之善——遭受這麼多的惡言中傷，我卻一直希望對像我這麼壞的東西，有人覺得我很好，這是可能的嗎？我的天主！不要准許，不要准許——我希望祢都不要准許——祢的婢女有任何不悅樂祢雙眼的地方。上主，請看，我的雙眼是盲目的，能使我眼目滿足的少之又少。請賜給我光明，讓我真的渴望被所有人厭惡，因為我這麼多次辜負了祢，而祢卻這麼忠實地愛我。

❻ 我的天主，這是什麼？我們想從取悅受造物中得到什麼呢？如果在上主面前我們沒有過錯，即使所有的受造物都嚴厲責怪我們，那有什麼關係呢？啊！我的修女們！我們從未了解這個真理，因此也從未達到全德之境，除非我們常常細察和深思什麼是是，什麼是非。

當責罵妳的人看見妳明知無錯，卻仍接受責罵，會自覺慚愧，這是妳僅有的收獲，也是極了不起的收獲。往往像這樣的一件事，比起十次的證道，還能提升靈魂。我們全都努力以行為宣道，因為宗徒⑧³及我們的無能，都使我們無法用話語宣道。

❼ 無論妳們多麼隱退，總不要以為妳們所做的好事或惡事，全都是隱祕的。女兒們，妳們是否認為如果不為自己辯解，就不會有人保護妳們？請看看當瑪麗德蓮在法利塞人家中，及她的姊姊責怪她時，上主如何答覆⑧⁴。祂之對待妳們，不會像對祂自己那樣嚴厲，當有位強盜為祂辯護時，祂已是身懸十字架上⑧⁵！因此，至尊陛下必會感動某人來為妳們辯護，如果沒有，也就是不需要。我曾目睹這樣的事，這是真的，雖然如此，我不願妳們惦念著這事，而要妳們即使受責難，仍然歡喜，你們會看到自己靈魂的獲益，時間會予以證實。因為我們將開始獲得自由，不在意人家說好或說壞，反而認為是在說別人。這就像另有兩個

83. 《格林多前書》第十四章第三十四節。
84. 《路加福音》第七章第三十六至四十節；第十章第三十八節，瑪麗德蓮，悔改的罪婦，和伯達尼的瑪麗，在大德蘭當時，常被看成同一人。
85. 《路加福音》第二十三章第四十一節。

人在交談，而不是和我們說話，那麼對於做出回應也會漠不關心。所以就這樣：養成了不回應的習慣，也不會覺得人家在說我們。

我們既非常敏感，又沒做什麼克苦，對我們而言，這彷彿是不可能。在開始時是困難的；然而我知道，這樣的自由、棄絕自己和超脫自我，在天主的助祐下，我們能夠獲得。

第十六章

談論默觀者與滿足於心禱者，其全德生活必然有分別，天主有時提拔分心的靈魂進入成全的默觀，為何是可能的，及祂這麼做的原因。本章和下一章值得特別注意⑧⑥。

❶【我所說的一切，妳們不要以為太多，如人們所說，我才擺設好（下棋的）遊戲。妳們請求我談論祈禱的基礎，雖然天主沒有以這個基礎帶領我，女兒們，係因為我還沒這個德行⑧⑦，我不知道別的。要相信，凡不會下象棋棋子的人，也不知道如何玩得好。而如果他不知將對方的國王，也一定不會將死國王。這樣，妳必會責備我，因為我所提的遊戲，不但我們會院中沒有這玩意兒，我們也不該有。由此可見，天主所給妳們的姆姆，她甚至連這種虛榮的玩意兒也知道；不過，人們也說，有時玩這遊戲是可以的。對我們來說，玩這遊戲的方式是多麼恰當；如果多多運用，很快地，我們就能將死這位神性的國王，祂既逃不掉，也不想逃離。

86. 第一抄本中，本章的首四段自成一章，標題為「談論開始述說祈禱時，前面所說之事，是多麼必要。」大德蘭在第二抄本中，原抄有該四段，後來又將它們刪除，或許她對以西洋棋舉例是否妥當，有了不同的看法。然而她在刪除時，沒有調整序號，致使第二抄本的第十六章由編號5開始。然而，所有的編者，從路易斯．雷翁至今日，都保留這幾段，讓我們看到大德蘭以西洋棋為例，闡明深奧的洞見。

87. 這裡所說德行，是指謙虛及遭受責難時的保持沉默。見第十五章第二至三節。

❷在這場遊戲中，最能把仗打好的棋子是皇后，而其他的棋子都來幫忙。沒有一位皇后，能像謙虛那樣，使國王降服。謙虛能吸引國王，從天上降到聖童貞的胎中；懷有謙虛，單單一根髮絲[88]，就能吸引祂到我們的靈魂內。請相信，誰更加謙虛，就更能擁有祂；誰的謙虛少，擁有祂也愈少。我不能明白，沒有愛怎會有謙虛，又怎能有謙虛呢？我也不懂，沒有謙虛，又怎能有愛呢？而沒有極力超脫所有的受造物，也不可能有這兩個德行。

❸我的女兒們，妳們會說，為什麼我要對妳們談論德行呢？妳們已有夠多的書來教導妳們，妳們想要的無非就是默觀（contemplación）。我說，如果妳們求問的是默想（meditación），我已經對妳們談過了，也勸導大家修行默想，即使沒有德行亦然；因為默想是獲得一切德行的基礎，也是所有基督徒畢生要修行的。任何人，不論他是多麼迷失，如果天主使他對這麼大的美善覺醒，就不應置之不理，這點我在別處已寫過[89]。其他的許多人知道自己所寫的；我確實不知道自己在寫什麼——天主知道。

❹然而，女兒們，默觀是另一回事，這是我們全都有的錯誤，如果有人每天花點時間，想想自己的罪過（如果不是虛有其名的基督徒，這是他的本分），別人立刻會說，他是個非常默觀的靈魂，馬上希望他已有這麼高超的德行，如同非常默觀的靈魂所必須有的，甚至連他也這麼希望，但這是錯誤的。從一開始，他就不會擺佈棋局，他以為，只要認識將死國王的棋子，那就足夠了。可是，這是不可能的，除非人完全給出自己，否則這個國王不會給出祂自己。】

❺所以，女兒們，如果妳們要我說給達到默觀的道路，妳們要容忍我多談一些事，雖然妳們可能不認為這麼重要，儘管如此，我認為那是重要的。如果妳們不想聽這些，也不想

88. 參見〈雅歌〉第四章第九節。
89. 見《自傳》第八章第四節。

修行，妳們畢生都會留在心禱中，然而，我可以向妳們及所有追求默觀的人保證（雖然我也有可能錯誤，因為這是我的判斷，是我費了二十年功夫的想法），妳們不會達到真正的默觀。

❻現在我要說明何謂心禱（oración mental／mental prayer），因為妳們中有些人還不明瞭，天主保祐，願我們都擁有心禱，一如本該有的。然而，我也害怕，如果德行沒有修成，做心禱也得相當辛勞，雖然心禱所需要的德行，不像默觀所需的那麼高超的等級。我說，如果我們不奮力獲取崇高的德行，光榮的君王是不會蒞臨我們靈魂的——我說的是與靈魂結合。我要解說這事，因為，如果妳們發現我說的，有什麼不真實，妳們就不必相信我，而如果我明明知道而說，妳們這樣做是對的，願天主不使這些事臨於我！如果我真說錯了，那是因為我所知不多、或不了解。那麼，我想要說的是，有時候，天主願意賜下一些這麼大的恩惠，給予情況很糟的人，藉此方法把他們從魔鬼的手中奪出來。【⑳許多時候，上主施惠於卑劣的靈魂，我認為，我們該當明白，此時的靈魂並非處於犯大罪的情況中。天主允許處在大罪中的人得到神見——甚至是很好的神見——好能救出那人回到祂那裡。但是，我不能相信會將他置之於默觀中，因為在那樣的神性結合中，上主歡悅於靈魂，靈魂也欣喜於上主。潔淨的天堂歡喜於汙髒的靈魂，或歡愉的天使欣喜於不屬於上天的事物，都是不正確的。我們已經知道，犯大罪即是屬於魔鬼：那人能歡欣於魔鬼，因他滿足了魔鬼（而我們已經知道，魔鬼的歡欣，即使在今世都是持續不斷的折磨）。我主不會缺少屬於祂的兒女，且歡悅於他們，用不著各處去帶領那些別人的孩子，儘管如此，至尊天主還是會做祂常做的，亦即，把他們從魔鬼的手中奪出來。】

90. 第一抄本包括一些很重要的差異。

❼我的上主啊！多少次，我們讓祢和魔鬼搏鬥！祢讓魔鬼引祢到聖殿頂上[91]，為教導我們戰勝牠，難道還不夠嗎？然而，女兒們，看看，在這太陽旁的黑暗，是什麼樣子？那不幸者充滿著何等的恐懼！雖然牠不知何以如此，因為天主不讓牠明白。【[92]由於牠那麼膽大妄為，多麼應該讓天主為牠再造一個新地獄。】如此的憐憫與慈悲，當受讚美！如我已說過，基督徒讓祂每天和這麼骯髒的野獸搏鬥，我們多麼羞愧！上主，祢實在需要多麼堅強的雙臂，然而，祢在十字架上受到那麼多折磨，怎麼沒有削弱它們的力量？啊！**所有以愛忍受的痛苦會再痊癒**！我相信是這樣，如果祢活著，祢對我們的愛會治癒祢的創傷，而不需要其他的藥物。【我好像在說蠢話，然而，我不是；神性之愛能做更大的事。為了避免讓人好奇——我就是這樣——及給妳們立壞榜樣，我不在此多說。】我的天主啊！在所有令我痛苦和艱辛的事上，誰來給我這樣的良藥呢？如果這有益健康的藥膏，確知是有療效的，我會多麼渴望它們！

❽重返前言[93]，有些靈魂，天主認為利用這方法，可以將他們贏回自己的身邊。看到他們完全迷失，至尊陛下寧願不遺餘力，雖然他們處在不良情況下，且又欠缺德行，祂仍賜予靈悅、神慰和柔情，開始激發他們的渴望，甚至有時把他們放在默觀中，雖然這樣的機會很少，也很短暫。如我所說，祂這麼做，只是要試驗他們，看看有這樣的恩惠，是否會讓他們願意準備自己，好能經常享有祂。然而，如果不好好預備自己，請原諒我——或者更好說，上主，請寬恕我們——因為像這樣的一個靈魂，既蒙祢帶領親近祢，卻又親近並留戀世物，這是個很大的罪過。

❾我認為，我們的主天主給予許多人這樣的試驗，但只有很少的人預備好享有這恩

91. 見《瑪竇福音》第四章第五節：「那時，魔鬼引祂到了聖城，把祂立在聖殿頂上。」
92. 大德蘭在第一抄本中，寫了又劃掉以下的話。
93. 在第六節。

惠。當天主賜下這項恩寵，而我們也極盡所能，我確信，祂會不斷地給予，直至我們達到非常高的等級。如果我們沒有決心把自己給予至尊陛下，不像祂那樣把自己給我們，祂常是讓我們留在心禱的階段，偶而來看看我們，就像看待祂葡萄園中的僕人⑨④。然而，有其他一群蒙受恩待的兒女，祂不要他們離開祂身邊，祂也不會離開他們，因為他們再不想離開祂；祂讓他們和祂同桌共食，甚至賜給他們取自祂口中的食糧。

⑩ 啊！我的女兒們！多麼幸福的照顧！捨棄如此微小、卑賤的事物，竟能達到如此崇高的境界，多麼有福啊！當妳們在天主的雙臂中，即使受到全世界的咒罵，那又何妨？祂能從一切中釋放妳們，因為祂一下令創造世界，事就成了：祂願意什麼就成就什麼。所以，不要害怕，若非為了祂所愛者的益處，祂不會容許他人批評你們：對那些愛祂的人，祂的愛不會那麼少。那麼，我的修女們，為什麼我們不盡其可能，向祂表達這愛呢？請看，這是多麼美的交換，以我們的愛交換祂的愛。請看，祂什麼都能，在此塵世，除非祂讓我們能做什麼，我們是一無所能的。所以，上主，我們的造主，我們為祢做的是什麼呢？可以說，除了那一點點的決心，幾乎什麼也沒有。如果就這麼的幾乎一無所有，至尊陛下願意我們因此獲享一切所有，我們就不可冥頑不靈。

⑪ 上主啊！一切的傷害所以臨於我們，都是因為，我們的眼睛沒有注視祢，如果我們除了道路⑨⑤，什麼都不看，就會很快到達。但是，我們一路上，碰到成千的摔跤、障礙物，及迷失道路，是因為，如我所說，我們的眼睛沒有注視真正的道路。這條路我們好像從未走過，而令我們感到新奇。的確，這令人惋惜的事，有時是會發生的。【我是說，彷彿我們不是基督徒，畢生也不曾讀過耶穌受難史。如果碰觸到一點面子問題！天主啊！幫助我吧！

94. 參見《瑪竇福音》第二十一章第三節。
95. 這裡的「道路」指的是主基督，祂是真正的道路。

若有誰對妳們說不要在意面子，這人馬上被看成非基督徒。有時會看到，世俗上有這樣的情況，甚至，因著我的罪，在修會中亦然，我覺得可笑——更好說，我感到憂心[96]。】所以，若被人稍稍小看一點，就不能忍受，也不認為必須忍受，立刻就說：「我們不是聖人。」

⓬ 修女們，當我們做事不完善時，願天主拯救我們，不要說：「我們不是天使」、或「我們不是聖人」。想想看，雖然我們不是，如果我們努力，竭盡所能，天主也來幫我們一臂之力，助我們成為聖人，這是極為有益的想法。如果我們不辜負祂，就不必擔憂祂會辜負我們。我們之來到這裡，不為別的，那就如同人們說的，著手工作吧！依靠祂的恩惠，所有能更服事祂的事，願我們大膽地都不放過。我希望能在本院中看到這樣的膽量，謙虛也往往因此而增長；天主協助強者，而不看人的情面[97]。

⓭ 我已離題好遠，我得言歸正傳[98]，亦即，說明什麼是心禱和默觀。這麼做好似不恰當，不過，對妳們而言，什麼都行。比起其他優雅的文體，我那粗陋的寫法，或許妳們更容易了解。願上主在這事上助祐我，阿們。

第十七章

談論何以不是所有的靈魂都適於默觀，何以有些人較慢達到默觀，真正謙虛的靈魂必會滿足於天主帶領他的路。

96. 如果想深入明瞭這段話，請參閱本書第三十六章第三節的註解，及《自傳》第三十七章第九至十二節。
97. 見《厄弗所書》第六章第九節；《宗徒大事錄》第十章第三十四節。
98. 於十六章第六節。

❶看來我好像已經談到祈禱了，但仍有些很重要的事，我還沒說，因為這與謙德相關，也是本會院[99]必須具備的；因為這是祈禱的主要修行，如我曾說過的[100]，妳們要求徹底了解，應該如何勤修謙德，對修行祈禱的人而言，這是極重要的一點，也是非有不可的。真正謙虛的人，怎麼會想自己這麼好，就像已達默觀境界的人那樣呢？的確，由於天主的良善和仁慈，祂能這麼做；但按我的見解，一個人常該居末位，因為這正是上主告訴我們去做的[101]，且以身作則教導了我們。要好好準備自己，為的是，如果天主願意帶領妳們走上這條路[102]。當祂不願意時，妳能修練謙德，亦即，想想妳能服事上主的僕人，何其幸運，妳當讚美至尊陛下，因為妳原本應該是地獄中魔鬼的僕人，是祂引領妳來到修女們當中。

❷我說這話，不是沒有很大的理由，因為，如我所說的[103]，天主不是帶領所有的靈魂走同一的路，明白這事是很重要的。或許，靈魂自認所走的路極其卑微，但在天主的眼中，卻極為崇高。

所以，並非因為本會院人人修行祈禱，大家必定都是默觀者。這是不可能的。如果我們不是默觀者，又不了解這個事實：成為默觀者是天主的恩賜，我們會憂傷沮喪不已。既然默觀不是得救所必需的，天主也不作此要求，就不當認為有什麼人會這樣要求我們。因此，如果做了上面所說的，必不會達不到非常成全的境界。事實上，可能有人會得到更多的功勞，因為她必須更辛苦工作，而上主帶領她，有如對待強者，把她在今世沒有享有的，全部保留起來。她不該為此理由而灰心洩氣，或放棄祈禱、不做大家該做的事，因為，有時天主來得很遲，祂的賞賜還是很豐厚，分成好多年賜給他人的賞報，祂一次全給足。

❸我有超過十四年之久，不閱讀就無法做默想。像我這樣的人，還有很多，也有人即

99. 指亞味拉的聖若瑟隱修院。
100. 見第十二章第六節和第七節。
101. 《路加福音》第十四章第十節。
102. 就是說走上默觀之路。
103. 見第五章第五節。

使閱讀，仍無法默想，她們只能唸口禱，且絕大多數時間，都停留在口禱。有些人的思想飄浮不定，無法專注於某一事項，而且常常擾亂不安，甚至這麼的極端，如果他們想停下來想天主，成千的謬論、顧慮和疑惑全都湧上來。

我認識一位高齡的長者，生活非常聖善，克苦修行，是天主的忠僕，多年以來，她長時間做口禱，至於心禱則毫無辦法，頂多就只能緩慢地誦念口禱。【⑭我認識一位年長的老修女——天主，但願我的一生和她的一樣好——活像個聖女，熱愛苦行。總之，是位了不起的修女，誦念許多的口禱，且是很平常的經文。】其他還有許多人也是這樣，但如果有謙德，我不認為到末了他們會很糟，反而會和那些得到許多愉悅的人幾近平等，甚至就某方面而言，他們更加安全；因為我們不知道那些愉悅是來自天主、或出自魔鬼的介入。如果不是來自天主，這是更大的危險，因為在這裡，魔鬼的工作就是要挑唆我們的驕傲；如果是來自天主，就無需害怕，隨之而來的是謙虛，正如我在另一本書中詳細敘述的⑮。

❹ 其他沒有得到靈悅的人，懷著謙虛行走，懷疑這是因為自己的過失所致，常常牽掛著要向前進步。見到別人流下一滴眼淚，就想自己流不出淚來，即是在服事天主的事上，落後很多，但是很可能，她們前進得更多。因為，雖然眼淚是好的，卻不是所有的眼淚都是成全的；謙虛、克苦、超脫及其他的德行，往往更為穩妥。沒什麼好怕的，也不用怕達不到像深度默觀者那樣的成全。

❺ 聖曼德是位聖女，雖然沒有人說她是默觀者。那麼，若能相似這位有福的婦女，還想多要些什麼嗎？她堪當有我們的主基督經常到她家裡，為主準備食物，服事祂，和祂同桌進食，【甚至取用祂盤中的食物⑯】，如果曼德也像瑪麗德蓮，全神專注，就沒有人款待這

104. 第一抄本中，寫得更明確。
105. 見《自傳》第五章第十四節；第十七章第三節；第二十章第七和二十九節。
106. 《路加福音》第十章第三十八至四十節。

位神性的嘉賓了。那麼，就把我們的會院團體想成聖曼德的家，所有的事都必須做。被帶領度活動生活的人，不當抱怨全神專注於默觀的人；她們知道上主會為默觀者辯護，雖然那些人靜默不語[107]，因為默觀往往使人忘卻自我，也忘掉一切。

❻ 回想一下，總得有人準備餐點，也要認為能和曼德一同服事是很幸福的。她們要細察，真正的謙虛即是非常認真地隨時待命，無論上主願意如何處置都滿意，況且謙虛者總是認為，自己不配稱作祂的僕人。如果默觀、心禱或口禱、照顧病患、幫忙家務雜事，甚至做最卑下的工作，全都是服事嘉賓[108]，祂來到我們中間，和我們一起，共同飲食和娛樂，我們或這樣或那樣服事，又有什麼差別呢？

❼ 我不是說，我們要有所保留，反倒是什麼都要嘗試，因為選擇權不在我們，是在上主的手中。再者，如果經過許多年後，祂願意每人各有其職務，要是妳們也願意同樣的選擇，這會是好謙虛。讓這會院的上主來處理。祂充滿智慧，祂是全能者，祂知道什麼為妳們合適，也知道什麼為祂合適。要確信，如果妳們竭盡所能，以前面所說的全德為默觀做準備，而如果祂仍不賜給妳們默觀（我相信，如果真有謙虛和超脫，祂不會不賜給的），祂必會為妳們保留這賞賜，等到在天堂一次賞給妳們——如我前面所說的[109]——祂願意引導妳們，彷彿妳們是強者，在今世賜給妳們十字架，這是至尊陛下一直都有的。祂之渴望於妳們的，正是祂對自己的渴望，還有比這更好的友誼嗎？而且即使在默觀中，也未必能獲得如此的賞報。做判斷的是祂，我們無須干涉這些。選擇不在於我們，這實在好得很，否則——默觀好似比較安息——我們全都是大默觀者。

多麼大的收穫啊！憑我們的想法而得的收穫，我們不想要，因此也不怕會有損失，天主

107. 參閱《路加福音》第十章第四十一至四十二節。
108. 嘉賓：原文是大寫，意指主基督。
109. 見本章第二節。

從不允許善做克苦的人受虧損，反倒使他們收獲更多。

第十八章

繼續談論同一主題，說明默觀者所受磨難，遠超過活動者。對活動者有很大的安慰。

❶ 那麼，女兒們，我對妳們說，天主沒有以這條路引領的人，根據我的觀察和了解，那些走上默觀之路的人，並沒有背負比較輕的十字架，天主給他們十字架的途徑和方式，會讓妳們很驚訝。這條路或那條路我都知道，也很清楚天主給予默觀者的磨難是忍無可忍的。這些磨難是這樣的，如果祂沒有賜下靈悅的食糧，他們會無法忍受。很明顯的，天主既然以磨難帶領祂深愛的靈魂，愛之愈深，磨難也愈艱苦，我們沒有理由認為祂輕視默觀者；祂甚至親口稱讚他們，且認他們為朋友[110]。

❷ 那麼，認為祂接納喜愛享福又沒有磨難的人，成為祂的密友，這樣的想法是大錯特錯的。我很確定，天主給予默觀者超大的磨難。因此，由於帶領他們行走的道路充滿深坑險壑，崎嶇不平，有時他們會自以為已經迷失，必須再重頭開始，所以，至尊陛下必須賜給他們食品，所給的不是水，而是酒，使之喝醉而不知其所以，因而能忍受。為此，我很少見到真正的默觀者，他們不是勇氣十足和決心受苦的；因為如果他們軟弱，上主做的第一件事是給他們勇氣，使他們不怕磨難。

110. 參閱《路加福音》第十章第四十二節，她曾於第十七章第五節談及。
111. 第一抄本的用語更加強烈。有些作者認為這裡的描述，反映大德蘭憂慮她參與征戰的兄弟們。
112. 見第三十章第七節。

❸我相信，度活動生活者若看到默觀者受點寵惠，會以為默觀者的生活無非是蒙受恩寵。然而，我說，很可能這些人連默觀者一天受的苦都無法忍受。因此，由於上主知道所有的人合適什麼，祂會給予每個人恰當的職務，這職務在上主看來，為那人的靈魂，為上主自己及為鄰人的益處，都會是最好的。除非妳們疏於做好準備，不要怕妳們的工作會徒勞。請注意，我說，我們全都要努力成為默觀者，因為我們在這裡並不為其他的理由。我們的努力不是只一年，或只兩年，也非只十年，因為我們不要像個放棄工作的懦弱者，讓上主了解我們無所保留是很好的。要像士兵們，即使已經非常盡職服務，仍必須隨時待命，準備好接受隊長命令的任何職務，因為必須支付薪資的是隊長。而我們的君王給予的酬報多麼好上加好，遠超過地上君王所給的！【[111]所得的酬報多麼好上加好，遠超過服侍君王之所得！他們常面臨憂心忡忡的死亡，而只有天主曉得他們的酬報為何。】

❹隊長看到士兵們在場，又熱切期盼服務，他了解每個人的能力，必會按照所看到的才能，分派任務。而如果有人不在場，他既什麼也不給，也不命令他們執行任務。

所以，修女們，要修行心禱，誰若做不到，就唸口禱、閱讀、或和天主交談，如我後來要談論的[112]。不要放棄團體共同祈禱的時間[113]，妳們不知道，淨配什麼時候會召叫妳們。【[114]妳不知道隊長何時要召喚妳，披上愉悅的掩飾，給妳更多的任務。如果他沒召叫妳們，要明白，妳們不適於該任務，目前的安排為妳們是最適當的。】（但願發生在愚蠢童女身上的事，不會臨於妳們。）[115]披上靈悅的掩飾，祂願意給予更多的工作。若非如此，要明白，這靈悅不是要給妳們的，沒有靈悅才有益於妳們。在此功勞與謙虛同時進來，真的相信甚至連自己所做的也不算什麼[116]。

113. 大德蘭在《會憲》第一章，安排每天兩小時為團體心禱，早晨一小時，傍晚一小時。
114. 第一抄本中續用軍隊的比喻。
115. 參閱《瑪竇福音》第二十五章第一至十三節。
116. 參閱《路加福音》第十七章第十節：「你們也是這樣，既做吩咐你們的一切，仍然要說：我們是無用的僕人，我們不過做了我們應做的事。」

❺ 在命令妳們的事上，妳們要快樂地服事，正如我已說過的[117]；如果這謙虛是真實的，活動生活中這樣的僕人是有福的，除了自己，她沒有什麼可抱怨的。【比起一些默觀者，我極其願意像她一樣。】讓其他人打自己的仗，這些都不是小規模的戰事。即使掌旗手不在戰鬥中直接撕打，卻並不因此遠離很大的危險，他的內在必須比所有的人做得更多。因為他既掌握旗幟，就不能防衛自己，即使粉身碎骨，他絕不能讓旗幟離手。默觀者的處境亦然：他們必須高舉謙虛的旗幟，忍受所有臨身的打擊，什麼也不還擊。他們的責任就是如同基督一般的受苦受難，高舉十字架，不論看到自己處在什麼危險中，都不讓十字架離開他們的手，也不讓人見到在受苦中有任何的軟弱，為此，他們被賦予如此尊榮的職務。默觀者必須留意他的作為，因為如果他放下旗幟，戰爭就輸了。因此我相信，如果那些已被視為隊長、視為天主摯友的人，他們的行事與其職位不相稱，那些還沒這麼資深的人看到的話，將會受到很大的傷害。

❻ 其他的士兵盡其所能地前進，有時遇有較大危險之處，他們就退避；沒有人會注意到這點，他們也不會失去榮譽。至於前面提到的那些人，所有的眼睛都在盯著他們，他們動搖不得。

因此，他們的職務很好，賜予此一職務的君王，也賞給他們特殊的榮耀和恩惠，但是，接受此職務的責任實在不小。所以，修女們，我們不知道自己祈求的是什麼，讓我們交託給上主。【祂比我們還了解我們，而真謙虛的人，無論得到什麼都感到滿意。】有些人要求天主賜予恩惠，好似這是他們理當獲得的。好個漂亮的謙虛啊！對此，全知的天主處理得很好，我認為，祂很少賜給這樣的人恩惠。祂很清楚他們還沒有準備好喝這杯爵[118]。

117. 見第四節以及第十七章第六節。
118. 參閱《瑪竇福音》第二十章第二十二節。

❼女兒們，如果妳們是進步的，妳們每個人所了解的是：自己乃是眾人中最卑劣的。這份了解，將實際地呈現在妳們的靈修成長、及別人的益處上，而不是在祈禱中有更多的靈悅、出神、神見，或上主賞賜的其他這類恩惠；因為我們要等到來世，才能看到這些經驗的價值。這份了解就像通行的貨幣，就像無盡的收入，像是永久的年金，而非單一的一筆收入；至於其他那些恩惠，則是來來去去。這些大德行包括謙虛、克苦以及對長上的深度服從，不在任何方面違背長上的命令，因為妳們真實地明白，這是天主的命令，因為長上代表天主。

妳們必須竭盡全力的，就是這個服從，因為我認為，沒有服從就沒有修女。對此我無需多說，因為我是對著修女們講的，而且在我看來，都是很好的修女，至少她們渴望如此。在這麼熟悉和重要的事上，不用多說一句，因為她們是不會忘記的。

❽我說，凡發過服從聖願的修女，如果不以更大的成全，全心認真地實踐服從，我不知道她為何要留在修院裡。至少我能向她保證：只要她無法服從，就絕達不到成為默觀者，甚至也無法做個好活動者；這一點我非常非常確定。即使是一個沒有服從義務的人，如果他渴望或有志於達到默觀，為了使他走的路正確無誤，他必須下定完全的決心，將他的意志交給神師，而神師必須是這樣的【能了解他的】。這個修行已經是非常熟悉的事，有神師指導，一年中的進步，超過自行摸索好多年；妳們無此需要，也就不必多談這事。

❾我的結論是：這些就是我盼望妳們能擁有的德行，我的女兒們，妳們努力追求這些德行，也要對此懷有聖善的妒忌。至於其他的虔誠熱心，沒有的話，也用不著難過，那是靠不住的事。在別人身上，它們可能來自天主，然而在妳們，至尊陛下可能允許那些來自魔鬼

的幻覺，並且欺騙妳們，就如同其他人受騙一樣【為婦女，這是相當危險的】。妳們有那麼多安全的方式服事上主，為何要用可疑的方式呢？誰讓妳們置身在這些危險中呢？

⑩ 這方面我已談了很多，因為我知道這是有益的。我們的本性軟弱，而凡至尊陛下願意賜予默觀的人，也必會堅定他；至於不是這樣的人，我並不急於給他們這些勸告。藉此，默觀者也會謙卑自下。【女兒們，如果妳們說，妳們不需要它們，或許有別人會前來高興地擁有它們。】

願上主，因為上主是上主，賜與我們光明，在一切事上追隨祂的旨意，而無所畏懼。

第十九章

開始談論祈禱，論及無法以理智推理的靈魂。

❶ 寫完上述之後，已過了好多日子，我無法回來繼續寫，如果不再重讀，已不知道在說些什麼。為了不佔用時間，我只得將就地談論，沒有前後的連貫。對那些腦袋有條有理的人，或訓練有素，又能專注於自己的靈魂，已有許多專家執筆的好書；那麼，如果妳們還來留意我說的，關於祈禱的事，那就錯了。如我說的，有許多像這樣的書，（根據聖教年曆）逐週按日劃分我們上主一生的奧跡和受難[119]，默想審判、地獄、我們的虛無渺小、及我們多麼虧欠上主，書中有卓越的道理，並協調祈禱的起始與終結[120]。凡能夠或早已養成習慣實行

119. 譯註：括號內「根據聖教年曆」是譯者加上的，天主教會將一年分為將臨期、聖誕期、常年期、四旬期、復活期不同的節期，每一節期各有不同的週數，這裡說的按週逐日，就是根據這些節期的週數，天天紀念主耶穌基督一生的奧跡。

120. 大德蘭此處所指，無疑正是主曆1554年於撒拉曼加出版，道明會士路易斯·格拉納達（Luis de Granada）神父所著的《祈禱與默想之書》（暫譯）（*Libro de Oración y Meditación*），該書當時極受歡迎，是大德蘭推薦每一會院圖書室少數的聖書之一。見《會憲》第二章。

這個祈禱方式的人，我沒什麼要說的，因為經由這麼美好的道路，上主會帶領他達到光明的港口，既有這麼美好的開始，終結時亦然。凡能行走此路的人，必獲享安息和安全，因為，理智受到約束，就能安息地前行[121]。

那麼，如果上主願意，我做得到；若是做不到，至少妳們能了解，有許多靈魂經歷這個磨難。妳們中有此遭遇者，就不會受累，我所想談論並給予的補救方法，一如下述：

❷ 有的靈魂和理智，這麼混亂，有如脫韁之馬，誰也無法停止牠們。一下這裡，一下那裡，總是不安定。【雖然如此，如果騎馬的老手技巧熟練，往往沒有危險，只偶而會有危險。不過，雖然生命安全，騎上脫韁之馬時，還是免不了丟臉，而且總是要很費勁才能騎上。】這是靈魂的本性使然，或是天主許可的。我極同情他們，因為我覺得他們好像非常乾渴的人，望見遠方的水，當他們想到那裡時，一路上，從開始，在半路，直至末了，都遇有阻擋他們通行的人。就這樣，當他們費盡艱辛——極大的辛勞——戰勝了第一批敵人後，他們自願敗給第二批敵人，他們寧願渴死，也不願喝必須付出這麼大代價的水。他們的努力完了，他們的勇氣喪盡。即使有人有勇氣打敗第二群敵人，第三批敵人出現時，他們的氣力早已用盡，而很可能，不到兩步之遠，就是主曾對撒瑪黎雅婦人說的活水泉，誰喝了將永遠不渴[122]。出自真理之口所說的話語，多麼的正確又真實！他們將不再渴求今世的事物，雖然，他們對來世事物的渴望增加得更多，遠超過本性的乾渴所能想像的。然而，又是何等渴求希望擁有這份乾渴！因為靈魂了解其至極的價值，雖然這乾渴使人極其痛苦和疲累，卻同時帶來能消除那乾渴的滿足，這樣的一種乾渴，所解除的無非是對世物的乾渴。其實，解除乾渴的方式是，當天主滿足這乾渴時，祂能賜與靈魂的最大恩寵，就是留給他很大的需求，經常

121. 聖女大德蘭在托利多抄本附加：「因此，現在我不是對這些靈魂說話。」
122. 《路加福音》第四章第十四節。

想要再喝活水。

❸ 水有三種特質，現在，我所想起的是和我們的主題有關的，水的特點一定還有更多。

首先，水能使我們涼爽；不論我們多麼熱，只要接觸到水，熱氣隨即消散。若遇有大火，也是藉著水撲滅，除非燃燒的是瀝青，則非如此，火勢反倒更加旺盛。天主啊！請幫助我！水使火更旺，這是何等奇妙之事，這時的火猛烈、強勢，不屈服於所有元素。由於水火互相對立，這水卻沒有遏止火，反而是助長火勢。這時若能和懂哲學的人談談，必能大有所獲，因為他既了解事物的特質，必能為我說明那些我喜歡想，但又無法說清楚，甚至也可能是無法理解的事物。

❹ 修女們，天主帶領妳們喝過這水的人，及現在妳們喝這水的人，妳們因此而歡欣，並能了解天主的真愛是如何的——如果這愛是強壯的，完全不受世物羈絆，並飛翔於世物之上——像這樣，就是所有元素及這世界的主人。由於水出自大地，妳們不要害怕它會撲滅天主的愛火，這不是它的權限。雖然兩者相對立，這火是絕對的主人，並不順服於水。

所以，修女們，妳們不要驚奇，對於為使妳們獲得這自由，我在這書中所寫的許多事。聖若瑟隱院的一個窮修女竟能掌有大權，統治所有的大地和元素，這豈不是神奇妙事嗎？由於天主的恩祐，怪不得聖人們能影響元素達成其所願。火與水服從聖瑪定（St. Martin），甚至鳥與魚都服從聖方濟，其他的許多聖人亦然。他們如此地掌管全世的事物，這是明顯可見的，因為他們費盡心力輕看自我，以全力真實地順服這世界的主人。因此，如我所說，湧自地上的水無權對抗天主的愛火；這火焰非常熾烈，其源頭並非始於這麼卑下的事物。

還有其他愛天主的微小火星，無論發生什麼事都能熄滅它。然而要滅掉這火是不行的，根本不可能！即使誘惑如整個海洋般襲來，這火也不會被撲滅，受控於這些誘惑⑫③。【然而，因為有天主的助祐，又憑己力行事，人們幾乎理所當然地能要求這愛。由於聖詠作者說，所有一切都順服於人類，都放在人的腳下，妳們就認為對所有人都是這樣嗎？根本不是！相反的，我看到許多人順服於事物，且被事物踐踏。我還認得一位紳士，為了半個銀幣和人爭執不休，竟遭殺身之禍。妳們看，他所屈從的是多麼可憐的代價！妳們每天目睹許多事情，從中妳們會知道，我說的是真理。那麼，如果聖詠作者不能說謊，因為是聖神的話語，我則認為，似乎「令他統治祢手的造化」這句話，指的是成全者。但也可能是我不明白，又愚蠢，但這是我讀過的⑫④。】

❺如果是從天降下的雨水，更不會熄滅這火。兩者並非互相對立，而是從同一地方出來的。不用怕元素之間會彼此傷害；反之，雙方相輔相成，發揮效能。因為真純的淚水（這些淚水出自真實祈禱，是天上君王的美好恩賜）幫助這火燒得更旺，也燒得更久，而火則幫助水更加清涼。天主啊！這是多麼漂亮、多麼神奇的事啊！火竟是清涼舒爽的！是的，而當這火與來自天上的活水結合時，甚至能凍結對世俗的所有愛戀。所說的這些淚水，係源自天上，是蒙受賜予的，而非靠我們的努力獲取的。因此，非常確定的是，這水不會讓世俗的任何事物留有熱力，使之阻止靈魂，除非是能傳達這火。因為火的本性不會安於微弱，如果可能，將燃燒整個的世界。

❻水的另一特質是潔淨不潔之物。如果沒有水可以洗，這個世界會怎樣呢？當水不是混濁的，也沒有汙泥，而是從天降下的，妳們知道這活水是多麼潔淨嗎？這是天上的水，這

123. 參閱《雅歌》第八章第七節：洪流不能熄滅愛情，江河不能將它沖去，如有人獻出全部家產想購買愛情，必受人輕視。

124. 見《聖詠》第八篇第七節：「令他統治祢手的造化，將一切放在他的腳下。」審閱本書者不同意大德蘭的解釋，他將此段劃掉，在一旁註明：「此非經文原意，應是指基督和處於純真狀態的亞當。」

水清澈明淨。**只要一次喝過這水，我確信必會使靈魂明淨，清除所有的罪過**。因為如我所寫的[125]，天主不許靈魂喝這水（由於神性結合是非常超性的事，不在於我們的意願），除非為了潔淨靈魂，使他清潔明淨，出離汙泥和不幸，從那些擺脫不了的罪過中得到解放。因為來自理智的其他愉悅，無論怎樣，帶來的是地上流動的水，喝到的並非連接源頭的水。在這條路上，從不缺少汙泥般的事物，使人滯留不前，那水不是如此純淨，也沒有那麼清潔。我不稱這樣的祈禱——如我所說的，就是用理性做推理的祈禱——為「活水」；我這麼說，是按照我所了解的。因為，不論我們多麼願意努力，路上有些我們不想要的東西，總會緊抓著我們的靈魂，而我們的身體和卑劣的本性也會加以協助。

❼ 讓我更進一步說明我自己：為了輕視世俗，我們深思世俗是怎樣的，及何以一切都將終結。幾乎在不知不覺間，我們發現自己陷入所喜愛的世物中。由於想要避開它們，當我們想著它們是怎樣的、將會如何、該做什麼、及要怎麼辦時，這些念頭至少阻礙我們一些；為了釋放自我，我們想著該做些什麼，反而又陷入危險中。不是因為必須放棄這樣的推理，而是我們務必戒慎恐懼；細心地前進是必要的。

藉著活水，上主親自加以照顧，因為祂不願把責任託給我們[126]。**祂如此重視我們的靈魂，在祂想要恩待靈魂的期間，祂不許能傷害靈魂的事物涉入其內**；反而立即把靈魂放置到自己身邊，剎那間顯示給他更多的真理，讓他更清楚認識一切的真相，超過我們今世好多年能獲得的。因為視力沒有得到釋放，我們行路時，灰塵使我們盲目。藉此活水，上主帶領我們達到旅途的終點，我們卻不知其所以然。

❽ 水的另一特質是讓我們滿足並解渴。因為我認為，乾渴即是渴望一個我們極需要的

125. 見第十六章第十三節。
126. 要注意大德蘭所稱的「活水」，係指灌注的默觀（contemplación infusa），相對於「泥濘汙水」，指推理的祈禱（oración discursiva）。

東西，如果完全得不到，就會致死我們。**真是個怪事，如果缺少水，我們會死，但水若是太多，我們同樣喪命**，就像所見過的許多溺死者一般。我的上主啊！誰眼看著自己如此沉沒在此活水中，因而使之死亡！然而，這不是可能的嗎？是的，對天主的愛和渴望會如此增強，致使本性的主體承受不了，因此就有人因愛而死。我認識一個人，若非天主即時以這麼豐沛的活水救援她，她是會死去的，由於出神，她幾乎抽離自己。【[127]我認識一個人，若非天主以至極豐沛的活水援救她，使她出神，她會死去。她的這個乾渴如此之烈，她的渴求不斷增強，她清楚明白，如果乾渴沒有得到舒解，她非常可能死於乾渴。福音中邀請我們飲用活水的祂（若七37），應受讚美！……這樣，正如在我們的上主和至善中，沒有什麼不完全的事物，就像唯獨祂賜給我們這水，祂賜給我們所需要的。】我說她幾乎抽離自己，因為在這裡，靈魂尋獲安息。彷彿在無法忍受這世界，快要淹死時，她在天主內復活起來；至尊陛下使她能享受的，是除非她死去，無法在自身內享受到的。

❾ 在此應當明瞭，在我們的至善（天主）內，不能有什麼不圓滿的，祂賜予的一切，都是為了我們的好處，所賜予的水，再怎麼豐沛，凡是祂的事物，絕不會給得過度。因為，如果祂給的量大，祂也會給予靈魂能力喝得更多，如我之前所說[128]。就好比玻璃製造匠，他設計容器的大小，視所需要的，使之有空間，讓他傾倒所要倒入裡面的。

渴望這水，由於是出自我們的渴望，總不會沒有缺失。若有些什麼好事，係來自上主的助祐。然而，我們這麼不謹慎，由於痛苦是甜蜜和愉悅的，我們從不認為這個痛苦夠了。我們沒有節制地吃，竭盡所能助長這個渴望，因而有時致死我們。這樣的死，多麼幸運！不過，或許繼續活著，能幫助其他人為了渴望這個死亡而死。我則相信，渴望死去是魔鬼的做

127. 此處說的是她自己。見《自傳》第二十章及《Spiritual Testimonies》1a。第一抄本中繼續如此記錄。
128. 指本章第八小節所說。

為，因為牠明白，這樣的人活著，必會對牠造成什麼傷害；因而在此，牠誘使我們不明智地做補贖，使我們失去健康，對魔鬼而言，這可不算是個小收獲。

❿ 我說，凡達到有這麼猛烈乾渴的靈魂，都要非常留意，因為我相信他會受到這個誘惑。雖然他沒有渴死，但健康卻消耗殆盡，這乾渴也會流露於外，雖然是無意的，我們必須用盡一切方法，避免將之顯露出來。有時，我們的努力不怎麼奏效，遮掩不住所有想要隱藏的。然而，當這些衝動來臨，這個渴望極度增強時，我們要非常小心，不要火上加油，而要用其他的思想，輕柔地予以中斷。由於愛[129]，我們的本性有時會做得這麼過分，有些人會極猛烈地渴望，不管什麼東西都好，即使是有害的。我不認為這些人是非常克苦的，因為克苦造就全面的進步。

阻斷[130]這樣的好事似乎是愚蠢的。然而，並非如此，因為我並不是說除掉這個渴望，而是說阻斷，或許用另一個有同樣功勞的渴望來代替。

⓫ 我想多說一些，好讓人更了解我：我們得到很大的渴望，看見自己已經和天主同在一起，脫離這個牢獄，就如聖保祿有過的渴望[131]：這樣引發的痛苦，其本身是非常愉悅的；要阻斷這渴望，所需做的克苦不少，完全斷除則是辦不到。可是，當這個渴望磨難人時，幾乎會失去判斷力（正如不久前，我看見一個人，她的本性衝動[132]，雖然顯示出能斷絕自己的意願——我認為，她已經失去自我的意志，因為可在其他的事上看到——我說，那一下子，這劇烈的痛苦，及為了加以掩飾所費的力氣，使她看似慌亂不堪）。我說，在這麼極端的案例中，儘管可能來自天主聖神，我仍主張要有謙虛的怕懼，因為我們不該自以為這麼有愛德，會置身在這麼大的磨難中。

129. 這個愛是指不健康的貪愛。
130. 譯者按：「阻斷」的原文是atajar，意思是走捷徑，就是抄近路的切斷。中文沒有這樣的字。
131. 見《斐理伯書》第一章第二十三節。
132. 托利多抄本在此加上「不」，就是說，她不是本性衝動的人。有可能是筆誤。
133. 參閱《若望伽仙會談錄》，任佩澤譯，1982，香港，56～57頁。

12 我說（如果能夠——我是說——因為不是都能做到），這樣做並非不對，如果除去他的渴望，是想到若活著能更服事天主，能啟迪一些已迷失的靈魂，而且服事愈多，愈堪當享有天主，所以，要為服事得很少感到害怕。對這麼大的辛勞而言，這些想法是很好的慰藉，也會舒緩他的痛苦，並且獲益良多，那麼，為了服事上主，則要渴望在今世受苦，和祂的痛苦活在一起。這就好比，如果某人遇有大磨難或劇烈的痛苦時，安慰他說，要忍耐，將事情交託在天主的手中，讓祂的旨意得以承行，因為，把我們交在天主的手中，總是最好的。

13 是否魔鬼以某些方式助長這麼強烈的渴望？這是有可能的，我相信伽仙（Cassian）有關一位隱士的記載[133]，他過著最嚴厲的生活，魔鬼使他領悟，只要投入井中，他將更快見到天主[134]。我確實相信，這位隱修士既沒有謙虛，也沒有好好地服事；因為上主是忠信的[135]，而至尊陛下必不容許在這麼明顯的事上讓人盲目。不過，顯然地，如果渴望是從天主而來的，就不會造成任何傷害：必會帶有光明、謹慎和分寸。這很清楚，然而這個對手、我們的敵人，巡遊各處，盡力造成傷害[136]；既然牠（魔鬼）認真地各處巡行，我們也不可馬虎。在許多事上，這是很重要的一點。一旦覺察體力耗盡、或頭腦受損，祈禱的時間就應縮短，不論這祈禱多麼愉悅。一切事都很需要謹慎。

14 女兒們，在作戰之前，我設法解說目標，並指出會得到的賞報，還對妳們說，喝到這來自天上的水泉、這活水的好處，妳們想這是為了什麼？為的是在這條路上，遇有艱難和反對時，妳們不會憂慮，而有勇氣向前邁進，也不疲累。因為，如我所說的[137]，可能是這樣，當妳們抵達時，除了彎下身喝那水泉，什麼也不用做，而妳們卻放棄一切，喪失這個福分，自認為沒有力量抵達，也不是為此而被預定的。

134. 這事記載於《若望伽仙會談錄》（Cassian's Conferences），梅瑟院長的第二篇會談。參閱 Philip Schaff & Henry Wace, gen.ed., The Nicene and Post－Nicene Fathers, Series Two, 14 vols（Grand Rapids: Eerdmans, 1964）, vol. 11: The Second Conference of Abbot Moses, p. 310。大德蘭可能是1511年於Zaragosa出版的《教父行實》（Vida de los Santos Padres）中看到這故事。在列真福的審理過程中（亞味拉，1610），瑪利亞．包迪思塔（María Bautista）談到大德蘭對《若望伽仙會談錄》的熱衷：「她熱愛《若望伽仙會談錄》以及沙漠教父，以致當本證人與她同在時，會母要她每天讀兩三則教父的故事，到了晚上再說給她聽，由於會母有各樣正當和聖善的事務，無法自己閱讀……」BMC，19：591。

15 請注意，上主邀請所有的人。既然祂是真理，我們無庸置疑。如果這項邀請不是全面的，上主就不會召喚所有的人，即使祂召喚了所有的人，祂也不會說：「我會給你們水喝」[138]，也許祂可以說：「你們全都來吧！畢竟，你們毫無損失，至於那些我認可的人，我會給他們水喝。」然而，如祂說的，並沒有這個條件，而是給「所有的人」，我確信，凡沒有停留在半路的人，不會喝不到這活水。

祈願上主，因祂是至尊陛下，按祂的應許，賜給我們恩寵尋求這活水，一如應該尋求的。

第二十章

談論何以在祈禱的路上，經由不同的途徑，總不缺少安慰；勸告修女們要常以祈禱作為她們的談話。

1 前章中所說的，好像和我之前說的互相矛盾；因為，當我安慰尚未達到默觀之境的人時[139]，我說上主有各種不同的途徑，使人藉以走向祂，正如祂有許多住所一樣[140]。因此，現在我再重覆說：因為，正如至尊陛下知道我們的軟弱，祂就是祂，祂會提供我們途徑的。可是祂沒有說：「有些人走這條路，其他人走那條。」相反的，祂的仁慈如此之大，凡努力來到這生命之泉，飲用這水的人，誰也不會被禁止。願祂永受讚美！祂有那麼多的理由來禁

135. 參閱《格林多前書》第十章第十三節。
136. 參閱《伯鐸前書》第五章第八節。
137. 見本章第二節。
138. 此處應為綜合《若望福音》第七章第三十七節與《瑪竇福音》第十一章第二十八節兩處意義。
139. 指第十七章第二節。

止我！

❷然而，當我已開始上路，祂沒有命令我別這麼做，也沒有把我拋入深淵中，非常確實地，祂不會禁止任何人，相反的，祂大聲呼喚，公開地召叫我們[141]。可是，由於祂這麼好，祂不強迫我們，反而以各種方式，讓想要追隨祂的人有得喝，沒有人會得不到安慰，也不會有人渴死。因為從這豐沛的水泉湧出溪流，有的大，有的小；有時小小的一灘水，為小孩子已經足夠，再者，看見大量的水，也會嚇壞他們。這些小孩子，就是剛要開始的那些人。

因此，修女們，你們不要怕會在這條路上渴死，安慰之水絕不會少到令人無法忍受。所以就是這樣，要接受我的勸告，妳們不要停留在路上，反而要像強者，在此追求中，奮戰至死。因為妳們來到這裡，不為別的事，而是為了戰鬥。妳們要常常懷著這個決心前進，寧死也要抵達路的終點。若是上主這樣帶領妳們向前邁進，在今生，妳們還是有些乾渴，那麼，在永生的來世，祂必給妳們豐沛大量的飲水，不用害怕會有所缺乏。祈願上主使我們無所缺乏，阿們！

❸現在，為了走上我所說的這條路[142]，不致於從一開始就犯下錯誤，我們要說點如何開始這個旅程，因為這是最重要的部分，我說，這是最重要不過的了。我並不是說，誰若沒這裡所要說的決心，就不當上路，因為上主會帶領他達到成全。就算這人做不了什麼，僅只跨出一步，這一步蘊含的能力之大，他不必怕會失去它，也不會得不到非常美好的賞報。

我們說，這就好比一個人用唸珠祈禱，來數算得罪赦。祈禱一次，就得一次罪赦，次數愈多，獲得的罪赦也愈多；但是，如果他從不使用，反而把唸珠放在箱子內，最好他沒有這

140. 參閱《若望福音》第十四章第二節。
141. 參閱《箴言》第一章第二十節；《若望福音》第七章第三十七節。
142. 這條路：指的是祈禱、結合的道路。

唸珠。為此，雖然他後來沒有在這條路上繼續走下去，但他在這條路上所得到的一點點進步，會給予他光明，使他在其他道路上走得更好；在這條路上愈前進，所得的光明也會愈多。總之，可以確定的是，即使他後來放棄了，開始上路是傷害不了他的，因為善不會生出惡。

因此，女兒們，所有和妳們交往的人，他們若有這個傾向，也稱得上朋友，要努力消除他們的害怕，幫助他們開始踏上如此美好的道路。而為了愛天主，我請求妳們，與人交談，總要尋求給予對方某些益處，因為妳們的祈禱必定是為了靈魂的益處。既然這是妳們經常向上主祈求的，修女們，如果妳們不用盡各種方法達此目的，似乎就不對了。

❹ 如果妳們要作好親友，這麼做才算得上是真正的朋友。如果是作好朋友，要知道除非經由這條道路，別無可能。讓真理存留在妳們心中，就像妳們修行默想一般，妳們會清楚地看見，我們對近人應有的愛。

修女們，現在不是玩小孩子遊戲的時候，世上的這些友誼，雖然是好的，卻算不了什麼。在妳們當中不要有這樣的言談：「妳們是不是喜愛我？」「妳們不喜愛我嗎？」[143] 對親友或任何人都不可這樣，除非有非常好的理由，並為了使那個靈魂獲益。也可能發生像這樣的事，為了妳們的親戚、兄弟姊妹或這類的人，幫助他們聆聽並接受妳們想傳達的一個真理，妳們必須準備他們，使用常會討好感官的這些愛的話語或表達。也可能這樣，一句好話——像人們所說的這些話語——比起講許多有關天主的道理，更有影響力，也更幫助人做好準備，後來能使天主的道理較容易被接受。因此，妳們若很清楚是為了別人的益處，我不禁止使用這樣的話語。然而，如果不是為了這個理由，妳們不會從中得到什麼益處的，在不

143. 這裡使用的是複數：「si me queréis」及「no me queréis」。

知不覺之中，妳們已經受到傷害。人們都知道妳們是修道人，妳們的專職是祈禱。不要自忖說：「我不願人們認為我很好」，因為他們之受益或受害，取決於所看見的妳們。像修女這樣的人，應該只談論天主，若認為隱而不談才好，是嚴重的錯誤；除非有時為了更大的益處，才可如此。

這是妳們的交往和語言：**凡想要和妳們談話的人，一定要學會妳們的語言；如果不是這樣，妳們可得小心，不要學他們的語言：那是地獄。**

❺ 如果他們認為妳們粗野，那有什麼關係？如果認為妳們虛偽，那更加無所謂。妳們從這裡獲益的是，只有懂得這語言的人會來看妳們。因為一個不懂阿拉伯文的人，他不會樂意和只懂阿拉伯話的人多談。因此，他們既不會使妳們疲憊，也不會傷害妳們，因為開始說新語言會造成不小的傷害，妳們所有的時間都要耗費在這事上。妳們無法像我那麼清楚，因為我有過經驗，知道這對靈魂造成的傷害多大。因為要學會這個，就得忘掉那個，而且這是個沒完沒了的干擾，無論如何，妳們都要避開。因為我們開始探討的這條路，非常適宜的是靈魂的平安與靜息。

❻ 如果與妳們交往的人願意學習妳們的語言，雖然教導他並非妳們的事，妳們可以告訴他，學習這語言所得的豐富收獲。妳們不要厭煩此事，反而要懷有熱誠、摯愛和祈禱，因為這有益於他，為此，明白了這是很大的益處，他會去找老師來教導他；提醒某些靈魂尋求這個好事，妳們從上主得來的，不是個小小的恩寵。

然而，在開始談論這道路時，多少的事情湧現出來！對走得這麼糟的我而言，湧現的事更加層出不窮。【但願我能有許多手同時寫作，才不會寫這些，忘那些。】修女們，祈願上主使妳們善於講論這些事，說得比我更好，阿們。

第二十一章

述說懷著很大的決心開始修行祈禱，及不理會魔鬼設置的困難是多麼重要。

❶ 修女們，妳們不要驚慌，惶恐於開始這神性的旅途時，許多必須注意的事——這是通往天堂的皇家大道。行走這條路會獲得很大的寶藏，我們認為所付出的很大代價，其實不大。時候將到，妳們會明白，為了這麼大的珍寶，所有的一切都微不足道。

❷ 現在，重拾前題[144]，再談那些想行走這道路的人，他們不達目的絕不罷休，也就是喝到生命之水的那些人[145]，我說，他們該怎樣開始是非常重要的，而且是最重要不過的。【[146]雖然，我已在一些書——甚至許多書——中讀過，以這樣的態度開始多麼好，我想，在此說及這事，並不會損失什麼。】要有一個很大和非常決心的決心[147]，不達目的絕不罷休，無論什麼事臨頭，或發生什麼事，不管工作怎樣辛勞，或有什麼流言蜚語，不論達不達到目的，或死在途中，或面對路途的磨難，灰心喪志，甚或整個世界都坍塌，像人們多次對我們說的：「有危險」、「某某人因此而迷失」、「另有一人也受騙了」、「那個經常祈禱的人跌倒了」、「這會妨害德行」、「這不適合女子，會使她們陷於幻覺」、「還不如用心紡織比較好」、「她們不需要這麼巧妙的事」、「念念〈天主經〉和〈聖母經〉就夠了」。

144. 此處回到第十九章第一、二節所談主題。
145. 參閱《若望福音》第四章第十四節：「但誰若喝了我賜與他的水，他將永遠不渴；並且我給他的水，將在他內成為湧到永生的水泉。」
146. 在第一抄本中，她提到她讀過的某本書。
147. 「決心的決心」是聖女大德蘭的強調語法，當她強調時，把兩個相同語根的字放在一起：「determinada determinación」。

❸修女們，我說的最後這句話，真是這樣，確實就夠了！把妳們的祈禱建基於上主親口傳授的禱文上，總是極好的。在這一點上，他們說得對，若非我們這麼軟弱不堪，我們的熱心這麼冷淡，我們既不需要編寫其他的禱文，也不需要其他的書。因此，如我所說的[148]，我是對無法收心專注於其他奧跡的靈魂講的，他們認為這需要特別的技巧；也針對有些聰明絕頂[149]的人，什麼都滿足不了他們。現在，我認為應該在此寫下關於祈禱的一些起步、中途及終結，雖然我將不會在崇高的事理上躭擱時間。沒有人能拿走妳們的這些書，如果妳們是勤奮的，且又謙虛，妳們不會需要其他的東西。【[150]……至於崇高的事理我只約略提及，因為，如我所說，那些事我已寫過[151]；他們不能奪走妳們無法保留的那麼好的書。】

❹我向來深愛福音中的話語【它們出自最神聖的口，這些話是這麼說出的】，也使我更能收心斂神，超過其他整理得非常好的書。尤其，要不是作者非常夠資格，我不會想看他們的書。那麼，如果我接近這位智慧的老師，或許祂會教導我一些能令妳們滿意的看法。

我不是說，我要說明這些神性的祈禱文[152]（這我可不敢，而且已有夠多這樣的文章，即使沒有，若我來執筆為文，是件荒唐的事），而是要對〈天主經〉的禱詞提出一些看法。因為有時，儘管有許多的書，似乎反而使我們失去熱心，在誦念這禱文時，對我們這麼要緊的是要有熱心。顯然地，當一位老師以愛教導門徒某事時，如果所教導的徒弟感到滿意，他也會覺得愉悅，他會多方協助門徒學習。同樣，這位天上的老師也這樣對待我們。

❺因此，不要理會他們設想的那些恐懼，或向妳們繪聲繪影的危險。若是我想要走在一條有這麼多盜匪的路上，既沒有危險，又要獲取一大筆金銀財寶，這豈不是絕妙好事？如果他們讓妳們平安獲取寶藏，這個世界就真的太棒了！然而，為了一文錢的利益，他們會

148. 指第十九章第二節。
149.「聰明絕頂」：大德蘭再次使用她的強調語法，原文是「hay algnos ingenios tan ingeniosos」。
150. 第一抄本這麼寫。最後一句指的是當時剛剛公布的禁令（禁書目錄），1559年審查者費爾南多·瓦耳德斯（Don Fernando Valdés）禁止出版以本國語寫成的靈修書，這事使聖女深感難過。見《自傳》26·5，以及本章第八節的註解和第三十八章第一節。
151. 指的是她的《自傳》。

好幾個夜晚睡不著覺，也會使妳們的身體和靈魂擾亂不安。因為，當妳們就要獲得這寶藏時——或說是奪取的，正如上主說的，他們是以猛力奪取的⑮³——經由皇家大道，經由安全的道路，這是我們的君王所走的，也是所有祂揀選的人和聖人的道路，這時，他們卻對妳們說，會有這麼多的危險，他們把這麼多的害怕放在妳們面前。那麼，對於自認為不需要上路，就能獲得這個好處的人，他們將會遭遇到的危險又是如何呢？

❻ 啊！我的女兒們！他們的危險更是多得難以估計，但是他們對此全然不知，直到撞上真正的危險，那時沒有人向他們伸出援手，他們完全喪失這水，既不能喝一點，更不能暢飲，既沒有小水池，也沒有溪流。

那麼，妳們看看，這水一滴也沒有，而一路上，有那麼多要與之戰鬥的人，他們要如何通過這條路呢？這是很明顯，到了最需要水而沒有水時，他們定會渴死。我的修女們，因為不論喜歡與否，我們都要走向這個水泉，即使我們走的路不同。所以，請妳們相信我，不要讓任何人欺騙妳們，指給妳們別的道路，而非祈禱之路。

❼ 現在我並不是說，所有人該用心禱或是口禱；對妳們而言，我說，兩者都需要。這是修道者的職務。若有人對妳們說這是危險的，就要把那人看成真的危險，並且逃離他。妳們也不要忘記，因為，或許妳們會需要這個勸告。若沒有謙虛或其他的德行，也是危險的；然而，若以為祈禱之路是危險的道路，天主從沒有那樣的意願。這似乎是魔鬼捏造出來的懼怕，顯然地，牠向來如此狡詐，精於使一些修行祈禱的人跌倒。

❽ 且看這世界多麼盲目！人們想也不想那成千上萬陷於異端及罪惡深重的人，他們之沉淪於異端和罪惡，是因為他們修行的不是祈禱，而是心神分散。而在眾多的祈禱者當中，

152. 因為開始時她有意註解〈天主經〉和〈聖母經〉。見第二十四章第二節和第四十二章第四節。
153.《瑪竇福音》第十一章第十二節。

萬一魔鬼的勾當得逞，使某些修行祈禱者跌倒了，魔鬼會導致別的人非常害怕修德的事。凡為了得到釋放，而以遠離祈禱來避開危險的人，他們要當心！因為他們以逃避善事來擺脫惡事。我從未看過這麼惡毒的詐騙：真的是出自魔鬼。我的上主啊！要防衛祢自己！看，他們以反面的意思來理解祢的話。請不要讓祢的僕人們也同樣軟弱。【女兒們，好好作為，他們無法從妳們手中奪走〈天主經〉和〈聖母經〉[154]。】

❾ 其中有個很大的福分：妳們常看得到，有些人會幫助妳們。因為這是真正天主之僕的特徵，天主已經賜下真理之道的光明，在這些恐懼中，不想停步的渴望反而增強。他清楚明白，魔鬼要在什麼地方攻擊，他閃身躲避，並打碎魔鬼的頭。魔鬼對此深感遺憾，遠超過別人給牠許多快樂所得的滿足。處在騷亂的時候，在魔鬼捏造的是非不明當中——彷彿眾人都雙眼半瞎地追隨魔鬼，因為是在很熱心的遮掩下——天主會找來某人開他們的眼，告訴他們要慎重，魔鬼已佈下雲霧，使他們看不清道路。天主多麼偉大啊！有時只要一、兩個人說真話，比起烏合之眾，他們能做得更好！漸漸地，靈魂再次發現道路；天主也會賜給他們勇氣。如果有人說祈禱有危險，那麼，也會有人若非以言語，就是以行為，努力彰顯祈禱是多麼的好。如果有人說經常領聖體不好，他就會更加勤領聖體。所以，因為有一、兩位不怕盡力為善的，上主隨即漸漸地再贏回所失去的。

❿ 因此，修女們，妳們要拋棄這些恐懼。總不要在類似的事上留意一般人的見解。要小心，這不是人人皆可相信的時代；只可相信妳們看見的，那些與基督的生活相符的人。努力保有純淨的良心、謙虛，輕看所有的世事，堅決相信慈母聖教會的主張，就能確保妳們行走在良好的道路上。

154. 這裡又再提及本章第三節的註解所談的事。本書的審閱者之一，反對這段話，他在一旁加註：「好像在責怪宗教法庭的審查者，他們禁止祈禱的書。」德蘭在第二抄本中，刪除本段文字，並將第一抄本的這個部分劃掉。

如我所說的[155]，拋掉妳們的害怕，那是些不必要的恐懼。若有人向妳們提出這些恐懼，謙虛地向他說明這條道路。告訴他，妳們的會規要求妳不斷祈禱——會規是這樣命令我們的[156]——妳們必須遵行。如果他們對妳們說，應修行的祈禱是口禱，要追問他們，口禱時，理智和內心是否必須專注於所說的。如果他們回答「是」——他們不能有其他的答案——妳們會看到，他們得承認，妳們非修行心禱不可，而如果天主願意賞賜妳們，甚至也會達到默觀。

第二十二章

本章說明何謂心禱。

❶女兒們，要知道，是否作心禱（oración mental/mental prayer），並不在於嘴巴有沒有閉上。如果口禱時，我徹底懂得自己是在和天主交談，而且清楚地意識到這事，超過我所說的語詞，那麼心禱和口禱就合而為一了。除非人家對妳們說，當妳們誦唸〈天主經〉又想著世俗時，妳們是在和天主談話，那我就無話可說了。但是，如果妳們是要和如此尊貴的上主交談，妳們得想想談話的對象是誰，以及自己又是誰，這麼做是合理的，是很好的，至少能使妳們的言談顯得有教養。如果不清楚對方和自己的身份，妳們怎能稱呼國王為「殿下」？又怎知道和一位大人物談話當守的禮儀呢？因為這樣的規矩是必須遵守的，也要合

155. 見本章第五節。
156. 「每位會士應留在他自己的斗室內，或在斗室的附近，如果沒有其他正當的事情，則該日夜默想天主的法律，醒寤祈禱。」參閱《加爾默羅山至聖榮福童貞瑪利亞赤足隱修會會規與會憲1990》，芎林加爾默羅聖衣會隱修院譯，2006，新竹芎林聖衣會，89頁。

乎禮俗——因為這是妳們必須知道的。要不然，妳們會由於像個呆瓜而被遣走，什麼事也辦不成。【再者，妳們若不熟悉這些事，則務必學會，甚至得事先寫好所要講的話。我曾有一次這樣的經驗⑮⁷：我向來不習慣和貴族談話，卻必須和一位應稱之為「señoría」的貴婦交往，因此，別人必須先教我如何應對。我是這麼的笨拙，也不習慣這些尊稱，到時候我還是弄錯。於是我決定告訴她實情，並自我解嘲，也請她容許我稱呼她「Merced」；我就這麼做了】

那麼，我的上主，這是什麼？我的君王，這是什麼？這怎麼忍受得了？我的天主，祢是永無終窮的國王，祢的王國不是借來的。每當唸到信經中「祂的神國萬世無疆。」時，我幾乎總是特別的愉悅。上主，我稱揚祢，我永遠讚美祢；總之，祢的神國將永世常存。所以，但願祢，上主，絕不許任何想和祢談話的人，認為只要開口出聲就好了。

❷ 基督徒啊！你們說心禱沒有必要，這是什麼？你們懂嗎？【[158]對那些說不必做心禱的人——儘管我是這麼樣的我[159]——我仍想大聲呼喊和他們爭論。】的確，我不認為你們明白，所以才會要我們也跟著錯誤：你們不知道什麼是心禱，不知道應該怎樣唸口禱，也不知道何謂默觀；要是你們明瞭這些，就不會一方面責備，另一方面又讚美。

❸ 只要我記得，我必定常常把心禱和口禱放在一起，為的是不讓其他人驚嚇妳們，女兒們，我知道這些事的後果，在這事上，我也曾遭到一些磨難，所以，我不願任何人使妳們困擾不安。心懷恐懼行走此路是件危害的事。明白妳們走得很好，這是非常重要的。因為若有行人被告知走錯了，而且又迷了路，就得從這頭走回那頭，他這一路上尋尋覓覓，不僅累壞自己，還浪費時間，延遲抵達。

157. 此處指她拜會露薏莎‧瑟達（Luisa de la Cerda）夫人，見其《自傳》第三十四章。
158. 第一抄本中，此處還加上這句話。
159. 意指她是女人，又不是什麼了不起的人。

若是開始唸日課或玫瑰經時，細想我們將和誰談話，也想想要和祂講話的是誰，好能明白如何應對，這麼做，有誰能說不好呢？因此，修女們，我告訴妳們：如果在開始誦唸口禱之前，妳們充分做好須有的準備，力求清楚明瞭這兩點，妳們就是做了相當多的心禱。是的，謁見王子與之交談，不該漫不經心地，如同和農人，或和一個像我們這樣的窮人談話，無論稱呼「你」或「您」都沒關係。

❹很合理的是，由於這位國王的謙虛，即使我粗俗無禮，不知該如何和國王說話，祂卻沒有為此而不聽我，不讓我接近祂，祂的侍衛也沒趕我出去，因為協助國王的天使都深知祂的性情。祂更喜歡的，是一位謙虛牧羊人的簡樸話語，因為祂了解，如果牧羊人能知道得多，也能說得更多，甚於那些非常有智慧和博學者的談話，無論他們的論證如何優雅，如果沒有行走在謙虛中，也不得祂的歡心。雖說如此，並非因為祂很好，我們就可以不禮貌。至少要感謝祂，同意讓像我這樣的人接近祂，忍受不好的氣味。我們努力認識祂的純淨，知道祂是誰，這是很好的。是真的，只要靠近祂，就會立即明瞭，就如接近地上的領主；因為人們會告訴我們，他們的父親是誰，及擁有數以百萬的租金和尊稱，再多的我們就不知道了。因為在世上，人們評估那些人，所以榮耀他們，並非在於他們堪受多少讚揚，而是因為他們所擁有的財富。

❺不幸的世界啊！女兒們，要極力稱揚天主，因為妳們已經離開這麼卑劣的世界，在其中，人們關心的不是自己內有什麼，而是他們的佃農和諸侯有什麼；一旦失去了這些，別人賦予他們的尊榮，也隨即消失。當你們大家一起散心時，可以視之為趣事，這是很好的娛樂，了解世人如何盲目地消磨時光。

❻我們的君王啊！至高的威能、至極的良善、智慧的本體、無始又無終，祢的化工無窮無盡，全是無限無量、不能理解、無底的神奇海洋，蘊含所有美麗的美麗、力量的本身！天主啊！請幫助我！誰能在此擁有人類的所有口才與智慧，好能清楚曉得——就像在此世所能獲知的，因為在這件事上，所知的一切，無異於什麼都不知道——如何說明，許多事之中，有一些我們能加以深思，為能稍稍認識誰是這位上主，誰是我們的至善！

❼是的，妳們要深思並理解，到了見面時，妳們要和誰說話，或者，妳們正和誰談話。就算我們有一千個生命，我們還是懂不透，這位上主多麼堪當受到很好的接待，因為連天使在祂面前都會顫抖。祂命令一切，能行一切，祂所願意的就完成。那麼，女兒們，這是很合理的，我們要欣喜於我們的淨配擁有的這些崇偉，也要明瞭誰是我們的結婚對象，以及我們要有什麼樣的生活。天主啊！幫助我吧！即使在今世，要結婚時，也得先知道要和誰結婚，他是誰，他擁有什麼。我們既然已定了親，婚禮之前，必須去到祂的家。在今世，對已與男人訂婚的女子，人們不會要她們除去這些想法，為什麼我們不必力求了解這人是誰？祂的父親是誰？祂要帶我去到哪個國家？祂應許給我的是什麼財產？祂有什麼地位？我能怎樣更取悅於祂？在什麼事上，我能討祂的歡心？以及學習如何行事作為，能使我的身分相稱於祂的？所以，如果一名女子要有幸福的婚姻，人們給她的勸告無非就是這些，儘管她的先生是個地位非常卑微的人。

❽那麼，我的淨配，在一切事上，難道要不看重祢，反而更看重這些男人嗎？如果他們不認為這樣做很好，就讓他們把祢的淨配們留給祢，她們必須和祢共度一生。真的，這是美好的生命。如果一位先生這麼嫉妒，不要他的太太和任何人來往，要是太太想也不用想在

這事如何取悅他，也不想有何必須忍受他的理由，並且不願和其他人交往，因為在她的先生內已有她所能渴望的一切，這是件漂亮的事！這就是心禱，我的女兒們，要了悟這些真理。如果妳們希望深入領悟這些事理，並以口禱的方式祈禱，這是非常可喜可賀的。然而，我不願妳們和天主談話時，卻又想著其他的事。因為這麼做，就是不懂什麼是心禱。我相信已詳細解說了這事。但願上主使我們知道如何付諸實行，阿們。【(160)不要讓任何人用這些怕懼驚嚇妳們。請讚美天主，因為祂的大能超越萬有，祂不會允許人們從妳們身上奪走這些（心禱）。相反的，凡不能如此專注地唸口禱的人，要知道，就是沒有善盡本分。如果想完美地修行口禱，務必竭盡全力求此事（心禱），否則就得承受這痛苦——身為如此偉大君王的新娘，卻無法盡責。女兒們，懇求祂，賜給我恩寵，使我能做到勸勉你們的事，因為我非常欠缺不足。願至尊陛下賜恩補足，因為祂是祂。】

第二十三章

談論當人開始走上祈禱之路，不再回頭的重要性；再次述說行走此路必須懷有決心。

❶ 那麼，我說，從一開始就懷有很大的決心，這是非常重要的，因為有這麼多的理由，若要逐一說明，必會增加許多篇幅。修女們，我要告訴妳們的，只是其中兩、三個理由。

160. 第一抄本的結語。

其一，對方已經給了我們這麼多，而且還繼續地給，而我們已決心要給一點東西，亦即一點點的留神（的確，這不會沒有用，且大有益處），我們卻沒有完全決心這麼做，這是不合理的。就像人把東西借出去，為的是再要回來，我不認為這是給予。更好說，當借用東西的人被索回時，往往都會有些不高興，尤其是，如果借用之物已成了必需品，且已視之為己物時；或者如果雙方是朋友；或者如果，借用者已經給予貸方許多的恩惠，而毫無己益；借用者必會認為貸方很小氣，沒有什麼愛心，甚至連一點小東西都不讓他保有，即使作為愛的信物也不肯。

❷ 如果新娘領受了新郎的許多珍貴珠寶，竟連一個戒指都不肯給他，這樣的新娘算什麼？並非因為戒指的價值，而是所有一切全是他的，之所以給出戒指做為信物，是表示至死屬於他。那麼，這位上主多麼不受重視！竟至我們愚弄祂，連給祂一點算不了什麼的東西，還要再索回嗎？然而，我們已決心給祂這一丁點的時間——這些時間我們常用在自己身上，或用在不會為此感謝我們的人身上——既然願意給祂時間，就要給出心思念慮，使之自由無礙，不受縛於其他的事物。我們要懷著徹底的決心，絕不再向祂索回，不論我們要承受什麼磨難、衝突或乾枯。而要把時間看成不屬於我的東西，認為當我不願意完全給出時，祂理當能夠向我要求。

❸ 我說「完全給出」，但可不要以為若有一天或幾天，由於正當的理由或稍有不適而擱置祈禱，就是要收回。意向要堅決，我的天主不會斤斤計較：祂不看瑣碎細節。因此，妳們要有所感謝，這就等於有所給予。至於其他的人，那些不慷慨，又這麼小氣，沒有心給予的人，他們肯借，就已足夠了。總之，是要有些作為，我們的這位上主，把我們的一切作

為，都計算在內；祂完全俯就我們的意願。在衡量我們時，祂慷慨而不斤斤計較。不論我們的虧欠多麼大，祂都能輕易地寬赦。至於報償我們，則是這麼用心，妳們不必怕，即使只是高舉雙目，想念著祂，也不會沒有賞報。

❹ 另一個理由[161]是，為了魔鬼沒有這麼大的操控力來試探。魔鬼深怕決心堅定的靈魂，牠已經領教過他們給牠的嚴重傷害。凡牠設法傷害的人，反而使那人或其他人獲益，魔鬼則受損而退。但是我們也不要掉以輕心，或確信這事實，因為我們對付的是叛逆者，對那些準備妥當的人，牠就不敢這麼常下手攻擊，因為魔鬼膽小得很。不過，要是被發現有所疏忽，牠會大肆傷害。若是獲知某人善變，無法堅定向善，也不能以很大的決心堅忍不拔，那麼無論白天或夜晚，魔鬼都不會放過他；魔鬼令他害怕，且面臨無休止的障礙。由於經驗，我對這事清楚得很，所以我已經能夠告訴妳們，我說，沒有人知道「決心」是多麼重要。

❺ 再另一理由是──此乃關鍵性的一點──他更有勇氣戰鬥。他知道無論遭遇什麼，都不會讓他回頭。就像一個人身處戰場，他知道，如果打敗了，對手絕對不會饒他一命，要是沒有死在戰場上，隨後還是必死無疑。他更決心地奮戰，希望──如同人們說的──好好地賣命，也不害怕那麼多的打擊，因為他深知獲勝的重要性，得勝就是得命。

開始時懷有信心，也是必須的，如果我們不讓自己被征服，必會得償心願；這是無庸置疑的，無論收獲多麼微小，結果仍是非常富足。不必怕天主會任由妳們渴死，因為祂召叫我們來喝這水泉[162]。這事我已說過[163]，而且還要說許多遍，因為，對於尚未藉經驗認識上主美善的人，魔鬼非常驚嚇他們，儘管他們由於信德，知道這事。然而，這是個了不起的事，走在這條路上的人，體驗到所交往的友誼和賜予的恩寵，以及祂如何幾乎付清一切的費用。

161. 參閱本章第一節。
162. 參閱《若望福音》第四章第十四節。
163. 見第十九章第十五節。

❻沒有這個經驗的人，會想要些利益做為擔保，我並不覺驚奇。但是，妳們已經知道，甚至在今世，一個人會有百倍的賞報⑯，上主又說：「你們求，必要給你們⑯。」如果妳們不相信至尊陛下福音中的這個部分，保證這事，修女們，就算我絞盡腦汁，設法說明，也沒什麼用。雖然如此，我還是說，仍懷有一些疑慮的人，嘗試這事的損失是很小的；因為這趟旅程有這樣的好處：賜予的比祈求的多，所得的，也非我們所能渴望的。這點毫無差錯，我知道。妳們中有的人，已由經驗得知，因天主的慈惠，我可以請她們出來做見證。【⑯這點毫無差錯，我知道事情就是這樣。如果他們沒有覺察這是真實的，他們也不會相信我對妳們說的那些事。修女們，妳們已由經驗得知；因天主的慈惠，我可以請她們出來做見證。以上所說，對後來的人會有所助益。】

第二十四章

談論必須如何完善地誦唸口禱，及唸口禱時要多麼與心禱合一。

❶那麼，現在我們重拾前題，談談我曾說過的那些靈魂，他們既無法收心斂神，理智也做不到專注於心禱和深思細想⑯。我們可不要在此提起這兩件事，因為不是他們的路。事實上，許多人只要一聽到「心禱」或「默觀」的名稱，就感到恐懼，而來到本會院的人中，有的也是如此，如我說過的⑯，不是人人都走同一條路。

164. 參閱《瑪竇福音》第十九章第二十九節。
165. 《路加福音》第十一章第九節。
166. 第一抄本的結語。
167. 她再次談論曾在第十九章第二節以及第二十一章第三節談過的主題。
168. 見第五章第五節；第十七章第二節；第二十章第一節。另見《自傳》第十三章第十三節；第二十二章第二節；《靈心城堡》第四住所第七章第十二節；《建院記》第五章第一節。

❷ 所以，現在我想勸告妳們的（我甚至能說教導妳們，因為作為母親，擔任院長之職，這是正當的），是妳們要如何誦唸口禱，因為懂得所唸的禱文是理所當然的。因為無法想天主的人，長篇的禱文可能同樣會使他們感到疲累，我也不想涉足其中。我要談的是，由於我們是基督徒，所必須誦唸的禱文，如〈天主經〉、〈聖母經〉；那麼，就沒有人能說我們口中唸唸有詞，卻不知所云——除非我們認為按慣例唸經就夠了，只要唸出字句就行了。是否足夠，我不想涉及這事，博學者會加以解說【他們會受天主光照，向發出問題的人說明。對於那沒有我們處境的人，我不想涉入其間。】女兒們，我希望我們做的，不要只滿足於此。因為當我唸出「信經」時，我理當領悟並曉得我信什麼。而當我唸〈天主經〉時，了解誰是我們的這位天父，又誰是教我們這禱文的老師，這就是愛。

❸ 如果妳們說，妳們早已知道這些，沒有理由再去回想，妳們就不對了。不同的老師之間有多大的差異，那麼，甚至對今世教導我們的老師，若我們不記得他們，這是個大不幸；尤其是，如果他們是聖人，是靈魂的導師，若我們是好徒弟，則不可能不想他們【而且我們會很愛他，甚至以他為榮，經常談論他⑯⁹。】，所以，像教導我們這篇禱文這樣的老師，懷有這麼多的愛，又希望我們進步，當我們誦唸這禱文時，天主絕不願我們老是不想祂，雖然由於軟弱，我們不能完全做到。

❹ 那麼，說到那首要的，妳們已經知道，至尊陛下的教導是要獨處[170]；當祂祈禱時，總是這樣的[171]，不是為了祂的需要，而是為了給我們立表樣。這事我已說過[172]，一個人和天主又和世界說話，這是行不通的；這無非就是邊祈禱，邊聽別處在說話，或深思突然想到的事，而沒有進一步地制止。有時也會有辦不到的時候：或是因為心情惡劣——尤其，若是

169. 第一版本是這麼寫的，多了括號中的話，使用單數第三人稱。
170.《瑪竇福音》第六章第六節。
171. 參閱《路加福音》第六章第十二節。
172. 第二十二章第八節。

有憂鬱症的人——或是頭腦衰弱，雖然努力有加，還是做不到。或是天主為了他們的更大益處，允許在他們服事時，有幾天陷入一些大誘惑。而雖然他們受折磨，又努力安靜下來，他們甚至無法專注於誦唸的字句，儘管更使勁用力，理智也不能安定在什麼事上，而是好像瘋了一般，胡亂遊蕩。

❺ 凡受到這種磨難的人，會明瞭這不是他的過錯。他不必難過，否則會更糟；也不要疲累不堪，在空空如也的腦袋裡——就是他的理智——放進什麼，而只要盡所能地唸經祈禱；甚至不要祈禱，而要像個病人般，努力使他的靈魂得到舒解：專精於其他修德的工作。

這話是為了勸告對自己細心留神的人，他們已經明白：絕不可同時和天主，又和這個世界交談。

我們能做的就是力求獨處，但願天主保祐，這樣就足夠了，如我說的，知道我們和誰在一起，及上主對我們的祈求所回應的。妳們想祂沉默不語嗎？雖然我們聽不到祂，可是，當我們從內心向祂祈求時，祂會對我們的心傾談。

我們若是這樣想是好的：祂教我們每個人這篇禱文，並且不斷地將之顯示給我們；因為老師總不會離學生這麼遠，遠到需要大聲呼喊，而是就在近邊。我願妳們了解這事，若要好好誦唸〈天主經〉，最好是：不要離開教給妳們這禱文的老師身旁。

❻ 妳們會說，這就已經是深思細想了，而妳們除了口禱，既做不到，也不想做；因為確實有些人既不忍耐，又不愛受苦，他們還沒有養成習慣，很難從一開始就收斂思想；而為了不要稍微勞累一點，他們說除了口禱，更多的就做不到了，而且也不知道怎麼做。

若說這就已經是心禱了，妳們是對的。不過，我告訴妳們，的確，如果要做好口禱，又要曉得我們正在和誰說話，我不知道如何將之分開[173]。致力於留心地祈禱，甚至是我們的義務。天主保佑，有了這些妙方，我們能好好誦唸〈天主經〉，而不會以其他不適宜的事結束。有時我正是這樣，而我找到的最好辦法就是：努力使自己的思想專注於所唸經文的對象。因此，要有耐心，努力在這麼要緊的事上，養成習慣。【[174]因此，要有耐心，我認為，這為做修女者是要緊的，甚至為了要如同好基督徒一般祈禱亦然。】

第二十五章

述說一個靈魂完善地誦唸口禱，其收獲有多大，而且天主會提拔他，從中達到超性之事[175]。

❶ 為了不使妳們以為完善地誦唸口禱，不會有什麼收獲，我告訴妳們：在誦唸〈天主經〉或其他禱文時，上主會把妳們安置在成全的默觀中，這是非常可能的；藉著這些方式，至尊陛下表明祂聽見這人對祂說話；祂擱置靈魂的理智，約束他的思想[176]，有如人們說的，拿走他口中的話語，雖然靈魂想說話，卻無法做到，如不然，則有很大的困難。

❷ 靈魂了解，沒有話語的聲音，這位神性老師正在教導他；所有的官能休止，因為，如果官能輕舉妄動，此時反倒有害，而非有益。官能在享受，不知所以地享受著。靈魂在愛內熱烈地燃燒起來，卻不知所以地愛著。他曉得自己享有所愛的，卻不知怎樣地享有。他清

173. 意即，不知道如何將心禱和口禱分開。
174. 第一版本是這樣結束的。
175. 超性之事：cosas sobrenaturales／supernatural things也可譯為超自然的事，就是說進入神祕祈禱的領域，比如說，聽到什麼，看到什麼，領悟什麼……等等，完全是超自然的現象，這些統稱為超性之事。
176. 思想：pansamiento，此處指的想像。

楚明瞭，這並非是理智想要有，就可得到的享受。意志也不知所以地燃燒起來。可是，到了能夠稍有領悟時，他了解，這個福分是不能以功勞獲取的，世上所有能經歷的磨難全加起來，也不能獲得。此乃上主的恩賜，祂是上天下地的主，總之，因為祂是天主而賜予的。

女兒們，這就是成全的默觀。

❸ 現在，妳們懂得了這默觀和心禱的不同，就是前面說過的：深思並了解我們在說什麼，以及我們和誰說話，我們又是誰，膽敢和這麼偉大的上主談話。深思這事及其他類似的事：我們服事祂多麼少，我們多麼有義務事奉祂，這就是心禱。妳們不要以為心禱是什麼聽不懂的話，也不要讓這名稱驚嚇妳們。誦唸〈天主經〉、〈聖母經〉或妳們喜歡的禱文，就是口禱。

不過請注意，沒有首要的[177]，妳們奏出多麼糟的音樂：甚至每次所唸的禱詞都不協調。關於這兩件事[178]，賴天主的恩祐，我們自己還能做點什麼；至於我現在要說的默觀，則我們什麼也做不到：至尊陛下完成一切，這是祂的工作，超越我們的本性。

❹ 既然我已非常冗長地解釋過默觀，在我曾說過的那部敘述中[179]，盡我所知地說明這事，為使我的告解神師能夠明瞭我的生命——是他們命令我寫的——這裡，除了稍微提一提，我就不說了。妳們中有幸蒙上主提拔、達到默觀境界的人，若能得到那份敘述，可從中得到一些要點和勸告，而這是因為上主願意，我才得以訴說；對妳們來說，是非常有安慰和有用的。這是我的想法，也是一些看過該記錄者的想法——他們有那記錄是為了要加以評斷。告訴妳們要看重我的敘述，令我感到多麼羞愧，上主也知道，我所寫的許多事中，我的羞愧之情。願祂受讚美！因祂這樣地容忍了我！如我說的，妳們中有超性祈禱的人，等我死

177. 意即只有口禱而沒有心禱。
178. 亦即心禱和口禱。
179. 參見聖女《自傳》。亦請見本書序言第四節。在《自傳》一書中，她長篇解說默觀的性質，請參考第十四至二十一章以及第二十二至三十一章，尤其是第十四章第二、六節和第十八章第十四節。

後要設法得到該記錄；不是這樣的人，就不必如此，而要盡力奉行這裡所要說的，把一切交託給天主；如果妳們不在路上逗留，反而奮勉努力直到抵達終點，必須賜恩的是祂，祂一定不會拒絕賜給妳們。【⑱在我提過所寫的書中，這些都已詳加解說，因而無須在此特別談論這事：我已在那書中述說了所知的一切。凡蒙天主帶領達到此種默觀境界的人——如我說過的，妳們中已有人處於其中——等我死後，要盡力設法得到那書，這對妳們非常重要。不是這樣的人，就不必如此；而要奮勉努力奉行這本書所要說的，盡所能地在各方面進步，且要勤勉奮力，因為如果他們祈求上主，自己又盡力而為，上主必會賜予所求的。其餘的，上主必會賜恩，如所說過的，凡戰鬥到底，達到路途終點的人，祂誰也不拒絕。】

第二十六章

說明收斂思想的方式，並提出一些修行的方法；本章對初學祈禱的人非常有用。

❶ 那麼，現在我們重拾前題，再來談我們的口禱，為使我們能如此祈禱，不知不覺中，天主把一切全賜給我們，並且如我說過的⑱，也為了使唸經祈禱正確合宜。

大家都已知道，首先必須審查良心、告罪和劃十字聖號。

那麼，女兒們，既然妳們是單獨的，妳們要盡力找一個伴侶。而還有比教妳們唸這祈禱文的老師更好的伴侶嗎？設想上主親自和妳們在一起，請注意看，祂懷著何等的愛情和

180. 在第一抄本中，這一節差異頗大。
181. 見第二十四章第二節。

謙虛教導妳們。要相信我，妳們要盡所能地，和這麼好的朋友相守不離。如果妳們習慣有祂在身旁，而祂也看到妳們滿懷愛情，盡力取悅祂，如人們說的，妳們就會離不開祂；祂也絕不會辜負妳們；在妳們的所有磨難中，祂會幫助妳們；妳們到處都有祂。有這樣的朋友在旁邊，妳們想這是件小事嗎？

❷修女們哪！妳們中若有人無法多做理智的推理，也避免不了思想分散，妳們要習慣（有祂在身旁[182]），妳們要習慣這麼做！瞧！我知道妳們能做到這事，因為我好多年忍受這個磨難，思想無法靜息在一件事上，而這是個很大的磨難。然而我知道，上主不會把我們遺留在如此的孤獨中，竟至如果我們謙虛地祈求這事，而不陪伴我們的。如果過了一年，我們得不到所求的，那就是需要多年。不要後悔把時間耗費在這麼美好的事上。有誰催促我們趕快呢？我要說的是：要能習慣於此，努力地行走在這位真正老師的身旁。

❸現在，我並沒有要妳們思想祂，或獲取許多的觀念，或用妳們的理智，做偉大又巧妙的省思；我要求妳們的，無非是注視祂。那麼，誰能轉移妳們靈魂的雙眼，不看這位上主呢？要是做不到，即使是一下子也好！既然妳們能看非常醜陋的東西，難道不能看所能想像的最美事物？但是，女兒們，妳們淨配的雙眼卻從不離開妳們。祂已忍受成千次反對祂的醜陋又可惡的事，而這些都不足以使祂不看妳們。要妳們轉移眼目，不看這些外在的事物，有時也注視祂，這算過分嗎？請看，除了要我們注視祂，祂沒有等待別的，誠如祂向新娘所說的[183]。妳們怎樣渴望祂，也會怎樣找到祂。祂是那麼看重我們轉身注視祂，祂那方面絕不會疏於回應。

❹正如人們這麼說的，一個女人若要成為先生的好妻子，如果先生悲傷，她也必須

182. 括號內的字是譯者加上的，原文重覆兩次說：妳們要習慣！這也是聖女大德蘭的典型強調語法。

183. 見《雅歌》第二章第十四節。

表現出悲傷，如果高興，雖然她當時一點也不是如此，也要顯出高興。（修女們，請看，妳們已解除了什麼樣的束縛！）這是真實的，一點也不假，上主這樣對待我們：祂是順服者，願意妳們成為女主人，祂來順服妳們的意願。如果妳們是喜樂的，請看祂的復活；只想像祂如何離開墳墓，妳們就會歡欣喜樂。而且，這是何等的輝煌！又是何等的美麗！何等的莊嚴！何等的凱旋！何等的欣喜！彷彿從戰場凱旋歸來的戰士，贏得了一個好大的王國！祂要把這一切，而且連同祂自己，全都給妳們。那麼，對給予妳們這麼多的這位，偶而一次轉眼看看祂，這算過分嗎？

❺ 如果妳們遇有磨難，或悲傷時，請看走往山園路上的祂：祂的靈魂承受多麼大的折磨；因為祂已成為痛苦本身，祂述說並哀嘆這事。或請看祂被綁在柱子上，充滿悲傷，為了深愛妳們，祂全身傷痕累累；這麼多的折磨，有人迫害祂，有人向祂吐唾沫，祂的朋友否認祂，又被他們拋棄，沒有人回到祂身邊，寒冷受凍，置身於如此的孤獨中；妳們能夠因此而互相安慰。或請看背負十字架的祂，人們甚至不許祂喘口氣。而祂會以這麼美麗、慈愛、淚水滿盈的雙眼注視妳們；只因為妳們前去向祂求安慰，並且回頭看祂，祂會為了安慰妳們，而忘卻自己的悲傷。

❻ 啊！世界之主，我的真淨配！——如果看祂那樣，會打動妳們的心，妳們就能這麼對祂說；而這時妳們不只渴望看祂，而且還會很樂意和祂說話，不是以現成的禱文，而是發自妳們內心的痛苦；祂非常看重這一點。——我的上主！我的美善！祢如此急需嗎？祢竟願意接受像我這麼可憐之人的陪伴嗎？從祢的表情，我看得出來，祢已由我得到安慰。那麼，上主，這是可能的嗎？天使們留下祢獨自一人，甚至祢的父親也不安慰祢嗎？上

主，若是這樣，祢願意為我忍受這一切，我為祢受苦，這又算什麼呢？我抱怨什麼呢？我很覺羞愧，因為看到祢那個樣子，上主，我願意承受所有臨於我的磨難，並視之為很大的福分，使我能稍稍效法祢。上主，我們一起走吧！無論祢去哪裡，我也去⑱；無論祢忍受什麼苦，我也忍受。

❼ 女兒們！背起那十字架吧！即使猶太人踐踏妳們，妳們也不要拿它當一回事，因為可使祂不必承擔那麼多的磨難。無論他們對妳們說什麼，都一概置之不理。對那些流言蜚語，妳們要做聾子。要和妳們的淨配一起絆倒、一起跌倒在地，不要離開十字架，也不要棄置不顧。請仔細詳察祂走路時的疲累，及祂所受的磨難之大，遠超過妳們的，無論妳們把自己的磨難描述得多麼大。還有，無論妳們的感受多麼強烈，妳們都會得到安慰，因為妳們會覺察到，和上主的磨難相比，那是些令人嘲笑的事。

❽ 修女們，妳們會說：這怎能做得到？如果能在至尊陛下行走於人世時，親自以肉眼看見祂，妳們會非常樂意這麼做，並且常常看著祂。

妳們不要相信這話，誰若現在不想費點力氣，至少收斂一下視覺，看看在自己內的上主（而這麼做是毫無危險的，只要稍稍用心即可），就不能和瑪麗德蓮，一同站在十字架下，她們親眼看見耶穌的死亡。榮福童貞聖母和這位有福的聖女，她們受了多少的痛苦！多少的威脅，多少的惡言惡語，多少的碰撞，多少的無禮對待！因為，她們面對的人，並非溫文有禮。的確，那些人是從地獄來的，是魔鬼的使者。確實地，聖母和瑪麗德蓮所遭受的，一定很嚇人，但是和另一個更大的受苦者在一起，她們對自身的痛苦，渾然不覺。

為此，修女們，如果妳們連這麼小的事都辦不到，不要自信能受得了那麼大的磨難。

184. 參閱《盧德傳》第一章第十五節。

妳們應在小事上修行，方能承擔其他的大事。【要相信我說的是真的——因為我對此有經驗——妳們真能做得到。】

❾有助於此的是，帶一張妳們喜歡的上主聖像或畫像，不是拿來掛在胸前，從來看都不看一眼，而是為了經常和祂談話；祂會推動妳們該說什麼。正如妳們和別人說話那樣；為什麼到了要和上主說話時，反倒沒什麼話說呢？妳們別信這事，至少我就不信；如果妳們習慣這事（譯按，亦即和祂交談）。因為若非如此，不和某人交往會導致疏離，不知要怎麼和他談話；彷彿我們不認得他了，即使是親戚亦然，因為缺少交往，親情、友誼也隨之失去。

❿帶本西班牙文的好書，也是個很大的補救方法，甚至有助於收斂思想，並且好好誦唸口禱；逐漸地，靈魂習慣了，藉著所得的寵愛和技巧，不再被嚇住。仔細思量一下，靈魂許多年離開他的淨配，直到靈魂要返回淨配的家之前，非常需要學會如何和祂往來。因為我們罪人是這樣的：我們的靈魂和思想，這麼習於隨從高興——或更好說，難過——到處走動，以致這憂愁的靈魂不了解自己。為了使靈魂喜愛回來留在家裡，需要有許多的技巧。如果不是這樣，慢慢地逐步達到，我們必會一事無成。

我再向妳們保證，如果妳們能把我所說的【185……細想妳們有這位上主同在，要常常和祂談話……】，認真地養成習慣，妳們會有好大的收獲，即使我想向妳們說明，我也不知要怎麼說。那麼，妳們要緊緊靠近這位好老師，非常決心地學習祂給妳們的教導，至尊陛下必會使妳們成為好門徒，如果妳們不拋棄祂，祂也不會拋棄妳們。請注意，那神性口舌所說的話，從第一句話，妳們立刻就知道祂對妳們的愛，門徒看到老師愛他，這可不是

185. 第一抄本這麼寫。

小小的福分和禮物。

第二十七章

談論在〈天主經〉的首句，上主向我們顯示的大愛，以及若想真的成為天主的子女，毫不看重家族出身，是非常重要的。

❶ 我們在天的父[186]。

我的上主啊！祢如何顯示自己是這位聖子之父，而祢的聖子又如何顯示自己是這位聖父之子！願祢永無終窮地受讚美！上主，如果這話出現在禱文的結尾，就不會顯得這個恩惠那麼的大，是不是？從一開始，祢就裝滿了我們的手，放進如此之大的恩惠，使得理智充滿洋溢，因而占有意志，以致無法說出話語。

啊！女兒們，進展到此地步，完美的默觀是多麼好！多麼正確啊！靈魂進入己內，為能超越自己[187]，而這位聖子才能讓我們明白這地方——即所說的，祂的父居住之地——是怎麼一回事，就是居住在天上。我的女兒們，讓我們離開塵世，因為像這樣的恩惠，如此地不受重視，知道了這是個多麼大的恩惠後，我們還想留在塵世，是沒有道理的。

❷ 天主聖子，我的上主啊！為何在一開頭的禱詞中，祢就一次賞給我們這麼多呢？祢已經貶抑自己到如此至極的地步，親自和我們一起祈求，來作我們的兄弟，而我們是這麼卑

186. 《瑪竇福音》第六章第九節。讀者請注意：本書選用的〈天主經〉，是思高聖經譯本《瑪竇福音》中的譯文，由於直接譯自拉丁文，與本書的敘述最為接近。
187. 「進入己內」及「超越自己」，是當代靈修作家的流行用語。「進入己內」指內斂的行動（la acción de recogerse al interior），「超越自己」指的是一般的神祕提升（una elevación mistica in general）。大德蘭他處評論過「超越自己」的理論。（見《自傳》第二十二章第一、四、五、七節；《靈心城堡》第四住所第三章第二、六節）。

賤又可憐的東西，祢怎麼還以祢父親的名義，把能給的一切全給我們？因為祢願意祂把我們當作子女，而祢的話是不會落空的[188]？祢迫使祂實現祢的話，這並不是個小小的負擔，因為作為父親，無論我們的冒犯多麼大，祂都必須忍受。如果我們回頭歸向祂，如同浪子一般，祂一定寬恕我們[189]，在我們受磨難時，祂必定安慰我們，必定支持我們，就像這樣的一位父親必會做到的。事實上，這位父親必定比世上任何的父親還要好，因為在祂內，一切都圓滿實現，之後，這一切必會使我們成為分享者，和祢一起成為同繼承者[190]。

❸ 請看，我的上主，由於祢對我們的愛和祢的謙虛，什麼也阻擋不了祢，總之，上主，祢來到人世，也穿上人性，因而具有我們的本性，好像祢就有了一些理由，可以來關心我們的利益；然而，請看，祢的父親在天上；這話是祢說的；祢重視祂的榮耀也是理所當然的。祢已奉獻了自己，為我們而蒙受恥辱，請放開祢的父親吧！不要為了像我這麼卑劣的人，勉強祂這麼多，我對祂的感謝，一定很糟【而其他人的感謝亦然】。

❹ 好耶穌啊！祢多麼清楚的表示祢和祂是合一的，祢的旨意就是祂的，而祂的就是祢的[191]！祢的宣告多麼清楚，我的上主！祢對我們所懷的愛，多麼寶貴！祢繞道而行，瞞住魔鬼，不知祢是天主聖子，卻對我們的好處，懷有很大的渴望，什麼也妨礙不了祢，使祢不給我們這麼至極的恩惠。上主！除了祢，還有誰會這麼做呢？我不懂，在這句禱詞中，魔鬼怎麼會認不出祢是誰，卻加以懷疑。我的耶穌，至少我清楚明白，祢為自己，也為我們，以鍾愛之子的身分發言；祢是大有威權的，凡祢在地上所說的，都會實現在天上。我的上主，願祢永受讚美，因為祢那麼喜愛給予，什麼也阻擋不住祢。

❺ 那麼，女兒們，妳們不認為這位老師很好嗎？祂為了使我們熱愛學習祂的教導，從

188. 參閱《瑪竇福音》第二十四章第三十五節；《瑪爾谷福音》第十三章第三十一節；《路加福音》第二十一章第三十三節。
189. 參閱《路加福音》第十五章第十一至三十二節。
190. 參閱《厄弗所書》第三章第十五節；《伯鐸後書》第一章第四節。
191. 參閱《若望福音》第十七章第二十一節；第十章第三十節；第八章第二十九節。

一開始，就給我們這麼大的恩惠。不過，雖然我們口誦這句禱詞，卻不求理智上的理解，因為看到祂那樣的愛，會使我們的心化成碎片，現在妳們想想看，這是合理的嗎？那麼，世上有哪個兒子，若有父親非常好，又有這麼大的尊威和統治權，怎麼會不力求認識他的父親是誰呢？若非如此，那麼，我們不承認是祂的兒女，我是不會驚異的；因為這世界已變成這個樣子：如果父親的地位低於兒子，兒子就不以認他作父親為榮。

❻ 這裡不是這樣的，因為在本會院中，願天主保祐，我們絕不同意這樣的事；否則就會成為地獄。出身愈好的人，反而要愈少說她的父親。大家都必須是平等的。

基督的團體啊！身為漁夫的聖伯多祿，比起君王之子的聖巴爾多祿茂，擁有更大的治理權，而這是上主所願意的[192]！至尊陛下知道，在世上這些是怎麼回事，關於什麼是比較好的泥土，其實無異於爭論：究竟是用來做磚塊[193]，還是築圍牆的泥土比較好。天主！請幫助我！我們面臨多麼大的考驗！修女們，但願天主解救我們擺脫類似的爭論，即使是在開玩笑；我寄望於至尊陛下，祂會這麼做的。若妳們中有修女如此，要立刻加以糾正，她要害怕以免成為門徒中的猶達斯。讓她做補贖，直到她能了解，甚至連做很糟的泥土她都不配。【[194]設若妳們有修女如此，就不要同意她留在這所會院；她就像是門徒中的猶達斯。盡全力去除這種壞同伴。如果妳們做不到，就讓她做最重的補贖，超過其他的補贖，直到她能體悟，甚至連做最糟的泥土她也不配。好耶穌給了妳們一位好父親。除了妳們淨配給予的這位父親外，在這裡，妳們不要認識別的父親並談論。】

妳們有很好的父親，祂把好耶穌給了妳們。在這裡，不要有人認識且談論其他的父親。我的女兒們，務必努力，使妳們堪當在祂內獲得愉悅，能投入祂的雙臂中。妳們早已知道，

192. 審查者之一在書邊空白處寫道：「我不知道她從哪兒找到這話。」她很可能是從當時的Flos Sanctorum書中讀到的。從字源解釋，Bartholomaeus意指Ptolemaeus的兒子，以此推斷出：宗徒是托勒密（Ptolemies／Ptolomeos）的後裔。
193. 這裡說的磚塊，是指用草和泥土混合的土塊。
194. 第一抄本中的記載。

如果妳們是好女兒，祂就不會拒絕妳們。那麼，為了不失去這位父親，誰會不努力呢？

❼天主啊！幫助我吧！這幾個字的涵義，給妳們多少的安慰！在這事上，我就不多說什麼，我願意留給妳們深思細想。不論思想多麼凌亂，在如此的聖子和聖父之間，必定有聖神，會激發我們的意志去愛，並以至極無比的愛使妳們和祂連繫在一起，即使妳們有非常大的神益，也不足以獲得這個連繫[195]。

第二十八章

解說何謂收心的祈禱，並列舉養成收心祈禱的一些方法。

❶現在，請留意妳們的老師所說的：「在天的[196]」。

妳們想想，知道天堂是什麼，以及必須去哪裡找妳們的至聖聖父，這些事沒什麼重要嗎？那麼，我告訴妳們：對心智散亂的靈魂來說，這是非常重要的，不只相信這些，並且要努力藉由經驗而理解。因為這是非常能約束心智，並使靈魂收斂的一個方法。

❷妳們已經知道天主處處都在。很明顯的，國王在哪裡，他的宮廷就在哪裡。總而言之，天主在哪裡，哪裡就是天堂。妳們可以毫無疑慮地相信，至尊陛下在哪裡，所有的榮耀也在哪裡。為此，請注意聖奧斯定所說的，他在許多地方尋求祂，最後終於在自己內找到了祂[197]。妳們想想，使一個分心走意的靈魂明瞭這真理，知道如果要和永恆聖父談話，或在祂內得到愉悅，沒有必要上到天堂，也不必大聲叫喊，這是沒什麼要緊的嗎？無論我們多麼輕

195. 最後這句話的意思是：本性所得的神益再怎麼大，也無法和超性的恩惠相比，由聖神而來的愛使我們和聖父、聖子結合，這是無可比擬的。

196. 《瑪竇福音》第六章第九節。

197. 此處請參閱Pseudo－Augustinian Soliloquies第三十一章，或《懺悔錄》X，第二十七章。見《自傳》第四十章第六小節。

聲細語，祂這麼的靠近，全都聽得見我們。我們也不必插上雙翼去尋找祂[198]，而是要置身於獨居之中，在自己內注視祂，不要疏離這麼好的客人；而要懷有深度的謙虛，如同和父親談話一般，彷彿向父親祈求，向祂細訴妳們的困難，求祂救助以解決困難；也要明白妳們原本不配做祂的女兒。

❸ 不要理會一些畏縮的人，那些人還自認為是謙虛的。的確，謙虛並不在於，如果國王要賜給妳們一個恩惠，妳們不要接受，而是在於接受並了解，妳們所得到的是多麼豐盈，為此而歡欣喜樂。多美妙的謙虛啊！我得蒙上天下地的皇帝駕臨寒舍，祂的蒞臨是要賜給我恩惠，並且要和我同歡共樂，為了謙虛，我既不願回應，不陪伴祂，也不接受祂所賜給我的，反而留祂孤單獨處。或者，當祂告訴我，請我向祂祈求什麼時，為了謙虛，我依然保持貧窮；我甚至讓祂離去，因為祂看到我永遠下不了決心。

女兒們，妳們不要修行這樣的謙虛，而要對待祂如同父親、或兄弟、或如同主人、或淨配；有時這樣，有時那樣，祂會教導妳們，為了取悅祂，妳們必須做什麼。妳們不要糊里糊塗；祈求祂，讓祂來做主。因為祂是妳們的淨配，祂會這樣對待妳們。【請注意，了悟這個真理：「上主就在我們內，我們也要在那裡和祂相守」，對妳們來說是非常重要的。】

❹ 這種祈禱方式，雖然是口禱，能非常快速地收斂理智，也是會帶來許多益處的祈禱，稱之為「收心的祈禱」（oración de recogimiento），因為靈魂收斂所有的官能，進入自己內，和天主在一起。他的神性老師，更加快速地來教導他，賜給他寧靜的祈禱（oración de quietud），這不是用其他什麼方法可以達到的。因為專心地進入自己內，他能深思耶穌的苦難，於其內再呈現聖子，將聖子奉獻給天父，而不必勞駕理智，上到加爾瓦略山，或去山

198. 參閱《聖詠》第五十五篇第七節。

園、或在圓柱上[199]尋找祂。

❺凡能用這個方法，關閉自己，留守在我們靈魂內的這個小天堂裡的人——造化上天和下地的祂就在那裡——又習慣於不去注意，也不停留在外感官分心的地方，要相信，他們所走的是卓越的道路，絕不會喝不到泉水，因為他們用很短的時間，走了很長的路。就像搭船的人，若有點順風吹送，幾天就能抵達航程終點。行走陸路的人就得耗費更多的時間。【這是天堂的道路。我說「天堂的」，因為他們已處在天堂中，在國王的皇宮內，而不是在塵世間，許多時候，這是更安全的。】

❻凡懂得收心的人，如人們說的，已經出航入海了，雖然尚未完全看不到陸地，在那樣的時刻，他們竭盡所能不受其束縛，收斂感官，專注於內。如果收心是真的，感受會非常清楚，因為會有一些效應。我不知如何解說這事。凡有經驗的人，自會明瞭。靈魂彷彿從遊戲中起身，他已看盡世間的一切。他一定是在最佳的時刻起身，就好像進入設防堅固的城堡的人，因而不必害怕敵手：感官從外在的事物撤離，並且捨棄它們，竟至在不知不覺中，閉上雙眼，不看外物，因為對靈魂的事物，他具有更清醒的眼光。

這樣，凡行走此路的人，幾乎總是閉上雙眼祈禱，由於許多的理由，這是個極好的習慣，因為這就是努力不留意世上的事物。開始時需要這麼做，後來就無需努力了，反而在祈禱時，若想張開雙眼，則必須更加費力。靈魂似乎明白肉身的犧牲，導致靈魂的強壯和有力，靈魂棄置肉身，而使之衰弱無力，他從這裡所獲得的，足以對抗肉身。

❼雖然開始時，靈魂不懂這事，因為還沒有這麼收心——在此收心中，有深淺不同的程度——如果靈魂養成習慣，（雖然開始時肉身會有困難，因為肉身掌權，它不明白，如果不

199. 意指耶穌受鞭打時，被綁在圓柱上。

順服，即是砍自己的頭）如果我們努力收心，修行一些時日，成為習慣，就會清楚看到所獲得的益處，一開始祈禱，我們就會知道，蜜蜂已接近蜂巢，要進去釀蜜了，而這一切都無須我們操心；因為是上主願意的，在這個時候，感官內斂，靈魂和意志得以掌有這個主權。靈魂只要發出想要收斂的訊號，感官全都服從而收心斂神。雖然後來還會跑掉，再次分心，然而曾經順服過則是個大事，因為，感官再來是以俘虜或屬下的身分外出，不會造成先前那樣的傷害。當意志再召喚感官時，它們回來得更快速，直到，許多次的返回再進入之後，上主樂意，使感官完全留守於完美的默觀中。

❽ 但願方才所說的都能深切了解，因為，雖然彷彿隱晦不明，然而凡渴望如此修行的人，必會明瞭。

像這樣，就是航海的人[200]；而既然重要的是，我們不要前進得這麼緩慢，我們稍微談談，要如何習慣這麼好的一個修行方法。在許多的情況中，他們是更安全的；神性的愛火更快速地點燃，因為用理智輕輕地吹動，他們就像在這愛火的近旁，小小的火星一觸碰，燒盡一切。由於沒有外在的障礙，靈魂和他的天主獨處：為了這個燃燒，他已有了徹底的準備。

【我希望妳們非常清楚地明瞭這個祈禱方法，如我說過的，這叫做收心。】

❾ 那麼，細想在我們內的是個華麗至極的宮殿，整棟建築滿是黃金和寶石，簡而言之，就是適於我們上主的皇宮；也想想，這座宮殿之所以這麼華麗，也有妳們應盡的部分，事實也是這樣，因為沒有一座建築物的美麗，比得上潔淨又充滿德行的靈魂，德行愈卓越，寶石也愈燦爛輝煌；再想想，在這座宮殿中的是這位偉大的君王，祂慈悲為懷，成為妳們的父親；祂坐在貴重至極的寶座上，那就是妳們的心。

200. 意指懂得收心的人，如同航海者，比行走陸路者快速達到目的地，請參閱前面第六節。

⑩開始時，妳們會以為這是沒什麼關係的事——我是說，為了清楚解釋所舉的這個比喻——但這可能是非常有用的，尤其是對妳們很有用；因為，我們是沒什麼學問的女人家，這一切都是需要的，為了幫助我們真的了解，在我們內其他更寶貴的東西，無與倫比，遠超過我們外面看見的。不要想像我們的內在是空的。天主保祐，但願有此疏忽的只是女人；我認為這是不可能的，如果我們努力留神地記住，在我們內有像這樣的貴賓，我們就不會這麼關注世上的事物，因為那時，相較於我們內在所擁有的，外在的一切，多麼低賤。那麼，當食肉類的猛獸看到牠滿意的東西時，除了捉來填飽肚皮外，還會多做什麼嗎？的確，在牠們和我們之間，必須要有所不同。

⑪或許，妳們會笑我，並且說，這事很是清楚明白，而妳們是有理的；因為，對我而言，有時卻感到隱晦不明。我清楚知道我有靈魂；然而這靈魂有什麼價值，誰居住在其中，我卻不知道，因為我以人生中的虛榮遮蔽了雙眼。因為我認為，如果我過去像現在這麼了悟，知道在我靈魂的小宮殿內，居住這麼偉大的君王，我必定不會這麼長久讓祂獨自留在那兒，我會有時陪伴祂，並且更加努力，不使自己那麼汙穢。然而，這是多麼令人驚奇讚嘆的事啊！祂的雄偉廣大，足以充滿一千個世界，甚至超多的世界，卻願意將自己關閉在這麼個小東西內，【就這樣，祂願意被納入祂的至聖母親子宮內。】事實上，因為祂是上主，祂能自由行事，卻由於愛我們，以調適自己來俯就我們的尺寸。

⑫當一個靈魂開始時，為了不使他看到自己這麼小，容不下這麼大的對象而擾亂，上主不會讓他理會這事，要等到上主逐漸擴大靈魂，能夠接受祂必須放入靈魂內的一切時，才會了解。因此我說，祂有自由隨意行事，所以，祂能把這座宮殿變成雄偉堂皇。整個的重點

在於，我們能懷著完全的決心，將自己獻給祂，清除我們的障礙，使靈魂空虛，好讓祂能放進來，也能拿走什麼，好像對待自己的所有物。而至尊陛下有權這麼做，我們不要反對祂。【即使在今世，當我們不能下逐客令時，家裡的客人也會導致痛苦。】由於祂一定不會強迫我們的意願，祂接受我們給祂的一切；然而，除非我們完全給出自己，祂也不會把自己完全給我們。

這是確實的事；因為是那麼的重要，我這麼多次提醒妳們：祂不會在靈魂內工作，如同祂在完全屬於祂、沒障礙的靈魂內工作一般，如果不是這樣，我也不知道祂要如何做工；完全協調是祂所喜愛的。那麼，如果在宮殿中，我們裝滿了卑賤的人，又滿是不值錢的小東西，這怎能容納得了上主及祂的宮廷呢？處在這麼多的障礙中，祂若能留步一下，就是做了過多了。

⓭ 女兒們，妳們認為祂是單獨來的嗎？妳們不明白祂的聖子所說的：「我們在天的父」嗎？那麼，一個像這樣的國王，宮廷眾臣必定不會留下祂單獨一人，而是和祂在一起，並且為了我們的益處，替我們眾人向祂祈求，因為他們是充滿愛德的。不要以為這像在世上一樣；如果有一個主人或教會神長，為了某些目的，或出於他的意願，恩待某人，立即就惹來嫉妒，而這可憐的人，對他們什麼也沒做，卻遭人厭惡。

第二十九章

繼續提出獲得收心祈禱的方法。述說受到院長[201]的恩待，我們不必過於看重。

❶ 女兒們，為了天主的愛，對這些恩待，要避開，什麼也不要看重[202]。每人應善盡本份；如果院長不感激她所做的，她能夠確定，上主必會加以賞報並感謝。是的，我們來此不是為尋求今生的獎賞。讓思想總是專注於恆久常存的事物，對塵世的事物，什麼也不要看重，雖然這些世物仍在，卻不會永久續存；今天，院長善待某位修女；明天，如果看到妳們更有德行，對待妳們就會更好；就算不是這樣，也沒什麼大不了。不要給這些思想留有餘地，有時候，剛開始時，只有一點點這些想法，後來卻能使妳們非常擾亂不安。反而要以這個念頭斬斷它們：妳們的王國不在今世，萬事萬物，轉眼結束。

❷ 不過，雖然如此，這是粗淺的補救辦法，並不是非常成全。最好是情況持續下去，妳們一直沒有得到善待，又被貶抑，卻為了與妳們同在的上主，樂意接受這一切。把雙眼轉向自己，注視妳們裡面，一如我所說的[203]；妳們會找到妳們的老師，祂不會辜負妳們，相反的，外在的安慰愈少，祂賜予妳們的恩賜愈多。祂非常仁慈，對那些憂苦和不被善待的人，只要他們唯獨信賴祂，祂決不會辜負他們。所以，達味這麼說：上主親近心靈破碎的人[204]。對於這事，或者妳們信，不然就是不信，如果妳們信，為什麼要殺死自己呢[205]？

❸ 我的上主啊！如果我們真的認識祢，我們根本什麼都不會在意，因為，真心願意信賴祢的人，祢的恩賜非常豐厚。朋友們，請相信，了解這是真的，是一件大事，為的是，使

201. 院長：los prelados，請參閱第十四章第三節的註解。
202. 這一節直接接續上一章最後所說的。
203. 見第二十八章第二節。
204. 《聖詠》第三十四篇第十九節。
205. 「殺死自己」是誇張的說法，意指非常難過憂愁。

妳們能看清今世的所有恩惠，若使靈魂有些偏離，不進入自己內，這些恩惠全是謊言。天主啊！請幫助我！誰能使妳們了解這事！的確，決不是我；我知道，我應該比誰都明白這事，但卻沒有透徹理解，如同必須有的認知。

❹ 那麼，重返我所述說的[206]，但願我會加以說明，和我們的伴侶——萬聖之聖——彼此間的神聖友誼，當這靈魂願意進入自己內的樂園，和天主相守，關上門，把世上的一切置之於外，這時，在她和其淨配共處的獨居中，如何不會受到阻礙。我說「願意」，因為要明白，收心祈禱並非超性的事，而是在於我們的願意，賴天主的恩惠，我們能做到的，若沒有天主的恩惠，我們什麼也不能[207]，甚至連一個好思想，我們也不能擁有。因為收心不是官能的靜默；而是把官能關閉在靈魂內。

❺ 靈魂以許多方式在收心祈禱上獲益，如同一些書上所寫的[208]。【那些書敘述心禱，由於我要說的，無非是為了好好祈禱，必須如何修行口禱，也就沒有理由說得這麼多。然而，我所希望的只是，我們要注視且面對著和我們談話的天主，而非以背對祂；我認為在和天主說話的同時，還想著成千的虛榮事物，也就是轉背向祂。所有的損害來自沒有真的了解，祂就在近旁，反而想像祂在遠處。而如果我們到天堂去尋找祂，那是多麼的遠！上主，祢的臉孔是這樣的嗎？當祢這麼靠近我們時，我們就不看著祢嗎？我們說話時，如果沒有看見對方注視著我們，我們不會認為他們在聽我們說話。上主，我們閉上雙眼，是為了不要看祢注視著我們嗎？我們又怎麼知道，祢是否已聽到我們對祢說的話呢？

我想要說明的只是這點：為了養成習慣，易於看守理智，好能明白所說的是什麼及和誰說話，必須收斂外在的感官，進入我們內，我們也要給外感官一些什麼，讓它們有所專注。

206. 她再次談論第二十八章第二、十一至十三節所談主題，本章標題中也有提示。
207. 參閱《若望福音》第十五章第五節。
208. 她或許是參閱Bernardino de Laredo所撰The Ascent of Mount Sion一書。該書由Allison Peers翻譯（London: Faber and Faber, Ltd., 1950）。

就這樣，在我們內有了天堂，因為天堂的主人就在那裡。】

所以，我們必須放開一切，為能達到在我們內的天主，雖然處身於繁務中，我們要退隱返回己內。即使只有片刻時間，讓我想起在我內，我有個伴侶，這是極有益處的。總之，我們要習以為常，欣喜於無需提高聲量來和祂說話，因為至尊陛下會讓我們感受到祂就在這裡。

❻ 就這樣，我們能非常平靜地以口禱的方式祈禱，也會除去困難。因為用一點點的時間，我們勉強自己親近這位上主，透過這些記號，祂會了解我們，就像這樣，如果我們要唸許多遍〈天主經〉，只唸一遍，祂就清楚明白我們了。祂非常樂意除去我們的困難。雖然在一個小時內，我們只不過唸一遍〈天主經〉，我們卻知道，我們是和祂在一起的，也明白，我們向祂祈求什麼，及祂多麼樂意賜給我們、多麼熱烈切望和我們在一起。為此，祂並不贊許我們打破頭，對祂說一大堆的話。【所以，修女們，為了愛上主，妳們要習慣以這樣的收心，來祈禱誦唸〈天主經〉，不久妳們就會看到它的好處。因為這個祈禱方法，靈魂可以這麼快就養成習慣，而不致迷失，感官也不會激動浮躁，時間會向妳們證實這事的。我只請求妳們試試看這方法，雖然妳們可能會有些辛勞；凡事尚未養成習慣前，都是如此。不過，我可以向妳們保證，不久，妳們就會得到很大的安慰，因為獲知：妳們無需勞累地尋找這位聖父——亦即妳們祈求的對象——在哪裡，妳們會在自己內找到祂。】

❼ 妳們中還不懂這樣收心的人，但願天主教導妳們這事，我老實對妳們說，直到上主教導我這方法以後，我才了解愉悅滿足的祈禱是怎麼回事。從這個內在收心的習慣中，我總是獲得這麼多的益處，也因此，我這麼地長篇大論。

我達到此一結論，凡希望獲得這種祈禱的人——因為，如我所說，這是我們能力所及的——對於我所說的[209]，要不厭其煩地養成習慣，也就是逐步漸進的自我控制，也不再徒然勞碌；為了他的益處克勝自己，即是為了內在的生命，使用感官。如果他在說話，要努力記得在自己內是和誰在說話。如果是在聆聽，則要記得，所聆聽的這位比誰都靠近他。總之，務必記得，假若他願意，就絕不能離開這麼好的伴侶；他要感到難過，因為許多時候讓他的父獨處，而他是那麼地需要祂。如果可能，一天中要多次收斂心神，如果辦不到，就次數少些。一旦養成習慣，遲早會體驗到其中的益處。等上主恩賜這樣的收心之後，什麼寶物也無法與之交換。

❽ 然而，無論學什麼，總是得下點工夫，修女們，為了天主的愛，妳們要認為，認真地付出時間於此收心，是很好的修行。我知道，賴天主的助祐，如果妳們這麼做，一年或可能半年之內，妳們就能學有所成。請看，用這麼少的時間，卻得到這麼大的收獲，如同奠定很好的基礎，倘若上主想要提拔妳們達到高超的事物，祂會發現妳們已準備妥當，而且很靠近祂。但願至尊陛下保祐，不許我們讓自己避開祂的臨在。阿們。【或許這些妳們全都知道了，但也可能有些人不懂；所以，對這裡所說的，請妳們不要感到不悅。現在讓我們一起尋求明白：我們的好老師如何繼續，如何為了我們開始祈求祂的聖父，及祂祈求什麼，我們了解這些是很好的。】

209. 即本書第二十八章第七節。

第三十章

述說了解祈禱時求些什麼，是很重要的。談論〈天主經〉中的這句話：「願祢的名被尊為聖，願祢的國來臨」，將之應用於寧靜的祈禱，並開始說明此種祈禱。

❶是否有什麼人，無論他如何愚妄，當他要向某個大人物請求時，怎會不細想要怎麼求，為討那人的歡心，不要使他不快呢？又怎會不想必須求的是什麼，及為什麼需要求他給予呢？尤其當所求的是很卓越的東西，如同我們的好耶穌教導我們祈求的。我認為應該注意這事：我的上主，祢豈不能以以一句話總結，說：「天父，請賜予適合我們的事物」嗎？對凡事都如此清楚的這一位，好似不需要多說什麼。

❷永恆的智慧啊！在祢和祢的父之間，這就夠了。在山園中，祢的祈禱就是這樣；祢顯露祢的意願和恐懼，但卻將之交於父，順服祂的旨意[210]。然而，我的上主，祢認識我們，我們並不像祢那樣的順服，聽從祢天父的旨意，祢知道祢必須提出這些明確的要求，好使我們想想看，我們所求的是否真的對我們有好處，如果沒有，我們就不要求。因為，像我們這樣的人，如果沒有賜予我們所祈求的，由於有自由意志，我們恐怕連上主給的也不接受；因為，雖然祂所給的更好，由於沒有立即看見手中的錢，我們絕不認為看見富有。

❸天主啊！幫助我吧！這麼昏沉不醒的信德，辨識不出求這或求那，我們完全不知道自己確定受罰，或確定受賞。為此，女兒們，了解妳們誦唸〈天主經〉所求為何，這是很好的，如此，如果永恆的天父賜予妳們所求的，妳們不會當面退還。妳們要好好地想想，是否

210.《瑪竇福音》第二十六章第三十九節。

所求的對妳們有益，如果是無益的，妳們就不要這樣求，而要祈求至尊陛下賜給妳們光明。因為我們瞎了眼，厭惡而不能吃會給妳們生命的食物，卻要吃帶給妳們死亡的食物。多麼危險，又多麼永遠的死亡啊！

❹ 所以，好耶穌說，我們可以誦唸這些禱詞，祈求這樣的王國臨於我們：「願祢的名被尊為聖，願祢的國來臨[211]」。

女兒們，現在請注意，我們老師的智慧多麼崇偉。在此我深思細想，在這個國裡，我們祈求的是什麼，明瞭這點則是很好。然而，正如至尊陛下看到的，由於我們能力的渺小，無法相稱地崇敬、讚美、稱頌、榮耀永恆天父的聖名，除非至尊陛下為我們做好準備，在今世就賜給我們祂的國，祂這麼做是有道理的。所以，好耶穌把這兩個祈求緊靠一起。女兒們，因為我們要明瞭這是我們所祈求的，以及我們持續不斷祈求的重要性，並且盡我們所能地，取悅賜予恩惠者。我願在此告訴妳們我所明白的事。如果妳們不覺滿意，則可存念其他的默想，這是老師給我們的許可，只要我們能在一切事上都遵循教會[212]的教導，而我【一直都】是如此。【而除非經博學者過目，甚至連這些我也不許妳們看。至少，如果我所寫的不準確，並非出自惡意，而是由於知識淺薄。】

❺ 那麼，現在我認為，在天國裡，最大及許多的福分，是已經不再看重塵世的事物，而是在我們內有一種寧靜和光榮，歡欣於萬有皆歡欣。在我們內有一種永恆的平安，一種很大的滿足，因為看見萬有都崇敬、讚頌上主，讚美祂的聖名，沒有人冒犯祂。萬有都愛祂，而靈魂除了愛祂，什麼都不想，也不能停止愛祂，因為靈魂認識祂。像這樣，我們在今世愛祂，雖然不是這樣完美，也不持久。然而，如果我們認識祂，我們愛祂的方式會很不一樣。

211. 《瑪竇福音》第六章第九至十節。
212. 修正過的托利多（Toledo）手稿中，德蘭更明確的寫道：「……神聖羅馬教會。」

❻好像我要說的是，為了做此祈求，並唸好口禱，我們必須成為天使。我們的神性老師真的希望這樣，所以祂要我們做這麼崇高的祈求，而非常確定的是，祂不會要我們祈求不可能的東西；這是可能的，賴天主的恩惠，是居此流放之地的靈魂能獲致的，雖然並非完美，如同已經離開監獄的靈魂，因為我們仍在海上航行，處在路途上。不過，有些時刻，因行路而疲憊時，上主來靜息官能，使靈魂寧靜；好似透過一些記號，讓我們清楚了悟，獲知上主帶領進入天國者，祂所賜予的是什麼。那些在今世就已獲得我們所祈求的人，祂給予信物做為擔保，使他們懷有大希望，將永遠享受在今世只嚐到一小口的福樂。

❼如果妳們不講我談的是默觀，在此，這個祈求正好能談一點初步的純默觀，有經驗的人稱之為寧靜的祈禱。不過，如我所說，我談論的是口禱，凡不懂的人，會以為口禱和默觀各行其道，而我知道，兩者是走在一起的。請原諒我，我想要說的是，因為我知道有許多人誦唸口禱時——如我已說過的[213]——被天主提拔，達到崇高的默觀，他們卻不知道是怎麼回事。【女兒們，因此我這麼地主張，妳們要好好修行口禱。】我認得一個人[214]，她除了口禱之外，總不能做別的祈禱，雖然她只唸口禱，卻能得到所有的體驗。如果不誦唸口禱，她的心思就會放蕩不羈，到自己都受不了的地步。但願我們的心禱也能這麼好！她用幾個小時誦唸一定數目的〈天主經〉，以紀念上主為我們多次傾流鮮血，此外，她也誦唸一點其他的口禱。有一次，她很痛苦地來找我，因為她既不會心禱，也不會默觀，只會唸口禱。我詢問她怎樣祈禱；而我明白了，雖然只唸〈天主經〉，她已有了純默觀，而上主舉揚她，在結合中與她共融。從她的行事作為，可以看得出來，她領受了這麼大的恩惠，因為她過著非常良好的生活。所以，我讚美上主，也羨慕她的口禱。

213. 見第二十五章第一節。
214. 於第一抄本中，她更明確指出：這是位年長的修女。

如果這事是真實的——也真是這樣——如果妳們按照應有的態度誦唸口禱，又懷有純淨的良心，妳們中不善於默觀的人，不要認定自己不會成為默觀者。【所以我會再次談論此點。不想聽的人，可以略過。】

第三十一章

繼續談論相同的主題，說明何謂寧靜祈禱，提出一些勸告給有此祈禱經驗的人，宜多加留意。

❶ 那麼，女兒們，我還想說明這個寧靜祈禱——由於我曾聽人談論過，或者說上主願意使我了解，或許是為了能告訴妳們【我們努力使別人讚美祂；雖然我已在別處寫過這事，如我所說，我就不在此多談，只是稍加說明】——在這寧靜祈禱中，如我說過的[215]，上主似乎開始顯示祂聽見我們的祈求，開始在這世上，將祂的國賜給我們，好讓我們真能讚美、崇敬祂的聖名，並努力使眾人也同樣讚美和崇敬。

❷ 這個寧靜祈禱已是超性之事，並非靠自己勤奮努力能獲得的。因為靈魂置身於平安中，或上主把靈魂放在祂的面前，更好說是，如同祂對待義人西默盎一般[216]，因為所有的官能都已靜息。透過一種遠非外感官能了解的方式，靈魂領悟出來，他已經很靠近他的天主，並且不消幾下子，就會達到與祂結合。這並非因為用肉體或靈魂的眼睛看見的。義人西默盎

215. 見第三十章第六節。
216. 參閱《路加福音》第二章第二十一至三十二節。

看見的榮耀聖嬰，無非是個貧窮的嬰兒；根據嬰孩的襁褓及隨行之人寥寥無幾，西默盎能夠斷定祂是窮人之子，而非天父的聖子；然而，嬰孩親自讓西默盎明白。像這樣，處於寧靜祈禱中的靈魂是如此理解的，雖然沒有這麼明晰；因為靈魂甚至不懂自己是怎麼懂得的。但是，他自知在天主的國內，至少靠近那位會將天國賞給他的君王；靈魂彷彿滿懷順服，甚至不敢祈求什麼。這好似一種內在和外在的昏迷；因為外在之人（我是說身體，因為這麼說妳們會比較了解我。【有些頭腦簡單的人可能不知道什麼是「內在」和「外在」。】）動也不想動。反而像即將抵達路途終點的人一樣，他想要休息，好能再繼續上路；這裡的休息使他上路的力量倍增。

❸ 在身體上，他感受至極的愉悅，靈魂感到很大的滿足。光只是看到靠近水泉，就如此滿足，即使還沒喝，就已飽足。他不認為還有更多要渴望的。官能靜息，動也不想動，所有一切彷彿都阻礙他去愛。雖然如此，官能並非這樣的失去作用；因為它們能意會所靠近的是誰，另兩個官能[217]是自由的。意志在此已著了迷，在這樣的光景中，如果會有什麼遺憾的話，那是因為明白必會再有自由。理智不想了解比這還多的事，記憶也不願占有更多什麼。在此，他們明白，只有一件事是必須的，其餘的一切都會擾亂他們。他們不願身體搖動，因為他們以為動一動就會失去那平安，因而連動也不敢動。說話使他們痛苦；才唸一遍〈天主經〉，一個小時就過去了。他們這麼地靠近，看到自己的理解是透過記號來的。他們已在王宮內，臨近君王，他們看出來，就在這裡，祂已經開始將祂的國賜給他們。他們不覺得自己還在這個世界上，除了天主，他們既不想看、也不想聽。沒有什麼讓他們痛苦，也看不出有什麼會使之受苦。總之，當這祈禱持續下去，他們在自己內擁有滿足和愉悅，這麼地沉醉和

217. 譯按：理智和記憶。

入神，記不得想多要什麼，而是熱切地渴望和聖伯多祿一起說：「主啊！讓我們在這裡張搭三個帳棚[218]。」

❹ 有時在這寧靜祈禱中，上主會賜予另一恩惠，如果沒有很多經驗，這是很難理解的。可是如果妳們有些經驗，若蒙恩賜，立刻就會明瞭；而知道這是什麼，會帶給妳們很大的安慰，而我相信，天主多次把這個和另一個恩惠一同賜下。當這個祈禱很深入時，長久的時間處在寧靜中，我認為，若不是意志專注於什麼，要停留在那樣的平安中這麼久，是做不到的。因為可能會有一兩天，我們生活在這個滿足中，卻又不了解——我是說那些有這樣經驗的人——而他們真實地看到，自己並沒有完全專注於所做的工作，那最好的部分，亦即意志，已不在了。我認為，意志此時已和它的天主結合，而讓其他的官能[219]自由，靈巧地投入服事祂的工作。為此，它們那時反而有更好的能力；但若是處理世俗事物，這些官能卻是愚蠢的，有時就好像是如醉如痴一般。

❺ 凡獲得上主此一賜予的人，是很大的恩惠，因為他的活動和默觀生活已結合在一起。那時所有的官能都一起服事上主；因為意志專注於其工作卻不知是什麼工作，也專注於默觀；另兩種官能則忙於曼德的服事。就這樣，曼德和瑪麗結合在一起。

我認識的一個人[220]，上主時常讓她處在這樣的情境，她無法理解，於是去向一位大默觀者請教此事。他說，這是非常可能的，這樣的經驗也發生於他[221]。因此我認為，靈魂如此地滿足於此寧靜祈禱，使得意志這官能更持續地和天主結合，而唯一能滿足意志的即是天主。

❻ 修女們，我想，在此給妳們中的幾位一些勸告，該是合宜的，只因上主的良善寬仁，祂帶領她們達到此一境地，我知道妳們中有幾位是這樣的人。

218. 《瑪竇福音》第十七章第四節。
219. 其他的官能：指理智和記憶。
220. 指的是聖女大德蘭自己。
221. 依據她在托利多（Toledo）手稿中所加註釋，她求教的這位大默觀者是耶穌會的聖方濟．博日亞（St. Francis Borgia, S. J.）。

第一：由於看見自己處於那樣的滿足中，卻不知滿足是怎麼來的，至少她們明白，這是不能靠自己獲得的。她們會有這個誘惑：認為她們可以留住這個滿足，她們甚至連呼吸一下也不敢。這是很愚蠢的事，就像我們不能做什麼使太陽升起，也留不住日落。這已不是我們的工作，是超性的，非常超越我們憑己力能獲得的事。更能留住這恩惠的是，清楚地明白，我們既不能除去，也不能擺置這恩惠；我們只能滿懷感恩，自認極不堪當地領受這恩惠；無需許多的話語，只要像那稅吏一樣[222]，舉目仰視。

❼此時力求更多的獨處則是很好，為的是給上主空間，並讓至尊陛下隨意行事，如同對待屬於祂的事物；頂多，時而說句溫柔的話，就像燭火快熄滅時，有人向蠟燭吹一口氣，使之再燃燒起來。然而，如果蠟燭正燃燒著，若向蠟燭吹氣，我認為，無非是將它吹滅。我說，這個吹氣是輕柔的，因為使用理智整理出許多的話語，會導致意志無法專注。

❽朋友們，請多注意我現在要說的這個勸告，因為妳們常會看到，妳們無法克服其他的兩個官能[223]。有時靈魂正處於至極的寧靜中，而理智卻如此遠走高飛，不像留守在那個處於寧靜的家中；這樣，那時理智覺得並非在自己的家裡，反而像在別人家做客，並且尋找其他的住處，理智不滿足於所在之處，因為它幾乎不知道如何保持平靜。或許只有我的理智是這樣，別人卻不一定如此。我是說我自己，由於挽回不了理智的紛亂，有時我巴不得死掉。另有時，理智好似安居家中，陪伴意志，當三官能全都一致時，那是一種至極的福樂。這就好像一對夫妻，如果彼此相愛，會互相喜歡對方所喜愛的；然而，如果先生對婚姻不滿意，就會很容易看出來他給妻子造成的不安。因此，當意志覺察處於這個寧靜中時【要多加注意這個勸言，因為很重要】，就不要留意理智，只拿理智當個瘋子。因為如果意志想要和理智

222. 《路加福音》第十八章第十三節；事實上，那段經文是「……那個稅吏…連舉目望天都不敢。」不過，我們可以理解為心靈的仰視天主。
223. 其他的兩個官能就是理智與記憶。見第三節。只有意志處於寧靜的狀態。「如此遠走高飛」的理智包括想像。托利多手稿中，在「理智」這字句的上端，德蘭寫下「或想像」。隨後，當談論到看待理智有如瘋子時，她在托利多手稿「理智」上方寫道「或是心智或想像，因為我不知道那是什麼。」而在托利多手稿的第十節，「折磨意志的是理智」，她再次加上「或想像」。

同在，必會迫使意志遭受一些侵佔和干擾。處於這樣的祈禱時刻，無論做什麼全是徒勞而無益的，只會喪失上主所賜予的，而這賜予毫無他的辛勞。

❾ 請多加留意這個比喻，【因為是上主在我祈禱時，放進我腦海中的】，我覺得非常貼切：靈魂就像個小嬰兒，仍在母親的懷裡餵奶，不等乳兒張口動舌，母親早已將奶放進嬰兒口中，使他歡喜。在此亦然：理智沒有做什麼，意志已經在愛；上主願意的是，不用想什麼，就能了解意志是和祂在一起的，這無非是吸吮至尊陛下放入它口中的奶水，享受那份柔美甘甜。因為意志知道賜下恩惠的是上主，歡享這份享受。然而，意志卻不想明白它是怎麼享受的，或它享受的是什麼；反而在那時忘卻自己，因為就在身旁的祂，不會疏於看顧那對意志最適宜的。因為如果意志去和理智爭鬥，為了讓理智也分享，而吸引理智來相隨，那根本辦不到；反而迫使口中的奶水流失，喪失那神性的食物。

❿ 這就是寧靜祈禱不同於靈魂完全和天主結合之處：因為完全結合時，甚至連吞嚥食物也不必，不知其所以然，上主已將食物放入它內。寧靜祈禱時，似乎還需要一點點的努力，雖然是這麼地安靜，幾乎覺察不出。【凡有此經驗的人，要是他們讀了之後，仔細地加以深思，會清楚明白我所說的；而且，要注意！這是很重要的！如果沒有經驗，就會以為我胡扯。】折磨意志的是理智；當三官能全都合一時，就不會如此，因為它們的創造主使之休止。因為，由於所賜予的歡愉，祂使三官能全被占有，既不知其所以然，也無法理解。

這樣，如我說的，靈魂在己內覺察這個祈禱，這是意志上寧靜又深入的一種滿足，卻無法清楚地確定那是什麼，雖然靈魂非常確定，這和世上的那些滿足極其不同，而掌有世上所有的滿足（contentos），仍不足以使靈魂在其內感受到那份滿意（satisfacción），此乃存在於意志之內——生命中其他的滿足，我則認為是意志之外享受的，我們說，有如意志的表層——……而當意志看到處在這麼崇高的祈禱境地中（這祈禱，如我曾說過[224]，非常明顯是超性的），如果理智——或說思想（pensamiento），為使我較容易說明——投入世俗裡許多的蠢事，意志會嘲笑理智，視之為傻瓜，意志還是存留在寧靜中，而理智則是來來去去。在這裡，意志是統治者，也是掌權者，意志吸引著理智，卻不打擾妳們。如果意志要使用強力拖回理智，那用以對抗理智的力量就會喪失，這個力量係來自吃和吸收那神性的食糧；無論是意志或理智什麼收獲也沒有，兩者都有所損失。人們說：凡貪多不放的人，盡失一切，我認為這裡的情況正是這樣。

經驗有助於了解此事，所以如果沒有這經驗的人，認為我所說的一切非常隱晦、沒有必要，我並不會感到驚奇。然而我已說過[225]，只要稍有經驗就能明瞭，也能從中獲益，並且會讚美上主，因為上主願意我在此解說。

⓫ 那麼，現在我們的結論是：對於被安置在此祈禱中的靈魂而言，好似永恆天父已經垂允他的祈求，在今世就已賜給他天國。啊！幸福的請求！不明究底，我們求了這麼美好的恩惠！好幸福的祈求方式！為此，修女們，我期盼我們留意如何誦唸〈天主經〉，及其他所有的口禱。因為當天主賜予這恩惠，我們就不會在意世上的事物；當世界之主來到時，祂會拋掉其餘的一切。我不是說，凡是有此祈禱經驗的人，都必定完全超脫世俗。至少，我希望他們知道有什麼缺乏，而能謙虛自持，力求超脫一切；如果不是這樣，他們會停留在這裡。凡蒙天主賜予這樣信物的靈魂，就表示天主還要多賜恩惠；如果不是由於靈魂的過失，他將會突飛猛進。不過，如果上主看到，將天國賜予靈魂的內室之後，他卻轉向塵世，上主不只

224. 見第六節。
225. 見第四節。

不會把天國的祕密顯示給靈魂，而且賜恩的次數會很少，時間也很短促。

⓬ 在這事上，我也有可能錯誤，然而，我細察且知道事實是這樣發生的，我認為，為此之故，才會沒有許多更有靈修的人。因為，若沒有以相稱這麼大恩惠的服事來回應，也沒有準備好再次領受恩惠，反而從上主手中取回他們的意志——這是上主早已視為己有的意志——並且用之於卑賤的事物，上主就會去尋找那些愛祂的人，賜給他們更多恩惠。雖然如此，當人以潔淨的良心生活時，祂不會將所給予的全部拿走。

然而有些人，我也是其中之一，天主感動他們，賜給他們神聖的靈感，及徹悟一切的光照，總而言之，就是賞給他們這個國度，把他們安置在這個寧靜祈禱中，他們卻做聾子。因為他們那麼愛說話，愛很快地唸許多口禱，像那想要把工作快快做完的人，因為他們有責任每天唸這些口禱，如我說的，即使上主把祂的國放在他們手中，他們也不會接受。由於唸口禱，他們認為所做的是更好的，卻使自己離開了寧靜祈禱。

⓭ 修女們，妳們不要這樣；當上主賜給妳們這恩惠時，要特別留意。要想妳們失去的是個很大的寶物，有時妳們唸一句〈天主經〉，比匆忙地唸好多遍全部經文做得更多。妳們已經很靠近所祈求的這位，祂不會不俯聽妳們。要相信，這才真是讚美和顯揚祂的聖名。因為，就像祂家中的成員，妳們要懷有更多的愛情和渴望榮耀上主，讚美祂；好似妳們不能不服事祂。【在這事上，我勸告妳們，要很認真留意，因為極為重要。】

第三十二章

談論〈天主經〉中「願祢的旨意承行於地，如在天上一樣」的這句禱詞；凡以完全的決心誦唸這句經文的人，他已經做了許多，上主會給他多麼好的賞報。

❶ 既然我們的好老師已經求了，也教導我們祈求這麼高價的東西，其中包括所有我們能在今世想望的一切，祂還給了我們這麼大的恩惠，使我們成為祂的兄弟，讓我們明白：祂希望我們獻給祂父親的是什麼，祂為我們獻給父什麼，而祂向我們要求的又是什麼；擁有這麼大的恩惠，我們服事祂是理所當然的。好耶穌啊！由於祢為我們的付出，而向我們所做的要求，真的不少！然而，比起這麼偉大的上主，及我們對祂的虧負，就什麼也不算了。不過，確實的，我的上主，當我們給出所有能給的一切時，祢一定不會讓我們空無所有；我是說，如果我們按照所說的全都給出來。

❷「願祢的旨意承行於地，如在天上一樣！」

我們的好老師，祢的這個祈求求得真好，使我們完成祢為我們而給出來的。因為，確實的，上主，如果祢不這樣求，我認為這是不可能的。然而，當祢的父親應允祢的祈求，在今世賜給我們祂的國，我知道，藉著祢為我們而給予的，我們要使祢的話成真；因為當塵世成為天堂，就有可能使祢的旨意成就在我身上。若不是這樣，像我這麼卑劣、又這麼沒有果實的塵土，上主，我不知道，這是怎麼可能的。祢所獻出的，確是一件大事。

❸ 當我想到這事，對那些不敢向上主祈求患難的人，我會覺得好笑，因為他們以為這

麼一求，他們立刻會受到磨難。我不是說那些由於謙虛，想自己無法承受而不敢這麼求的人；雖然如此，我認為，給予他們「愛」的那位（譯按，意指上主），使他們祈求這麼嚴厲的方式，以表達他們的愛，祂也會賜予他們承受艱辛的能力。我想要詢問，那些很怕祈求患難，免得磨難立即臨身的人：當他們祈求上主在他們身上實現祂的旨意時，究竟是什麼意思呢？也許他們這麼說，只是跟著眾人唸經，而不是為了要實行祂的旨意。修女們，這麼做是不好的。請看，好耶穌在此彷彿是我們的大使，祂願意做為我們和祂父親間的調停者，祂所付出的並非小小的代價。如果我們不落實祂為我們所奉獻的，那是不對的；否則我們就不該這麼說。

❹現在，我想換個方式來說。女兒們，請看，不論我們喜歡與否，祂的旨意必定會實現，會奉行在天上，也在地上。請相信我，接納我的想法，使之成為必備的德行。我的上主啊！對我而言，這是個多麼大的欣慰！因為祢不要如我這般卑劣的意志，取決祢的旨意能否實現。願祢永受讚美，願萬有都稱頌祢！願祢的聖名永遠受顯揚！上主，如果祢的旨意奉行與否，係取決於我，那我必須很好才行！現在，我自由地獻給祢我的意志，雖然有時我還仍免不了自我中心；因為我已經證實，也對此大有經驗，自由地把我的意志交付給祢，會有怎樣的收獲。啊！朋友們！在此會有多麼大的收獲！而當我們不去實踐誦唸〈天主經〉時向上主說的，又是多麼大的損失！

❺在我告訴妳們所收獲的是什麼之前，我要對妳們說明，妳們要獻出的是很多的，免得後來妳們說被騙，又說妳們不懂。我們不要像有些修道人，除了許諾，什麼也不做；當我們無法兌現時，就用這個藉口說，不明白自己所做的承諾為何。事情能夠是這樣的，因為

說放棄我們的意志，順服於他人的意志，聽來非常容易，直到從經驗得到證實，我們就會了解：如果要做到所該做到的，這能夠是最艱難的事。然而，由於長上看到我們是軟弱的，在帶領我們時，並非總是那麼嚴格；有時，他們用同一方法帶領弱者和強者。這裡就不是這樣，上主知道每個人能忍受的是什麼。對那看來堅強的人，祂不會遲延在他身上成就祂的旨意。

【(226)不要像有些修女，除了許諾，什麼都不做；由於完全不守許諾，她們說，當她們發願時，她們不懂所許諾的是什麼。我也相信這樣，因為說時容易，做時難。而如果她們以為說了就等於做了，她們的確是不了解。要讓那些將在這所會院發願的人了解這事，經由長時期的考驗，不要以為她們的生活只是話語，沒有實際的行動。所以，我要妳們明白，妳們交往的那位是誰，如人們說的，好耶穌經由妳們獻給天父的是什麼，當妳們祈禱，希望祂的旨意在妳們身上實現時，妳們給了什麼，妳們給的不是別的。】

❻那麼，我願意勸告並提醒妳們，祂的旨意是什麼。妳們不要怕，這表示祂會給妳們財富、歡樂、榮譽、或所有這些世物。祂對妳們的愛不是那麼少的，祂重視妳們給祂的奉獻，祂要好好的回報妳們，所以，祂在妳們還活著時，已將祂的國賜給妳們。妳們想看看祂如何對待真心對祂說這些話的人嗎？問問祂的光榮聖子，當祂在山園中祈禱時，就是這樣說的(227)。那些話是以堅定的決心，及完全的甘心情願說出的，請看，經由給予祂的磨難與痛苦、凌辱與迫害，直到祂的生命告終，死在十字架上，天主的旨意是否完全應驗於祂？

❼那麼，女兒們，看看這裡，祂給了祂的至愛者什麼，從而明瞭什麼是祂的旨意。像這樣，這些就是在今世祂給予的禮物。祂的給予，根據祂對我們所懷的愛：祂愛得較多的

226. 這是第一抄本中的同一段落。
227. 《瑪竇福音》第二十六章第三十九節。

人，給的這些恩賜也較多；愛得少的，恩賜也少。祂所根據的是，祂在每個人身上看見的勇氣，及這人對至尊陛下的愛。那愛祂很多的人，祂看得出來，也能為祂受很多苦；愛得少的，能受的苦也少。我認為，我們能負荷的十字架，其大或小取決於我們的愛。因此，修女們，如果妳們愛祂，當妳們和這麼偉大的上主說話時，努力不要只說恭維的話，而要堅強有力地承受至尊陛下要妳們忍受的。因為，如果不是這樣，當妳們要給出意志時，就如向人秀出珠寶，表示要送人，又請求人收下，可是，當對方伸手過來拿時，妳們卻把手縮回，緊緊握住珠寶。

❽ 祂已為我們忍受太多的嘲弄，實在不該再這麼愚弄祂。即使沒有別的理由，我們這麼多次愚弄祂是不對的，因為我們唸〈天主經〉的次數不少。讓我們一次而完全地把珠寶給祂，這是先前這麼多次要給祂的。其實，早在我們給祂之前，祂已將之賜給我們了。【天主啊！幫助我吧！這是多麼的明顯，我的好耶穌認識我們！因為祂沒有一開始就說，要我們把意志交給上主，而是等到我們由於些微的服事，受到很好的回報之後，從中可以了解上主願意我們因此獲益無數。而即使尚在此世，祂已開始酬報我們，就像我現在要說的……】世人若真有決心奉行祂的旨意，他們能成就相當多的事。女兒們，我們的說話和行動，言語和工作，使我們真的看來是修道人。不過，有的時候，我們不只交出珠寶，還把珠寶放在祂的手中，卻又把它取回。我們很容易給出，隨後又吝嗇起來，如果我們慢一點給，多少會有更好的效果。

❾ 因為我在這本書中勸告妳們的一切，總是朝向把我們全獻給造物主，把自己的意志交給祂，並超脫受造物，妳們也已經清楚這樣做的重要性，我就不再多說；然而我要解說，

何以我們的好老師要把前述的話放在這裡，因為祂非常清楚，奉行對祂永恆天父的這個服事，我們的獲益是如何之多。由於我們準備著，要非常快速地走完路途，並從所提過的水泉喝到活水[228]。因為沒有把我們的意志全交給上主，使祂能在一切屬於我們的事上，都合乎祂的旨意而行，我們就絕不許喝到那水。此即完美的默觀，也是妳們要我寫的。

❿ 在此默觀中，如我已寫過的[229]，在我們這方面，什麼也不必做，既不必勞苦工作，也不必交涉談判，也不需要更多的什麼，因為所有其餘的都會阻礙、干擾我們說「*fiat voluntas tua*」（爾旨承行）：上主，願祢的旨意以祢、我的上主，所願意的任何方法和方式實現在我身上。如果祢要的是磨難，請賜我堅強有力，並使磨難來臨；若是迫害、疾病、羞辱、窮困，我在這裡，我的父親，我絕不會轉面而去。轉身背對祢，也是不對的。那麼，祢的聖子既以眾人的名義，把我的意志給了祢，我沒有理由不在其中。不過，請賜我祢的恩惠，給我祢的國，使我能奉行祢的旨意，由於祂已為我祈求了，請處置我，一如對待祢之所有，全隨祢的旨意。

⓫ 啊！我的修女們！這個恩賜多麼有力！如果懷著必須有的決心，這無異於吸引全能者和卑賤的我們合一，轉化我們成為祂，使造物主與受造者結合。瞧！妳們是否有好的賞報，好的老師！由於祂知道怎樣獲得祂父親的旨意，祂教導我們要如何，並用什麼方法去服事祂。

⓬ 同時，我們的作為愈流露出並非恭維的話語，上主愈會把我們帶到近旁，高舉靈魂超越一切世物和他自己，使之能領受大恩惠，因為對這樣的服事，祂絕不會不在今世給予酬報。祂如此看重此事，我們不知要如何為自己祈求，而至尊陛下從來都不會倦於給予。因

228. 見第十九章。
229. 見第二十九章第四節。

為，祂並不滿足於靈魂只經由結合，和祂合一而已，祂會開始和靈魂同樂，透露祂的祕密，欣喜於靈魂明瞭自己的收獲，也獲知祂給予靈魂的。祂使外在的官能喪失，是為了不讓任何事物占有靈魂。這就是出神（*arrobamiento*／rapture）。祂開始以這麼親密的友誼和靈魂交往，不僅將靈魂的意志還給靈魂，也把自己的意志交給靈魂。因為在這麼親密交往的友誼中，有時上主欣悅於讓靈魂出命令，如同人們說的，由祂來完成靈魂的請求，如同靈魂奉行上主的命令一般，而上主所做的更好，因為祂大有權能，想做什麼都行，祂的想望都會實現。

⓭ 可憐的靈魂，儘管想望，卻無法實現所想的，若非得蒙恩賜，什麼也做不來。這就是他的大寶藏：服事愈多，負債也愈多。他往往感到難過，看到自己受制於這麼多的困難、阻礙和束縛，係因他處在身體的囚牢中，而他很想稍稍償還所欠的債。憂心難過則是相當傻的；因為，雖然人竭盡全力去做，我們能回報的是什麼呢？如我說的，如果沒有所領受的，我們什麼也不能給！我們只能認識自我，並做所能做的，亦即給出我們的意志，完完全全地給出。凡蒙上主帶領到這裡來的靈魂[230]，其餘的一切都會阻礙、傷害她，並且毫無益處，因為只有謙虛能有些用處，但並非從理智獲得的謙虛，而是來自一個清晰的真理，此乃片刻之間的了悟，而非想像用長時間的辛勞能獲得的；這真理就是，我們是多麼一無所有，天主又是多麼無所不有。

⓮ 我要給妳們一個勸告：不要以為靠自己的力量或努力，就能達到此境界，這是白費氣力的。相反的，如果妳們勉力為之，反而會使熱心冷卻。妳們要懷著單純和謙虛——這樣會獲得一切——說：願祢的旨意奉行。

230. 就是說，進入這隱院的修女。

第三十三章

談論我們極需上主賜給我們在〈天主經〉中所求的這句話：願我們的日用糧，求祢今天賞給我們。

❶ 那麼，如我所說[231]，好耶穌明白，祂為我們獻出的，是多麼困難的事，祂深知我們的軟弱，我們常常表示，不知道上主的旨意是什麼。我們是軟弱的，而祂是那麼仁慈，祂知道需要有方法。因為祂了解，如果我們沒有給出祂所給的，我們將無從獲益；因為我們的收獲，全都取決於此。然而，祂看得出來，奉行天父的旨意很是困難，就像我們告訴生活享受又富有的人，說這是天主的旨意，他應當節制飲食，使其他的人至少有麵包可吃，那些人都快餓死了，除非這麼做吻合他的自私目的，他會提出一千個理由說他不懂。再者，如果告訴愛背後議論是非的人，說天主的旨意是要愛鄰人如愛自己，他會很不耐煩，也不會有足夠的理由讓他了解。那麼，若告訴一位已經習慣於自由和舒適的會士，說他有責任樹立善表，也要留意，當他說出（經文中的）這些話時，所說的不只是話語，也要付諸行動。因為他已發誓並許諾，這就是天主的旨意，他要信守誓願；他也要留意，如果立下惡表，就是非常違背誓言，雖然不是完全毀約；因為他已發願守神貧，守願時就不可拐彎抹角，而這正是上主所願意的。即使現在，有些人願意這麼做，也沒有補救的良方；如果上主沒有提供祂給的良方，真的不知道會怎樣；能做到祂為我們向天父祈求的：「願祢的旨意奉行」的人，必然只有少數。

231. 見前一章。

所以，好耶穌看到了這個需求，祂尋求一個極好的方法，藉此顯示祂對我們的至愛[232]；祂以自己的名，也以祂弟兄的名，做此祈求：「上主，求祢今天賞給我們日用的食糧」。

修女們，為了天主的愛，要了解我們的好老師在祈求什麼，我們的生命就在於不要急忙略過此事。想想妳們給出的少之又少，而將會獲得的卻如此之多。

❷現在我認為——除非有別的更好看法——好耶穌明白，祂為我們給出的是什麼，我們也同樣地給出是如何重要，若要這麼做，我們的最大困難，如我所說[233]，因為我們老是這個樣子，這麼傾向卑賤的事物，又這麼缺少愛和勇氣。而為了使我們覺醒，我們需要看見祂的愛和勇氣，不只一次，而是天天看到，為此，祂下定決心和我們同在一起。由於是這麼嚴重又這麼重要的事，祂希望來自永恆聖父之手。因為，雖然祂們是一體，而祂也知道，祂在世上所做的一切，天主同樣會行之於天，並讚賞說好，因為祂與父的意願是合一的，好耶穌是這麼的謙虛，祂願意如此地求得許可。因為祂已知道，父愛祂，祂也是父所喜悅的[234]。祂很清楚，在這項祈求中，祂的要求遠超過其餘的祈求，因為祂已知道，人們將致死祂，也知道祂將遭受的欺凌和羞辱。

❸那麼，上主，有什麼父親會這樣呢？祂給了我們祂的兒子，像這樣的兒子，受到如此的惡待，還會同意讓他天天留在我們中受苦嗎？上主！除了祢的父親之外，一定沒有！祢非常了解祢在向誰祈求。

天主啊！幫助我吧！聖子的愛是何等的大愛，聖父的愛又是何等的大愛！至於好耶穌，倒不會令我驚異，因為祂說過：*fiat voluntas tua*（願祢的旨意奉行），祂必須奉行祂所說的，只因祂就是祂。是的，因為祂不像我們！那麼，由於祂知道，祂之奉行旨意，係透過愛

232. 影射建立聖體聖事，參閱《若望福音》第十三章第一節：「在逾越節慶日前，耶穌知道他離此世歸父的時辰已到，他既然愛了世上屬於自己的人，就愛他們到底。」
233. 見第一節。
234.《瑪竇福音》第三章第十七節。

我們如祂自己，所以就四處尋找要怎樣實行得更好，即使是犧牲性命才能實現這命令。可是祢，永恆的聖父，祢怎麼會答應呢？為什麼祢願意看到祢的聖子天天在如此卑劣的人手中？祢既已看見祂在這些人手中，也予以同意，祢已經看到他們如何對待祂。慈悲的祢，怎麼忍心看著祂每天、每天都受凌辱呢？今天對榮福聖體的侮辱又會有多少呢？天父必須看祂在多少敵人的手中！這些異教徒是何等的褻瀆神聖！

❹ 永恆的上主啊！祢怎麼接受這樣的祈求？怎麼要贊同？不要看祂的愛，祂已完美承行祢的旨意，且為了我們而這麼做，換來讓自己天天被撕碎。我的上主，祢要看著這事，因為什麼也阻擋不住祢的聖子。我們的所有好處，為什麼全都以祂作為代價呢？面對眾人時，為什麼祂沈默不語，不會為祂自己辯解，卻只會為我們說話呢？那麼，難道不該有人為這最可愛的羔羊說話嗎？【上主，請允許我說話——是祢願意把祂交在我們的權下——並祈求祢，因為祂是那麼真誠地服事祢，更懷著那麼深的愛，把祂自己給了我們。】

我已注意到，祂如何在這單一的祈求中，重覆這話，因為祂首先說了，並且求父賜給日用食糧，接著再說：「上主，求祢今天賞給我們[235]」。也在祂的父面前這麼表示，彷彿對父說，既然祢一次將祂給我們，為我們而死，現在祂已是我們的，直到世界末日，都不要把祂從我們中帶走；允許祂每天服務。我的女兒們，但願這能感動妳們的心，去愛妳們的淨配，因為沒有奴隸甘心情願說自己是奴隸，而好耶穌似乎以此為榮。

❺ 永恆的聖父啊！這謙虛多麼有價值啊！我們用什麼財寶來買祢的聖子呢？我們已知道，賣祂的價格是三十塊銀錢[236]，但是，若要買祂，什麼價錢都買不起。由於分享我們的人性，祂成為世上我們中的一份子，由於祂的意志是自主的，祂提醒祂的父：既然祂屬於父，

235. 聖女大德蘭引用的拉丁文〈天主經〉，其字面順序是：「賞給我們日用的食糧，今天」（*Panem nostrum quotidianum da nobis hodie*）。

236. 《瑪竇福音》第二十六章第十五節。

父能夠把祂給我們。於是就說：「我們的食糧」。在祂和我們之間，祂沒有做任何區別；但在我們和祂之間，卻有個區別，我們沒有每天為至尊陛下給出自己。

第三十四章

續論相同的主題，極有助於恭領至聖聖體後的時刻。

❶ 在這段禱文中，「日用糧」的這個「日」字，似乎指的是「永遠」。我仔細深思，為什麼上主說了「日用糧」之後，又說「主，今天賜給我們」，也就是說，每天都是我們的；我認為，這是因為在此塵世我們擁有祂，而如果我們獲益於祂的陪伴，【(237) 在寫這些時，我感覺到自己渴望了解，何以上主在說了「日用糧」後，祂又重複說「今天」。我想告訴妳們我的愚蠢想法。若是說愚蠢，那是因為我涉及此事，本身就夠蠢的了。不過，既然我們要了解所求的是什麼，我們得好好地加以深思，如我所說的，為使我們能正確地祈禱，並感謝祂這麼細心地教導我們。】在天上我們也會擁有祂。其實，祂之留下來和我們在一起，無非是要協助我們，鼓舞我們，支持我們完成這個旨意，亦即我們所說的，成就於我們的旨意。

❷ 祂說「今天」，我認為祂所說的是一天，就是直到世界末日，每個今天都只是一天而已。真的是一天！那些會下地獄的不幸者，來世不能享有祂的人，他們若讓自己被（世

237. 第一抄本中，寫得更多。

界[238])征服，就不能怪罪上主，【[239]那些將受罰的不幸者，來世無法享有祂。為了他們的好處，上主已竭盡所能，並在今世的這個「今天」和他們在一起，鼓舞他們。如果他們還是讓自己被征服，這就不是上主的過錯。而為了要得到聖父的准許，祂提醒聖父，就只是一天。】因為祂鼓舞著他們，直到戰爭結束。他們不能怪罪，也不能抱怨天父，說因為在最需要時，聖父將祂帶走。因此，聖子告訴聖父，既然不會超過一天，就讓祂當作奴僕度過這一天。那麼，至尊陛下已給了我們祂的聖子，只因祂聖子的意願，而差遣祂到世上來；現在由於聖子自己的意願，不要拋棄我們，反而在此和我們同在，為的是使祂的朋友得到更大的榮耀，而使祂的敵人難堪。現在祂又一次祈求，不求超過「今天」；因為祂已永遠地將這至聖的食糧給了我們，確實是給了我們。至尊陛下把祂至聖人性的食糧和瑪納——如我所說的——給了我們，使我們在願意時能找到祂，如果不是由於我們的過失，我們是不會餓死的[240]。不論靈魂有多少渴望吃的方式，都會在至聖聖體中得嘗愉悅和安慰。

【另一種養育肉身需有的食糧，我不願認為這是上主所想的；我也不要妳們這麼想。上主置身於最崇高的默觀中，祂有必要那麼強調為祂和我們祈求吃什麼嗎？我認為這是沒有意義的。祂在教導我們，把我們的意志放在天堂的事物上，並祈求能從今世開始享有祂；祂會要我們涉及這麼卑賤的事物，就像祈求吃的嗎？好像祂不認識我們似的！因為我們一開始投入身體上的需求，就會忘記靈魂的需求！那麼，我們是如此小心眼的人，一點點就滿足，所祈求的也是一點點！然而，祂給我們愈多，我們愈覺得缺少水。女兒們，讓那些想要擁有比需要還要多的人，祈求這物質的食糧吧！】

如果我們開始享有聖體的愉悅和安慰，就沒有任何的需求、磨難與迫害，會忍受不了

238. 為了使上下文清楚，譯者補充括號內的字。
239. 第一抄本中，她更詳細地說。
240. 參閱《出谷紀》第十六章第三至四節。

的。

❸女兒們，妳們要和這位上主一起祈求聖父，將妳們的淨配「今天」賜給妳們，在這世上，不會讓人看到妳們沒有祂。祂如此地隱藏在餅和酒中，已足夠使信者欣慰減輕許多，對沒有其他的愛和安慰的人而言，則是相當大的折磨。妳們卻要祈求祂，不使妳們有所缺失，賜妳們做好準備堪當領受祂。

❹凡妳們中非常真誠地委順天主旨意的人，不必憂慮另一種食糧。我是說，在這些祈禱中，妳們應當面對更重要的事情；有其他的時候，是用來工作和賺取食物的。

【對於妳們所說的，妳們要委順於天主的旨意，如果在這事上，妳們沒有缺失，也就不必怕妳們會缺少食糧。的確，女兒們，我說的是我自己，如果現在我居心不良，故意不順服天主的旨意——如同我曾多次這麼做——我就不會祈求祂賜給我這食糧，或其他什麼吃的。讓我餓死吧！如果活著使我每天更加賺取永死，為什麼我想要活著？】

但要時時刻刻小心翼翼，不要在食物上耗費心思；反要讓身體辛勞工作，若妳們以勞力維生，這是很好的事，也會讓妳們的靈魂靜息。如我們一直冗長說明的[241]，把這個掛慮交給妳們的淨配；祂經常照顧著妳們。

❺這就好像一個僕人要開始去服事；他所操心的是凡事取悅他的主人。不過，主人必須供給他的飲食，只要他仍留在主人的家裡服事，除非這主人窮到養不起自己，也養不起僕人。我們的情況並非如此；我們的主人一直是，也永遠是富裕和強而有力的。那麼，若僕人知道家主會細心供給他食物，也必定會這麼做，卻又四處求取食物，這是不對的。主人理當告訴僕人，好好專心服事，處處尋求悅樂主人，因為如果忙於操心不是他的事，他什麼事都

241. 見第二章及第八章。

不會做好。

因此，修女們，凡想這麼做的人，讓他去操心祈求這樣的食糧；我們卻要祈求永恆的聖父，使我們堪當領受我們的天糧，竟致於，雖然肉身的眼睛無法欣然見到祂，因為祂是如此的隱藏，祂卻能將自己顯示給我們靈魂的眼睛，使之認識祂。這份認識有如另一種食糧，令人滿足、愉悅且維持生命。

【為了維生，往往我們會想要去渴望和祈求（另一種食糧），儘管我們無所覺察。無須激發我們這樣祈求，因為我們的傾向卑劣，其貪求卑賤的事物自會喚醒我們，如我說的，次數之多超過我們所料想的。但是，我們得要留神，除了祈求上主我說的（食糧）之外，不要故意操心別的；有了我所說的，我們就有了一切。】

❻ 妳們不以為這至聖的食糧是維生的，甚至是我們身體的食糧，也是身體疾病的大好良藥嗎？我知道事實如此，我認得一個人，她身患重病，經常有劇烈的疼痛[242]，藉此食糧，彷彿用手除去了她的病痛，一切都痊癒了。這是常常有的事，而這些病痛也很明顯，我認為，偽造是辦不到的。由於這至聖的食糧在堪當領受者身上，導致的神蹟奇事，已眾所周知，我就不多談所提到的這人能說的事。我一直明白這些事，也知道不是謊言。然而，上主賜給她這麼活潑的信德，當她聽到有人說，想活在基督——我們的至善——行走於世上之時，她會對自己笑笑。因為在至聖聖體中，我們如此真實地擁有祂，如同祂在世時一般，她不明白，究竟他們還想多要些什麼呢？

❼ 不過，我知道，許多年來，當這個人領聖體時，雖然她不是很成全，她努力堅定自己的信德，以致在領主時，彷彿用她的肉眼，目睹上主進入她的居處。她真的相信，這位上

242. 德蘭指的是自己。見《自傳》第三十章第十四節；《Spiritual Testimonies》第一篇第二十三節。

主進入她的貧乏住所，只要有可能，她就放開所有的外在事物，進入其內與祂相伴。她努力收斂感官，使所有的感官都留意這麼大的美善，我是說，感官不阻礙靈魂認識祂。她認為自己在祂腳旁，和德蓮一起流淚，活像她以肉體的眼，注視在法利塞人家裡的祂[243]。雖然沒有熱心的感受，她的信德告訴她，祂確實在那裡。

❽ 因為，如果我們不願當傻瓜，弄瞎理智，就不必懷疑；領聖體並非用想像呈顯的形像，如同當我們深思上主在十字架上，或受難時的其他事件，我們以想像在己內呈顯當時的情境。領聖體則是當下發生的事，也完全是真實的，不必到其他更遠的地方尋找祂；而是，我們知道，只要麵餅尚未被自然的熱量消化，好耶穌就和我們同在，我們要親近祂。那麼，如果當祂仍在世上行走時，只要碰觸祂的衣服就治好病人[244]，如果我們有信德，為什麼懷疑深居我們內的祂行奇蹟呢？為什麼懷疑——居住我們家內的——祂賜予我們向祂祈求的呢？如果受到很好的留宿，至尊陛下支付的住宿費向來不薄。

❾ 如果用肉眼看不見祂，使妳們感到難過，要明白，如此的看見對我們並不適宜。見到光榮中的祂，和目睹行走於人世的祂，是兩件不同的事。由於我們的脆弱本性，沒有人受得了所見的光榮景象，也沒有人會想持續停留在世上；因為面見這永恆真理，我們會看透，我們在今世所看重的一切，全是謊言和笑話。而眼看著這麼偉大的至尊陛下，像我這麼樣的一個小罪人，常常冒犯祂，怎敢這麼靠近祂呢？在麵餅形下，祂就容易交往了，因為，如果國王改變裝扮，好似我們就不必在意和他說話時，沒有這麼的謹慎和尊敬；好似祂理當容忍這些不敬，因為祂改變了裝扮。否則，這麼冷淡，這麼不配，又這麼多的不成全，有誰敢靠近祂呢？

243. 參閱《路加福音》第七章第三十六至四十八節。另參閱《自傳》第二十二章，註213。
244. 參閱《瑪竇福音》第九章第二十至二十二節；《路加福音》第八章第四十三至四十四節。

⑩ 啊！我們多麼不知道所求的是什麼；而祂的智慧之所見，更是多麼的好上加好[245]！因為，對那些祂曉得會受益於祂臨在的人，祂顯示自己給他們；雖然他們以肉眼看不見祂，祂有許多方式把自己顯示給靈魂，可經由內在強烈的感受，或其他的管道。要甘心情願與祂同在；不要錯失領聖體後那和祂交談的好時機。

【[246]想想看，這是為靈魂最有益的時刻，在此期間妳們陪伴好耶穌，妳們就是極其服事祂。女兒們，千萬要留意，不要錯失。】

如果服從命令妳們別的事，修女們，要致力於保持靈魂和上主同在。如果妳們的思想隨即轉念其他的事，不在乎，也不看重祂就在妳們內，祂怎麼向妳們展現自己呢？所以，這正是好時候，讓我們的老師教導我們，我們要聆聽祂，也因為祂願意教導我們，而親吻祂的腳，並祈求祂不要離去。

【[247]我不說妳們不要唸口禱（因為妳們不要按字面來論斷我，說我談的是默觀祈禱——除非上主帶領妳們進入其中），而是每當妳們唸〈天主經〉時，妳們要明白，這是多麼的真實，妳們和那教妳們〈天主經〉的祂在一起，妳們要為此而親吻祂的腳，求祂幫助妳們祈求，並且不要離開妳們。】

⑪ 如果我們看見基督，卻又一定要注視祂的畫像祈禱，我認為這是很愚蠢的，撇下本人不看，而看著圖畫。如果我們有一張非常喜愛的某人畫像，這個人來看我們時，我們不和他說話，卻一直和畫像對談，這不是很蠢嗎？什麼時候有畫像是非常好的，又什麼時候，這是使我從中得到許多愉悅的事，妳們是否知道？當祂本人不在時，或由於許多的乾枯，祂願意我們明白祂的不在時，注視著——我們有這麼多的理由去愛的——這一位的聖像，是很大

245. 影射耶穌對聖雅格和聖若望的答覆，參閱《瑪竇福音》第二十章第二十二節。
246. 第一抄本中又說了括號中的這句。
247. 大德蘭刪除第一抄本中很美的這一段。

的愉悅。

【㊽當祂本人不在時，看著我們的聖母或我們敬禮的某位聖人的畫像，是很大的愉悅——更何況是耶穌的畫像——這是非常喚醒人心的事，也是無論轉頭或動眼都會想要看到畫像的事。】

無論雙眼轉向何方，都想要看見（祂的㊾）畫像。除了這麼愛我們的祂，及其自身內擁有一切美善的祂，我們的雙眼還能被什麼更好、更愉悅的事物占有嗎？那些異教徒相當不幸，由於他們的罪過，喪失了這個安慰，以及其他的。

⓬不過，就在恭領了上主後，由於妳們當前擁有祂本人，要努力閉上身體的雙眼，並張開靈魂的眼目，注視妳們的內心。我對妳們說，又再次告訴妳們，我也願多次對妳們說這事，如果妳們養成習慣，每次領了聖體都這麼做，並努力保持這樣的意識：妳該當時常享有這個福分；祂的來臨，不會這麼的改變裝扮，如我所說的㊿，致使在許多方面認不出祂來，這全在於我們想要看見祂的渴望。妳們能渴望這麼多，祂也會完全顯示給妳們。

⓭然而，如果我們不理會祂，在領受祂之後，離祂而去，去尋找其他更卑賤的事物，祂能做什麼呢？因為祂要顯示自己給我們，難道要強迫我們看祂嗎？不會的，因為當祂公開地顯示給眾人，清楚地說出自己是誰時，他們並沒有好好對待祂，相信祂的人非常少。所以，至尊陛下願意我們知道，祂就在至聖聖體內，這是祂對我們眾人的極度慈悲。然而，祂不願顯露自己給人觀看，通傳祂的雄偉，給出祂的寶藏，除非祂知道他們非常渴望祂，因為這些人是祂的真正朋友。我告訴妳們，誰若不是祂的真朋友，也不像這樣地領受祂，凡事全憑一己之力的人，就絕不會為了希望祂顯示自己，而去打擾祂。像這樣的人，教會所命令要

248. 第一抄本中，她說得更清楚。
249. 為使行文易懂，譯者加上括號內的字。
250. 見第五和第十節。

完成的事，時間還沒到，他就一走了之，努力把基督抛出己內。因此，像這樣的一個人，有許多其他的交涉、繁務或世俗的障礙，好似他得盡所能更急速地去做，快快地不讓上主占有祂自己的家[251]。

第三十五章

以向永恆聖父的心靈吶喊，結束已開始的主題。

❶ 在這事[252]上，我已經如此地大談特談，雖然在談收心祈禱時，我已說過，進入自己內、單獨和天主相處，這事非常重要，因為是這麼的要緊。女兒們，當妳們望彌撒而沒有領聖體時[253]，妳們可以神領聖體。這對我們有極大的益處，這麼做，在彌撒後，妳們能同樣地收心斂神，因為這位上主的愛，藉此而深印在靈魂上。因為我們已預備好領受祂，經由許多我們不了解的方式，祂絕不會不給的。就像我們靠近火，儘管火勢非常大，如果妳們遠離，又把雙手藏起來，還是無法取暖，雖然比起處在沒有火的地方，妳們會得到更多的熱量。不過，要是我們渴望接近祂，則是另一回事；如果靈魂已經準備好——我是說，如果他渴望驅寒——且在那裡停留一下子，他會有許多小時保有溫暖。

❷ 那麼，修女們，想想看，如果從一開始妳們沒有好的進展（這是有可能的，因為魔鬼會使妳們的心受折磨和痛苦，因為牠曉得在此帶給牠的大傷害），牠讓妳們知道，可在別

251. 就是說，不讓天主居住在他內，不讓自己屬於天主。
252. 接續前章所說的，意指領聖體後不要急速地把基督抛開。
253. 聖女大德蘭的時代不像現在，我們望彌撒可以天天領聖體，那時要有神師或長上的許可，才能領聖體。

的事上找到更多的熱心，在這領聖體後的收心上，反而找不到什麼熱心。妳們不要放棄這個修行方式；上主會從中證實妳們對祂的愛。要記得，在困苦艱難時，陪伴祂、追隨祂的靈魂寥寥無幾；讓我們為祂受點苦，至尊陛下會為此而回報妳們。妳們也要記得，有多少人不但不願和祂在一起，反而以粗行惡言相待。所以，我們多少也要受些苦，好讓祂明白我們渴望看見祂。而由於祂受盡萬苦，且持續受苦，為的是只找到一個願意接納祂的靈魂，在其內懷著愛擁有祂，但願妳們成為這樣的人。因為，如果誰也不要這麼做，永恆聖父理當不同意祂一直和我們同在；然而，聖父是這麼善待朋友的好朋友，又是這麼善待僕人的好主人，那麼，由於看到祂好聖子的意願，祂不要阻礙如此卓絕的工作，在其中，祂聖子對祂的愛這麼地徹底顯露，【且因謀求了這麼令人讚賞的創新方式，藉以顯示祂愛我們，也為了幫助我們忍受艱難。】

❸ 那麼，在天上的聖父，既然祢願意這事，也接受這事，顯然地，祢也不拒絕賜予對我們這麼好的事，因此，如我開始時所說的[254]，必須有人替祢的聖子說話，因為祂從不顧念自己。女兒們，讓我們成為這樣的人，雖然對我們而言，這是很大膽的。然而，相信上主的命令，並達到在這事上的服從[255]，我們奉好耶穌的名，懇求至尊陛下，祂已經不必再做什麼了，且又留給罪人像這樣的至極大恩，但願至尊陛下樂意提供良方，不使聖子如此受虐待。既然祂的聖子提供這麼好的方法，使得在祭獻中，我們能多次奉獻自己給祂，讓這珍貴的禮品有效益，使路德教徒所在之處，對榮福聖體所行的這麼至極的大惡與不敬，不再猖獗；那些地方的教堂被毀掉，如此之多的神父喪亡，聖事被廢止。【[256]他們好似要將祂趕出這個世界，除掉聖殿，殺死這麼多的神父，褻瀆這麼多的聖堂，甚至於，基督徒有時去教堂，為的

254. 見第三章第八至十節。
255. 參閱《路加福音》第十一章第九節。
256. 第一抄本在此表達得更深刻。

是冒犯祂，而非崇敬祂。】

❹ 那麼，我的上主！我的天主！這是怎麼一回事！對於這麼至極的罪惡，要不就讓這世界告終，否則就請給予良方。沒有一顆心受得了它們，即使是我們卑劣的心也受不了的。我懇求祢，永恆的聖父，不要再忍受它們。上主，請熄滅這火，如果祢願意，祢就能夠。請看！祢的聖子還在這世上。為了至尊的祂，這麼醜陋、可憎、汙穢的東西都要停止。祂是如此美麗、純潔，不應居住在有這類東西的房舍內。上主，不要為了我們而回應，我們當不起祢的回應；這麼做，是為了祢的聖子。所以，我們不敢祈求祢不要祂和我們在一起，因為這麼求，到時我們會變成怎樣呢？如果有什麼平息祢的，那一定是在世上有這麼一位抵押者[257]。那麼，一定要有個什麼辦法，我的上主，但願至尊陛下祢能提供。

❺ 我的天主啊！但願我真能糾纏不休，向祢強求！如果我曾經服事祢很多，就能向祢祈求這麼大的恩惠，來賞報我的服事，因為祢不會不回報每一個人！可是，上主，我卻沒有好好服事祢；相反的，或許激怒祢的，就是我，由於我的罪過，招惹出這麼多的惡事。那麼，我的創造主！我能做什麼呢？豈不是把這至聖的麵餅呈獻給祢嗎？雖然祢已賜給我們，我將之再還給祢，並懇求祢，因祢聖子的功勞，賜給我們這個恩惠，因為在許多方面，祂都值得祢這麼做。現在，上主，立刻靜息這個海洋！但願聖教會這艘船，不必一直航行在這麼大的暴風雨中。我的主！救救我們，我們要喪亡了[258]。

257. 抵押者：原文是prenda，這個字有兩個意思，一是抵押品，二是妻子或未婚妻，譯為抵押者比較合乎上下文的意思。
258. 參閱《瑪竇福音》第八章第二十五至二十六節。

第三十六章

談論〈天主經〉中的這句禱詞：「寬免我們的罪債」。

❶ 由於我們的好老師看到，有了這天上的食糧，凡事對我們都是容易的（若非如此，係因我們的罪過），而我們也能好好地履行我們對父說的：願父的旨意承行於我們。現在祂告訴父寬免我們的罪債，因為我們也寬恕別人。因此，祂繼續教導我們祈禱，說道：「寬免我們的罪債，猶如我們也寬免得罪我們的人[259]。」

❷ 修女們，我們要注意，祂並沒有說：「如同我們將要寬恕」；因為我們要明白，誰若祈求之前所說的這麼大的恩典，且又已經交付自己的意志，翕合天主的旨意，必定已經做到這個寬恕。所以，祂說：「猶如我們也寬免。」因此，誰若真心向上主說這句禱詞：「爾旨承行」，應該已經完全做到，或至少已有此決心。

在此妳們會看出來，何以聖人樂於忍受凌辱和迫害；因為當他們祈求時，就能有些什麼呈獻給主。一個像我這麼貧乏的人，該怎麼辦呢？要去寬恕的那麼少，卻有這麼多要別人來寬恕我。

修女們，這是我們該深思細想的事：這件事如此嚴重，又如此重要，我們的主寬恕我們——本該受到永火——的罪債，卻能以我們的寬恕——這麼卑微的事——得到主的寬恕。雖然是這麼卑微的事，我能呈獻的這麼少，以致上主必須白白地寬恕我。【因為，對一個像我這樣的人，活該永遠受魔鬼的虐待，在這世上，有什麼能說的話，或什麼能做出的凌辱，算

259.《瑪竇福音》第六章第十二節。

是惡待我的呢？這些是合理的。總之，我的上主，為了這個緣故，我不能獻給祢什麼，用來祈求祢寬免我的罪債。但願祢的聖子寬恕我，由於誰也沒有對我不公道，所以，我沒有什麼要為了祢而去寬恕的，上主，除非祢接納我的渴望；我認為，無論什麼事我都寬恕，因為祢寬恕我，也因為我要無條件地奉行祢的旨意。但是我不知道，如果沒有過錯而遭譴責，我的真實反應又會怎樣呢？如今在祢的眼前，我看見自己這麼該受譴責，而所有人對我的譴責都是不足的；雖然凡不知道我是怎樣的人，就是那些不像祢那般認透我的人，還以為他們侮辱我。】在此，祢的仁慈真是恰到好處。願祢受讚美，因為祢忍受了我這樣可憐的人。祢的聖子以眾人之名祈求時，一定不能把我計算在內，因為我是這麼樣的我，而且又乏善可陳。

❸ 然而，我的上主，我的同伴中，是否有幾位不明白這事呢？如果有，我以祢的名義請求她們，要記住這事，不要注重那些所謂受侮辱的芝麻瑣事，若有這些關於面子的問題（puntos de honra[260]），彷彿我們是在蓋稻草房子，活像小孩子一般。天主啊！幫助我吧！修女們，我們是否了解榮譽是什麼，而喪失榮譽又是什麼呢？現在我說的不是「我們」，因為，如果我們還不了解這點，真是糟透了，然而我說的是自己，我先前看重榮譽的時候，卻不明白榮譽是什麼。我【按照所聽聞的，】隨波逐流。使我受侮辱的是什麼事啊！現在我感到羞愧不已！可是，我並不是非常重視這些面子問題的人，不過我錯在主要的重點上，由於我沒有顧慮，也沒有注重對我們有益的榮譽，因為這是有益於我們靈魂的榮譽。某人說得多麼好：榮譽和利益不能同在一起，雖然我不知道，他是否為此目的而說的。而這話說得一針見血，因為靈魂的利益，和世間所謂的榮譽，從來都不能同在一起的。世界逆向而行，這是令人恐懼的事。願上主受讚美，因為祂把我們從中解救出來。【願至尊陛下保祐，讓這事總

260.「面子問題」：原文是puntos de honra，就是有關個人榮譽的事。ICS柯文諾神父譯為these ceremonious little rules of etiquette，意思是「繁文縟節」，指修道生活中有許多小禮節上的規定，無論是唱經或日常生活的種種紀律和禮儀。加爾默羅會是默觀的修會，聖女大德蘭很清楚，她所建立的會院，其目的是讓修女們在完全退隱中和天主親密結合，如果讓修女們的活力消耗在這些繁文縟節上，這是她難以接受的。她也無法忍受一些所謂的「愚蠢的敬禮」（foolish devotions），若要更清楚她的想法，請參閱《自傳》第三十七章第九至十一節、第六章第六節。

是如此地遠離這座會院，如同現在一樣。因為，天主請解救我們！不要讓我們成為注重面子問題的修院！在那樣的會院中，從來都很少榮耀天主的。天主啊！請幫助我！這是多麼大的蠢事！修道人把榮譽放在芝麻小事上，實在令我驚訝！——修女們，這是妳們所不知道的，不過，我願告訴妳們這事，為使妳們加以留心注意……】

❹不過，修女們，要注意，魔鬼並未忘記我們；牠也在修道院中捏造牠的榮譽，設置牠的法律，亦即在高貴職位上的升貶，如同世人一般。雖然，學者必須隨著他們的學位級級上升——這是怎麼回事，我不知道——已經升為神學教授的人，一定不能降為哲學教授，因為這是面子的問題，只能升，不能降。如果是服從長上出的命令，他還是會視之為侮辱，而且也總有人袒護他，認為是羞辱。魔鬼隨即提供理由，顯示即使依照天主的法律，看來也是對的。那麼，在我們當中，曾擔任過院長的人，一定不能擔任其他較低的職務；所顧慮的是誰的資歷比較深，我們總不會忘記這點，甚至有時認為我們的顧慮是應該的，因為修會如此命令。

❺這是令人發笑的事，或更好說是使人悲哭。是的，修會並沒有命令我們不要謙虛；修會的命令是凡事要適度合宜。不過，在有關自我受敬重的事上，我不必如此地認真，這麼地小心翼翼，要守好這一點，如同守好其他的規定，很可能在其他的規定上，我們並沒有遵守得很完善。所有我們的成全也不在於守好這一點[261]。當我有所疏忽時，別人會替我留意的。問題在於我們傾向於晉級上升——雖然如此，我們卻不會因為有這個傾向而升到天上——就必定不能降級。上主啊！上主！祢是我們的典範和老師嗎？是的，的確是！那麼，榮耀我們的主，祢的榮耀在於什麼呢？的確，祢豈不是榮譽喪盡，受辱至死嗎？不是的！上

261. 守好這一點：就是說，守好我們的面子，指修會內對於敬重長者，或個人權益方面的規定，我們不可過於執著。

主！祢反而為眾人贏得了榮耀。

❻ 啊！修女們！為了天主的愛[262]！我們迷路了，因為從一開始我們就走錯了路！【[263]如果在這裡，我們是這樣的話，就是走錯了路，但是現在——願天主受讚美！——並非這樣，這所會院沒有這麼做，因為曾擔任院長者，後來是最謙虛的。我這麼說，是因為在修道院中是如此習以為常，我害怕魔鬼也會照樣試探我們。我認為這是非常危險的，】天主保祐，但願沒有任何靈魂喪亡，為了守好這些可憐的面子問題，卻不明白榮譽之所在。如果我們寬恕了這類的芝麻小事，既非羞辱，也非傷害，根本什麼都不算的事，之後，我們就自以為做了很多，活像做了什麼大事的人，我們認為天主會寬恕我們，因為我們寬恕了別人。我的天主，請幫助我們了解：我們並不認識自己；我們是雙手空空來到祢面前的；祢之寬恕我們是因著祢的仁慈。真實地，上主，（萬事有終結，懲罰永無窮），要不是因著祢聖子的祈求【，祂是有理的，因為祂總是受到凌辱和冒犯】，我看不出來有什麼值得呈獻於祢，請祢賜給我們這麼大的恩典。

❼ 然而，上主必定很看重這個彼此間的相愛！其實好耶穌可以先提出其他的德行，說：「上主，請寬恕我們，因為我們做了好多的補贖，或因為我們祈禱很多、守齋、為祢而捨棄一切、我們非常愛祢」；祂也沒有說：「請寬恕我們，因為我們要為祢捨生[264]」，或——如我說的——能說出來的其他事情，卻只說：「因為我們寬恕」。很可能，因為祂知道我們如此喜愛這個可憐的榮譽，對我們來說，寬恕是件很難達到的事，但卻很能取悅祂的聖父，所以祂說出這句禱詞，並為我們而奉獻。

「善神的效果[265]」。

262. 「為了天主的愛」：por amor de Dios，是感嘆句，類似口頭禪之類的話，像中文的「我的老天啊！」等等。
263. 在托利多（Toledo）手稿中，大德蘭於頁邊加寫這一小段。
264. 參閱《瑪竇福音》第二十六章第三十五節。
265. 原文在此插入這一句，彷彿是小標題，英譯本省略了這個句子。

❽那麼，修女們，要十分留意，祂這麼說：「如同我們寬恕」；好像是已做到的事，如我所說過的㉖⑥。要非常小心注意這事，在我所說的成全默觀的祈禱中㉖⑦，若有靈魂蒙受天主的恩賜，卻沒有顯出寬恕的決心，亦即每遇有事端，無論是多麼嚴重的侮辱（我說的不是那些什麼都不算，人們卻稱之為侮辱的芝麻小事），都願意寬恕；像這樣的靈魂，不要太相信他的祈禱。因為在這麼崇高的祈禱中，天主帶領靈魂上達於祂，這些侮辱碰觸不到這靈魂，他也不在意是否受尊重。我說得不好，他是在意的，因為榮譽比羞辱更令他難受，享福和休息比磨難更讓他痛苦。因為，如果在今世，上主真的賜予祂的王國時，在這個世界上，靈魂就不會想要榮譽。而為了能上達更崇高的境界，他了悟這是真正的道路；透過經驗，他看得出來：為天主而受苦時，使一個靈魂有很大的獲益和進步。因為至尊陛下賜予這麼大的恩惠，是少之又少的，除非有人情願為祂忍受許多的磨難。因為，正如我在本書的其他部分所說㉖⑧，默觀者的磨難是很大的，因此上主尋找其中最經得起考驗的人。

❾為此，修女們，要明白：這些默觀者已了悟萬事萬物的真相，轉眼即逝的事物不會常常躭誤他。若遇有一個很大的侮辱和磨難，最初的反應是痛苦，但是，痛苦還尚未完全徹入時，理智已前來相助，好似高舉旗幟，懷著喜樂，幾乎滅絕那痛苦。這喜樂是由於他們看到，上主已在他們手中放進一些什麼，這些東西使他們能獲得至尊陛下更多的永恆慈惠和恩典，遠超過他們願意憑己之力、十年的辛勞所能得到的收獲。就我所知，這是非常普遍的；我接觸過許多的默觀者，確知事實如此；就好像別人珍視黃金珠寶，他們看重磨難，也渴望受磨難，因為他們知道，磨難必會使他們致富。

❿這些人已經遠遠避開受人敬重。他們喜歡別人知道他們的過錯，若看到有人敬重他

266. 見第二節。
267. 見第二十五、二十六章。
268. 見第十八章。

們時，也喜歡說出自己的過錯。至於他們的血統亦然，他們已經知道，在永無終窮的王國裡，他們不會因為血統而獲得什麼。如果他們欣喜於出身名門世家，這是遇有為了更服事上主有所必要時；如果不是時，他們會因別人過於高估而難過；若讓人大失所望，他們非但不難過，反而高興。凡蒙賜予這個謙虛及深愛天主之恩的人，就是這樣的，而在能給天主更大的服事上，他們已經如此地忘我，他們甚至不能相信別人會在意一些什麼事，也不能視之為羞辱。

⓫ 我最後提及的這些效果，是幾近成全的人所擁有的，上主動不動就恩待他們，經由完美的默觀，帶領他們上達於祂。不過，關於第一種效果，亦即決心忍受侮辱，雖然有痛苦也忍受，我說，凡已蒙上主賜予這個恩惠，達到結合祈禱的人，很快就會有第一種效果。如果沒有這些效果，離開祈禱時也不覺自己堅強有力，他要相信，這不是來自天主的恩寵，而只是個幻想，或是魔鬼的贈品，因為我們會自以為更有面子。

⓬ 有可能在開始時，當上主賞賜這些恩惠，靈魂不是立刻就有這個剛毅，但是我說，如果祂繼續賜恩，在很短的時間內，靈魂就會有剛毅，即使在別的德行上沒有，在寬恕人方面必會有剛毅。我不能相信，這麼緊緊靠近仁慈本身[269]的靈魂，從中認透自己是什麼、及天主已寬恕了他多少，竟不能徹底大方地立刻寬恕，並和侮辱他的人保持非常友好的關係。因為他記住天主所賜的禮物和恩惠，從中看到大愛的標記，很高興能呈獻一些什麼，使他能向天主表明他的愛。

⓭ 我再說，我認識許多人，得蒙上主的恩待，提升他們達及超性的事物，賜給他們這種祈禱、或已說過的默觀，雖然我看見他們有別的過失或不成全，卻從未見過有誰不能寬

269. 「仁慈本身」：意思是充滿仁慈的天主。

恕；我也不相信會有這樣的過失，如果這些恩寵是從天主來的，如我所說的[270]。凡所得的恩惠愈大，愈要留意自己，是否這些效果日益增長。如果看見自己毫無長進，如我所說[271]，他得非常害怕、不要相信這些是天主的恩賜；因為天主的恩惠所達及的靈魂，往往會使他更豐盛。這是確實的，雖然恩惠和恩賜一下子就消逝，透過靈魂所得的益處，還是可以慢慢地辨識出來。由於好耶穌非常清楚這事，祂堅決地向祂的聖父說：「我們寬恕欠我們罪債的人。」

第三十七章

訴說〈天主經〉這篇禱文的卓絕，以及我們如何以許多方式從中尋獲安慰。

❶ 福音中的這段祈禱文，其成全是多麼崇高，我們要極力讚美上主；因為是這麼好的老師所述說的，所以，女兒們，我們每人都可按照自己的目的接受。令我驚訝的是，看到在這麼少的字句中，涵蓋了所有的默觀和全德，好似除了學習這篇禱文，我們就不需要其他的書籍了。因為，直到目前為止，上主已教導我們所有的祈禱方式、及崇高的默觀，從初步到心禱、寧靜祈禱、結合祈禱，如果我曉得怎麼解說，在這麼純真的基礎上，【[272]我沒有在他處寫這事，也沒長談，恐怕會令人不悅】，我能夠寫下談祈禱的一本大書。現在，上主要開始讓我們了解這些效果，亦即當恩惠出於祂時，會留下什麼效果，正如妳們所看見的。

270. 見第八和第九節。
271. 見第八節。
272. 在第一抄本中，暗指她的《自傳》而寫了這句，「他處」就是指她的《自傳》。

❷我曾深思細想，對於這麼崇高和隱晦的事情，為什麼至尊陛下不詳加說明，好讓我們全都了解呢？我想是這樣的，由於這篇禱文是大眾化的，提供給所有的人，讓每個人都可按自己的意向祈求，獲得安慰，並認為對禱文有深切的領悟，於是上主使之模糊不清。對於默觀者和極其獻身事主的人，他們已不想望世物，所祈求的是天上的恩惠，因著天主的慈惠，在今世就能獲得賜予。至於仍生活在世上的人，度著合乎其身分的生活是很好的，他們也祈求食糧；他們必須維生，並且供養家人，而這是非常正義和聖善的，同樣，祈求其他相稱於其需求的事物亦然。

❸不過，要注意，把我們的意志交給天主和寬恕，這兩件事，適用於眾人。這是真的，在修持時，會有做得多或少的差別，如我所說[273]：成全者會以其成全的方式獻出意志，也會以我所說的成全方式去寬恕；至於我們，修女們，我們要盡己所能，因為上主接受一切[274]。【願祂的聖名永遠受讚美，阿們！我透過祂祈求永恆聖父寬恕我的罪債和大罪（因為我無須寬恕什麼人或什麼事，而每天我都有些要被寬恕的），並賜我恩寵，使我有一天在祈求時，也能有所奉獻。——所以，好耶穌教我們一個這麼崇高的祈禱方式，為我們祈求，使我們在此流放之所，能夠宛如天使一般（如果我們全力以赴，使我們的作為和話語一致），總之，就是有些相似這樣的父親的子女，像這樣的兄弟的兄弟。至尊陛下知道，如我已說過，如果我們說到做到，上主必會成就我們的祈求，賜給我們祂的王國、以超性的事物幫助我們：亦即寧靜的祈禱、成全的默觀、及上主按照我們的勤勉，在這些祈禱中，賜予的其他所有恩惠。——我們能努力做的、及我們這方面能有的收獲，都是少之又少的，不過，由於這是我們能做到的，的的確確，上主必會幫助我們，因為祂的聖子為我們求了這事……。】彷

273. 見第二節。
274. 第一抄本中，沒有前面的這一小段和編號，而是這麼寫的。讀者請注意，ICS 英譯本把【】中的這一段放在註解中，且和原文略有出入，我們按原文譯出。

佛是這樣的，祂代表我們，和祂的永恆聖父做了個協定，祂這麼說：「上主，祢做這個，我的兄弟就會做那個。」所以，千真萬確的，祂那方面必不會拒絕。啊！啊！祂是非常好的付款者！祂的支付毫無節制！

❹我們若能以這樣的態度，唸一遍這篇禱文，由於祂知道我們並非出於偽善，反而說到做到，那麼，祂會使我們豐盈富足。祂非常喜愛我們真誠相待。如果我們待之以樸實和透明，不會說一事，又指另一事，那麼，祂所給的，總比我們向祂祈求的多。

我們的好老師知道這事，凡真實達到成全之境的人，他們祈求時，由於聖父施予的恩惠，他們會進入這麼崇高的等級；祂也了解，那些已是成全的人、或走在成全路上的人——他們不怕，也不必害怕，如同人們說的——已經把世界踩在腳底下，世界的主為此而欣喜（由於他們的靈魂所得的效果，他們最有希望擁有至尊陛下的欣喜）。沈醉在那樣的愉悅中，他們不願回想有別的世界、或有敵對者。

❺啊！永恆的智慧！啊！至善的老師！女兒們，能有一位充滿智慧、謹慎的老師，祂能預見危險，是多麼棒的事！這是圓滿的至善，是屬神的靈魂在今世所能渴望的，因為安全無比。其重要性是不能以話語言過其實的。因此，由於上主看出來，有必要喚醒我們，讓我們想起來還有敵人，輕忽這些敵人，又是多麼大的危險，況且我們需要永恆天父的更多協助，因為，我們會從更高的地方跌下來，為了不使我們因不了解自己而受迷惑，對我們仍生活在此流放之地的所有人，祂做了這麼要緊的祈求：「不要讓我們陷於誘惑，上主，但救我們免於兇惡。」

第三十八章

談論極有必要祈求永恆聖父，應允我們請求的這些話：「不要讓我們陷入誘惑，但救我們免於兇惡。」並解說某些誘惑。本章很值得留意。

❶ 修女們，在此我們有很大的事要深思和領悟，因為這些是我們祈求的。現在請注意，我非常確定的是，已達到成全境界的人，不會祈求上主免除磨難、誘惑、迫害或戰鬥。這是另一個非常確定、非常大的效果，來自上主的神，不是幻想，係至尊陛下賜予的默觀和恩惠；因為，正如我不久前說的㉗⑤，他們反而加以渴望、要求和喜愛。他們有如軍人，戰爭愈多，就愈高興，因為有希望得到更大的收穫。如果不打仗，他們照領薪水，但也知道發不了大財。

❷ 修女們，要相信，基督的戰士，也就是那些有默觀經驗、專務祈禱的人，時時處於備戰狀態；面對公開的敵人，他們從不會非常懼怕；他們已經認出敵人，也知道，懷有上主賜與的力量，這些敵人無力對抗，他們總是凱旋歸來，戰果豐碩；他們從未背向這些敵人。至於讓他們害怕的敵人——他們理當害怕，並經常祈求上主解救，免陷於敵手——就是那背叛的敵人，那裝作光明天使的魔鬼㉗⑥；牠們是偽裝前來的。直到牠們嚴重地傷害了靈魂，才會被識破。牠們吸盡我們的血，毀盡我們的德行，我們置身於如此的誘惑中，卻毫不知情。女兒們，對於這些敵人，我們要祈求，經常在〈天主經〉中懇求上主解救我們，不許我們陷

275. 見第三十六章第八至十節。
276. 參閱《格林多後書》第十一章第十四節。

於誘惑；使我們不會受騙上當，且要揭露毒物，使之無法掩蓋光明和真理。多麼正確啊！我們的好老師教導我們祈求這事，又為我們祈求。

❸ 女兒們，要注意導致傷害的許多方式，妳們不要以為，中傷的方式只有一個，亦即，使我們獲悉，牠們能在我們內偽造的靈悅和欣慰，是從天主來的。在我看來，從某方面而言，這是牠們所能造成的最小傷害；反之，可能是這樣的，這麼做，使得靈魂更快速前進。因為，受到那愉悅餵養的人，會用更多的時間來祈禱；由於他不知道是魔鬼惹起的愉悅，又自認不配享有那些欣慰，對天主感恩不盡，感到更有服事祂的義務，努力妥善準備自己，為使上主賜予更多的恩惠，因為他想這些恩惠全是出自天主的手。

❹ 修女們，要努力經常謙虛，看出妳們不配這些恩惠，也不要加以謀取。這麼一來，我認為，魔鬼為此失去許多的靈魂。魔鬼以為能害他們喪亡，然而，上主卻從魔鬼故意施行的惡事中，為我們取出善來。因為至尊陛下看的是我們的意向，亦即願意取悅祂、服事祂並在祈禱中與祂相守，上主則是忠信的[277]。謹慎提防，不毀損謙虛，也不引發虛榮，這是很好的。懇求上主在這事上解救妳們，女兒們，妳們不要怕，除了至尊陛下自己，祂不會容許什麼人過於恩待妳們。

❺ 魔鬼能施加很大傷害的地方，我們卻對之毫不知情，那就是，讓我們相信，已經持有這些德行（其實並沒有），這就是瘟疫。

【[278] 由於我們沒有覺察，自認為走得很安全，掉入無法脫離的坑裡。雖然不總是明顯的大罪，使得我們下地獄，卻使我們的雙腿無力，不能行走我所開始講的這條道路——我並沒忘記這事——。妳們已明白，掉進大坑裡的人是什麼下場：在那裡，他的生命完了；如果沒

277. 參閱《格林多前書》第十章第十三節。
278. 第一抄本在五、六、七、八至九節之中，有很長的解說。

有往地獄深陷下去，就算是做得夠多了；再者，他永不會進步。為此之故，無論對自己、對別人都沒有益處，反而有害。因為，坑洞既已造成，許多行路的人就能陷入其中。要是他出得來，再用土覆蓋起來，也就不會傷害到自己或別人。不過，我要告訴妳們，這個誘惑是很危險的，根據經驗，我對這事知道得非常清楚，所以，我曉得對妳們述說這事，雖然不如我所希望的那麼好[279]。

魔鬼使妳們開悟，認為自己是神貧的（牠倒是有幾分道理，因為妳們發過神貧願——在口頭上，可以這麼說），甚至連一些修行祈禱的人亦然。我說「口頭上」，因為，如果我們用心體認所要誓發的聖願，再誓發我們的聖願，在此，魔鬼不可能讓我們陷入這個誘惑，二十年或甚至一輩子之久；因為我們會看得出來，是在自欺欺人。

現在可好，發了神貧的聖願、或自認神貧的人會說：「我什麼也不想要。」「我保有這個，因為少掉它，我會活不下去。」總之，「我必須為服事天主而活。」「天主也要我們好好照顧身體。……」在此，魔鬼如同天使一般，教唆上千個不同的理由（因為全都是好事），就這樣，唆使靈魂自認為已是神貧者，具有神貧的德行，什麼都完成了。現在我們要來驗證；因為，除非時常加以檢視，沒有別的方法能識破這事，如果小心注意，記號很快就會出現：有個人，他的定期收入之多，遠超過他所需要的（我是說真有需要的，如果他一個僕人夠用，就不要用三個）；若為了部份的資產而被人上訴，或有窮苦的工人欠他租金，這些事使得他這麼憂慮不安，這麼蓄勢發作，好像少了這些錢，他就活不下去了。他會說，「因為不能由於不謹慎，而失去它們」，馬上就有辯解的理由。我不是說，他要放棄一切，而是說，他要力求明辨，所要獲取的是好或不好的。因為真正神貧的人，極不看重這些事

279. 最後這句是聖女大德蘭慣用的謙虛說詞之一。

物，若由於某些原因，獲得了一些財物，也絕不會使他心神不寧，因為他從不認為他會有所缺乏。若有所缺乏，他也不太在乎；他視之為次要的，而非主要的東西。由於懷有更高超的思想，他全力專注的是另外的事。

如果是位男會士或女會士（因為已經查明是位會士，至少應該就是），他什麼都沒有，因為有時沒有人給他什麼。不過，若有誰給了他什麼，如果他會認為過多，那是件奇事。他總喜歡保留些什麼，如果能有件好衣料的會服，他就不會請求較差布料的。他留有一些能典當或賣出的小東西，甚至有可能是書；因為如果生了病，則需要有比平時更舒適的東西。

我是個罪人！那又怎樣呢[280]！這就是妳們誓發的聖願嗎？不論境遇如何，不要操心妳們自己，且要交付於天主；因為，如果妳們為了將來而儲備張羅，還不如妳們有固定的收入。雖然可以這麼做而沒有過失，不過，要能識破這些不成全是很好的，好能看清楚，為擁有這個德行，我們還差得很遠，因而能向天主祈求，並盡力獲得這德行。因為，若認為已有了這德行，我們變得粗心大意、受騙上當，情況更糟。

關於謙虛亦然；我們自認為不要榮譽，或對什麼都不在乎。在遇有丟臉的事時，馬上，從妳們的感覺與作為中，妳們會明白自己不謙虛。因為，如果遇有什麼帶來更大榮譽的事，妳們不會為了更大的益處而棄置——甚至我們提過的那些神貧者也不會。天主保祐！但願他們不會企圖謀求！他們的口這麼常唸唸有詞：「他們什麼也不要，對什麼也都不在乎」，他們認為自己真是如此；竟至常常說這話的習慣，更使他們如此相信。】

至於愉悅或欣慰，彷彿我們只是在領受，所以有更大的義務去服事；在此，把沒有的德行視為已有，彷彿我們是在付出和服事，上主必須報答。就這樣，逐漸地造成許多的傷害。

280. 這是一句很生動的對話，意思是：我就是這麼不好，別人能拿我怎樣！

一方面，削弱謙德，另一方面，由於自認為已修成謙德，我們就會疏於修練這個德行。

那麼，修女們！解決的方法是什麼呢？我認為最好的方法，就是我們老師所教導的：祈禱並懇求永恆的聖父，不許我們陷於誘惑㉘¹。

❻ 我也想對妳們說說另外的事：如果認為上主已賜給我們德行，我們要知道，沒錯，我們是接受了，但祂還可以再拿走，正如事實上經常發生的，但並不缺少天主的深切護祐。修女們，妳們從來都沒見過這事嗎？我是見過的。有時我自認為非常超脫，事實上，經過了試驗，我確是這樣；又有時，我發現自己這麼執著，或許連前一天所嘲笑的事物都放不開，我幾乎認不得自己了。有時候，我自認勇氣十足，舉凡服務天主的事，都不會反臉；經過考驗，確是這樣，我是能做點什麼事的。到了另一天，若遇有反對的事，我連為天主殺死一隻螞蟻的勇氣都沒有。同樣，有時候，我根本不在意別人的閒言閒語，對我議論紛紛；經過考驗，也往往得到印證我是這樣的，其實我反而從中感到高興。然而，遇到某些日子，只一句話就會使我愁苦，並盼望離開塵世，因為彷彿事事都令我疲憊。關於這事，並非只有我這樣，我看到，許多比我好的人亦然，所以我知道，事實如此。

❼ 那麼，既然是這樣，誰能說自己有德行、或富有德行呢？因為在最需要德行的時候，卻發現自己一貧如洗。不是的，修女們，我們要常常念及自己的真相，方不致因無法支付而負債。因為財寶必然來自他處，而我們不知道，我們何時會留在自身窮苦的牢裡，什麼也沒有給。若有人看好我們，加給我們恩惠和榮譽——這就是我說的借貸——他們和我們都受到愚弄。事實上，懷著謙虛服事，在急需時，上主終究會來援救我們；然而，如果不是真有這個德行，每一舉步——如人們說的——上主都不會理我們。這是祂的極大恩惠，為使我

281. 參閱《瑪爾谷福音》第十四章第三十八至三十九節及《瑪竇福音》第六章第十三節。

們能有謙虛，真實地了悟，除了所領受的，我們什麼都沒有。

❽ 那麼，現在請注意另一個勸告：魔鬼讓我們開悟，自認有了某德行——我們說的是忍耐，因為我們下定決心，持續不斷，切實地為天主忍耐；我們也認為，自己真的忍受許多，所以感到滿意得很，由於魔鬼的一臂之力，我們信以為真。我勸告妳們，不要理會這些德行；除了獲知德行的名稱外，也不要自以為通達它們；又除非我們看到證據，也不要以為上主已賜給了我們。因為會發生這樣的事，有人說了一句不悅耳的話，妳們的忍耐就摔到地面上。如果妳們經常忍耐，讚美天主開始教導妳們這個德行，又努力去忍受，這是個記號，祂要以這個德行報答妳們；雖然給了妳們，妳們並非擁有，而只像存放似的，如我已說過的[282]。

❾ 魔鬼還會招惹另一個誘惑，就是讓我們自以為很有神貧的精神，唆使我們習慣這麼說：我們什麼都不要、對什麼都不在乎。可是，當人家送我們東西，甚至是不需要的東西，時機未到，我們的神貧精神就已喪失殆盡。習慣這麼說，極有助於自信已有了神貧。

時時警覺以識破這個誘惑，這是非常重要的，在我所說過的事上亦然，就像在其他的許多事上。因為，若是上主真的賜下其中某個堅固的德行，似乎其他的德行也隨之而來；這是非常明顯的事。不過，我要再提醒妳們，雖然妳們自認為有這德行，仍要害怕自己受騙。因為，真正謙虛的人，往往懷疑自己的德行，看見近人的德行，總認為那是更確實、更珍貴的。

282. 見本章第六及第七節。

第三十九章

繼續談論同一主題。除針對不同方式的誘惑，給予勸告，並列舉補救的方法，使人能從中獲得釋放。

❶ 然而，女兒們，妳們也要防備，一些魔鬼放進來的謙虛，會令人感到罪惡深重，而極度不安。這種情況以多種的方式，經常折磨人，竟至叫人斷絕領聖體，及放棄修行私下的祈禱[283]。由於魔鬼的唆使，讓人覺得不配這麼做。到了要領至聖聖體時，原本用來領受恩惠的時刻，卻消耗在懷疑自己有否做好準備。事情的結局是，促使一個靈魂認為，由於他這樣，天主徹底地拋棄了他，幾乎使他懷疑天主的仁慈。所觸及的事事物物，他都覺得危險，他的服事，不論多麼好，也都沒有果實。導致他多疑不信，由於什麼都做不好，所以袖手旁觀；因為他想，在別人身上是對的，到了他就不對了。

❷ 女兒們，關於我要對妳們說的這一點，要多多注意，因為有時謙虛和有德行，能使妳們自覺如此卑劣，這是另一個極大的誘惑。因為我已經歷過了，對這事清楚得很。謙虛不會使靈魂焦躁、不安或擾亂，無論是多麼大的謙虛；而是帶來平安、愉悅和平靜。即使一個人看見自己是卑劣的，清楚明白活該下地獄、受折磨，他也認為，遭人憎惡完全是公道的，幾乎不敢求人饒赦，如果是好的謙虛，這個痛苦會伴隨一種內在的柔順及滿足，我們不願看到自己沒有這痛苦。這不會擾亂和折磨靈魂，反而擴大靈魂，使之有能力服事天主更多。另一種痛苦全是慌亂，全是騷亂不安，整個靈魂翻攪難安，是非常痛苦的。我相信，魔鬼故意

283. 這是大德蘭的親身經驗，見《自傳》第七章第一、十一節；第八章第五節。私下祈禱，意指修道生活中除了團體一起的祈禱，還有私下個人的祈禱。

讓我們自以為謙虛，如果牠做得到，反過來，使我們不信賴天主。

❸ 當妳們遇有這樣的情況時，要盡己所能地，不去想妳們的可憐，而要想天主的仁慈，想祂愛我們及為我們受苦。如果是誘惑，即使做不到這點——因為魔鬼不讓妳們的思想平靜，或專注在某事上，只是為了要妳們疲累不堪——若能看穿這是誘惑，就很好了。

【(284)那麼，女兒們，妳們要防備，有些魔鬼放進來的謙虛，帶來很大的不安，忖度過去罪惡的嚴重：「我是否堪當領聖體？」「我準備好了嗎？」或「我不配活在好人當中。」諸如此類的事。如果隨之而來的是平靜、欣喜和愉悅，由於得到自我認識，是可以珍視的事。然而，如果隨之而來的，是使靈魂擾亂、不安和受折磨，又使思想平靜不下來，要相信這是誘惑，妳們不要當成謙虛，謙虛不會是這樣的。】

在過分做補贖方面亦然，魔鬼所以這麼做，是誘使我們自以為比別人做更多的補贖，也做了點什麼。如果妳們隱瞞神師或長上，或者如果他們說，妳們不要做補贖時，這顯然是誘惑。妳們要盡力服從，雖然會帶給妳們更多的痛苦(285)，因為更大的成全就在於此。

❹ 魔鬼設下的另一個很危險的誘惑，亦即自以為有把握，無論怎樣，都不會再陷入從前的罪、或世上的快樂；「因為我已了悟一切，知道萬事萬物都有終結，而天主的事給我的愉悅更多。」如果初學者這麼想，是很糟糕的，因為有了這個把握，他完全不再留意，可能會重蹈覆轍，而徹底失敗；天主保祐，故態復萌時不會更惡劣。因為，當魔鬼瞧見，這是能中傷牠又惠及他人的靈魂時，魔鬼會破釜沉舟，不使靈魂站起來。

因此，雖然上主賜給妳們更多愛的愉悅和信物，絕不要這麼有把握，竟至不怕會再跌倒，而且，妳們要防備那些跌倒的機會。

284. 第一抄本中，沒有上面這段，而有另外的解說。
285. 做補贖是克苦肉身，服從則是相反私意，甚至比肉身的克苦更難，更覺痛苦。

❺ 要非常努力，和能開導妳們的人談論這些恩惠和愉悅，什麼事都不要隱瞞。也要留意這事：**無論是多麼崇高的默觀，常要以認識自己作為祈禱的開始和結束**。如果這個自我認識來自天主，即使妳們不想要，也不留意這個勸告，妳們還是常常會這麼做，因為天主的恩寵帶來謙虛，往往留下更大的光明，使我們認清自己的渺小。

我不想在此躭擱太久，因為妳們會找到許多有這些勸告的書。我所說的，是因為我有經驗，也看到自己有時備受煎熬。所能說的一切，無論多少，都不能給人十足的把握。

❻ 因此，永恆的聖父，除了向祢求助，懇求祢，不要讓這些敵人得逞，使我們陷於誘惑中，又能做什麼呢？公開的事端襲來，有祢的恩惠，我們很容易獲得釋放。然而，那些狡猾的叛變，我的天主啊！誰能識破呢？我們必須常常求祢救助，上主！請說點什麼來指示我們，好使我們認識自己，且獲得安全。祢已知道，沒有許多人行走這條路，如果又必須這麼害怕地行走，走的人就會更少。

❼ 這是個怪事！就好像，不走祈禱之路的人，魔鬼也不誘惑他。對於近乎成全者的一個過錯，眾人的驚異，遠超過目睹成千上萬之人的公開過錯和罪行！這些公開的惡行，我們不必細看是好，或是壞，因為從一千里格㉘⑥以外，就能看穿是撒旦。

事實上，他們是對的，因為誦念〈天主經〉的人，這麼少上魔鬼的當，如我所說過的，彷彿是新奇又不凡的事一般，令人驚奇。在世人當中，這是常有的事，很容易忽略不斷看見的事，對很少發生或幾乎沒有的事，則感到非常驚奇。正是魔鬼使他們感到驚奇，因為有利於魔鬼；一位達到成全者，使魔鬼喪失許多靈魂。【我說，這事如此令人驚奇，我並不訝異他們的驚奇；因為，若不是他們屢屢犯過，比起行走別條路的人，這條路安全得多了。一個

286. Legua，西班牙里程單位，大約3英里，相當於5.572公里，通行於歐洲和拉丁美洲。

就像在台上看鬥牛，另一個則面對著牛角。我曾聽過這比喻，認為貼切得很。

修女們，妳們不要怕行走這些道路，因為祈禱的途徑有許多。有的從這條路獲益，有的則是另一條，如我已說過的。這路是安全的；當妳們靠近天主時，會比遠離天主時，更快速地脫免誘惑。要懇求祂，向祂祈求這事，如同妳們每天這麼多次在〈天主經〉中祈求的。】

第四十章

說明何以努力經常走在愛和敬畏天主中，我們得以在這麼多的誘惑中安全行走。

❶ 那麼，我們的好老師，請給我們一些方法，指示如何生活在這麼危險的戰爭中，而不會有許多的驚駭。

女兒們，我們能擁有的，及至尊陛下賜給我們的，就是「愛和敬畏」。愛加速我們的腳步；敬畏使我們看清前行的路，不致在障礙重重的途中跌倒，這條路是所有活著的人都要行走的。有了愛和敬畏，就會很安全，我們不致於受騙。

❷ 妳們會問我，要怎樣看出來，妳們有這麼了不起的兩個德行。妳們問得對，因為要非常確實，又很確定這事，是做不到的；因為，如果確定我們擁有愛，我們就一定處在恩寵中[287]。不過，修女們，請注意，有些記號似乎連瞎子都看得到；它們並不隱祕；雖然妳們不願認出它們，它們卻放聲喊叫，非常引人注意，因為沒有很多人成全地擁有它們，所以這些

287. 有位審閱者在邊緣寫道：「除非有非凡的特恩，這是不可能的。」

記號更加明顯。除了愛和敬畏天主，還能多說什麼！這是兩座堅固的城堡，我們可從那裡迎戰世俗和魔鬼。

❸ 凡真愛天主的人，愛所有的美善，渴望所有的美善，幫助一切的美善，讚頌所有的美善，他們經常結合、恩待和保護良善的人。他們只愛真理，及值得愛的事物。妳們認為，真的非常愛天主的人會愛虛榮，這是可能的嗎？不可能的，他們不可能愛財富、世物、享樂或榮譽；也不可能會爭鬥和嫉妒。全是因為除了中悅心愛的主，他們不追求什麼。這些人因渴望心愛主愛他們，而瀕臨死亡，因此，他們付出一生，尋求如何能更悅樂祂。

愛會隱藏起來嗎？啊！至於天主的愛，若是真的，是不可能的！如果不是這樣，請看聖保祿或德蓮。三天之內，其中的一位，就開始了悟他已因愛成疾；這位就是聖保祿。德蓮則是從第一天起，她了悟得多麼透徹啊！愛是這樣的，會有較多或較少的差異，所以，對愛的洞察乃根據擁有愛的強度：如果愛少，對別人的洞察也少；愛多，洞察也多。不過，無論是少或多，若有天主的愛，往往會被認出來。

❹ 然而，現在我們要詳談的，是魔鬼給默觀者設下的騙局和幻覺，實在不少。往往默觀者有很多的愛，否則他們就不算是默觀者；他們的愛很容易認出來，且能以許多方式辨認。這是熊熊大火，不能不大放光芒。如果沒有這個愛的光輝，他們要懷著很大的憂慮；也要相信，他們有許多要害怕的；要努力認清是怎麼回事；他們要祈禱，懷著謙虛並懇求上主，不要讓他們陷於誘惑之中。因為，確實的，如果沒有這個記號，我怕我們會陷入誘惑中。然而，如果懷有謙虛，努力曉悟真理，順服告解神師，真誠樸實地和他交談，則如我說過的[288]，魔鬼圖謀導致死亡的事物，反而帶來生命，即使魔鬼設下更多的甜言蜜語和幻覺來

288. 見第三十八章第三節、第四節。

迷惑妳們。

❺ 然而，如果妳們感受到我所說的這個天主的愛，及我現在要說的敬畏[289]，妳們要滿懷欣喜和平靜，因為，魔鬼為了不讓妳們享有這麼大的福分，騷擾妳們的靈魂，牠能揑造成千的虛假恐懼，又努力讓別人也對妳們如法泡製。因為魔鬼勝不過我們，至少也要力求讓我們損失點什麼，導致能夠大大獲勝的都喪失了——如果靈魂相信獲勝是天主的恩惠，祂對一個這麼卑劣的受造物，能賜予這麼大的恩惠，如此賜恩是可能的，似乎有時候，我們忘了上主往日的慈愛[290]。

❻ 魔鬼設置這些怕懼，妳們認為對牠沒什麼要緊嗎？錯了，這非常重要，因為會造成兩種傷害：其一，使聽牠的人害怕去祈禱，他們也以為自己會受騙；其二，如果沒有這些害怕，會有更多人親近天主，看祂這麼美好——如我所說的[291]，而這是可能的，現在上主會親密地和罪人們交往。他們貪求這些恩惠，他們是對的；我認識一些人，這些恩惠鼓舞他們，促使他們開始祈禱，且在短短的時間內，獲得純真的效果，上主賜給他們很大的恩惠。

❼ 因此，修女們，若看到妳們當中，有人得蒙上主賜恩，妳們要為此極力讚美上主，但不要因此認為她是安全的，相反的，妳們要以更多的祈禱幫助她。因為，生活並陷入這個危險的暴風海洋中，沒有人能夠是安全的。

這樣，妳們不會認不出這愛在哪裡，我也不知道，這愛怎能被隱藏呢？【[292]如我所說，馬上會認出（這愛）在哪裡；就好像，若愛上一位男人或女人，是隱藏不了的，反而愈隱藏，愈顯露出來。然而，其所愛的無非只是一條蟲，根本配不上「愛」這個名稱，因為建立在微弱的地基上，做這樣的比較，實在令人作嘔。而像來自天主的這麼強而有力的愛，能隱

289. 她在第四十一章中談論此點。
290. 參閱《聖詠》第八十九篇五十節：「往日的慈愛，如今又在哪裡？」。
291. 見第十六章第六至第八節；第二十五章第一至第五節。
292. 第一抄本中，大德蘭說得更強烈。

藏起來嗎？這愛建立在這樣的地基上：有這麼多可以愛的；又有這麼多愛的理由！總之，這就是愛，堪當「愛」的名稱，因為這愛必會避開世上的虛幻浮華。】那麼，如果我們愛塵世的受造物，人們說，這是不可能隱藏的，愈遮掩，就愈曝露（這些東西是這麼卑賤，不配叫作愛，因為是建立在微弱的地基上），又怎能掩蓋這麼強有力、公義的愛呢？這愛不斷地增長，看不出有什麼因素會停止愛，這愛建立在這樣的地基上，彷彿是以另一個愛來回報。對此回報的愛，是不能懷疑的，因為這愛已毫無隱蔽地顯示出來，流露著受盡好大的痛苦、折磨，並且傾流鮮血，捨生至死，因此，不容我們對這愛有絲毫的懷疑。天主啊！幫助我吧！對體驗過天主之愛的人而言，這愛和受造物之愛，二者間多麼不同啊！

❽但願至尊陛下在我們離世之前，賜給我們這愛，因為到了臨終時，看見審判自己的，就是我們所愛之超越萬有的那位，這可是一件大事。審判罪債時，能使我們平安無事。不會像到了異國他鄉，而是像在自己的本家，因為是在我們這麼愛祂，祂也這麼愛我們的地方。【這愛——連同其他的一切——比世上的情愛更好：愛天主時，我們很確定祂愛我們。】我的女兒們，妳們要謹記，在這裡，有了這愛所得的益處，以及沒有這愛的損失。沒有這愛，使我們陷入誘惑者的魔掌，這麼殘酷，這麼敵對一切美善，又這麼喜愛所有惡事的魔掌。

❾這可憐的靈魂，才脫離死亡的痛苦和磨難，立刻陷入魔手，他會變成什麼樣子呢？他的安心休息，多麼糟糕！他下到地獄，又是多麼支離破碎！各式各樣的毒蛇多麼眾多！多麼嚇人的地方！多麼不幸的住處！因為在糟糕的客棧過一夜，會令人忍無可忍，如果是恣情縱慾的人（就是大多半應該下到那裡去的人），卻要永遠住在那裡，永遠沒完沒了，妳們想

想看，這可悲靈魂的感受會怎樣呢？

女兒們，我們不要渴求愉悅；我們在這裡好得很；只不過是在糟糕的客棧留宿一夜。我們要讚美天主。要勉強自己在今世做補贖。誰若為自己的全部罪過做了補贖，不必下煉獄，他的死亡是多麼甜蜜啊！甚至從今世起，就開始享受榮福！妳們不會覺察自己內有害怕，而是完全的平安。

⑩ 修女們，既然我們還沒有達到這個境界，我們要懇求天主，如果我們因此而受苦，我們還有希望從痛苦中獲得釋放，也能甘心樂意承受，不失去祂的友誼和恩寵，使祂在今世賜給我們恩寵，方不致陷入誘惑中，而無所知覺。【(293)我們要讚美天主，經常認真地懇求祂，把我們和所有的罪人放在祂的手中，不讓我們陷入這些隱藏的誘惑中。】

第四十一章

談論敬畏天主，及我們必須怎樣防備不犯小罪。

❶ 我是多麼地滔滔不絕！但還不及我想說的那麼多，因為談論這樣的愛(294)，是令人愉快的事。有了這愛會是怎樣的呢？但願上主賜給這愛，因為祂是至尊陛下。【我的上主啊！請祢給我這愛！不要讓我離開今世，除非我不再渴望世物，而且除祢之外，我不知有什麼是

293. 第一抄本的結論更為簡潔。
294. 意指前章所談的天主的愛。

愛，也不對任何人使用「愛」這個名稱，一切全是虛假，因為地基是虛假的，所以建築物也維持不久。

我不知道，我們為什麼會驚訝：「那人沒有好好報答我」、「另一個人不愛我」，當我聽到有人這麼說時，不禁暗自發笑。人家必須報答妳們什麼呢？又為什麼應該愛妳們呢？從中妳們會看出來這世界的真相：妳們所給予的愛，後來反而是懲罰。為什麼妳們會擾亂不安？因為，妳們的意志深深陷入孩子般的遊戲中，讓妳們很不舒服。【[295]現在我們來談談敬畏天主，雖然我深覺遺憾，不能多說一點這個對世界的愛，因為，由於我的罪過，我熟知這事，很想對妳們說個清楚，好讓妳們能永遠擺脫它。然而，因為我已偏離主題，我必須略而不談。】

現在讓我們來談談敬畏天主[296]。這也是很容易辨認的事，在有這德行的人身上，或當人們接近他時，可以看得出來的。雖然如此，我希望妳們了解，並非從一開始就那麼德行洋溢，除非是——如我說過的[297]——那些人，上主賜給他們很大的恩惠，在短短的時間內，就使他們富有德行。因此，敬畏的德行，並非在人人身上都認得出來，我是說在剛開始時。這德行的強度天天在增長。然而，之所以很快辨認出來，是因為這人從一開始就避開罪惡、犯罪的機會及壞同伴，還有，也看得到其他的記號。再者，當靈魂已達到默觀——這正是我們現在深入探討的主題——敬畏天主也變得極為明顯，一如愛德。這德行並非掩飾起來的，甚至連外表也昭然若揭。無論妳們多麼留神地觀看這些人，絕看不到有什麼粗心大意之處，不論多麼細察他們，上主如此地守護他們，若是遇有他們最愛的事物，也不會明知故意犯小罪。而大罪則有如烈火，令他們害怕。

295. 第一抄本繼續說。
296. 見第四十章第五節。
297. 見第四十章第三節；第十六章第六至第九節。

修女們，正是這些錯覺，我願大家感到非常害怕。我們要經常懇求天主，不要使誘惑如此強勁，導致我們冒犯祂；而是所給的誘惑，要相稱於祂賜給我們克勝誘惑的剛毅。重點就在於此。正是這個敬畏，我希望永遠不會從我們身上除去，敬畏對我們一定是有助益的。

❷ 啊！不冒犯上主真是個大事！祂那在地獄中的奴隸和僕人，因此而被捆綁[298]。總之，萬有都必須服事祂，不論願意與否，只不過牠們是被強迫的，而我們則完全是自願的。因此，只要我們取悅上主，牠們就會繼續受到束縛；不論牠們用多少誘惑，設下多少祕密圈套來陷害我們，牠們的傷害都不能得逞。

❸ 要細心和留神——這非常重要——妳們不要粗心大意，除非看到自己這麼大的決心，不冒犯上主，情願死一千次，也不願犯一個大罪，至於小罪則小心翼翼，不要違犯。這裡指的是明知故犯的小罪，至於非明知故意的，誰會沒有很多無意的小罪呢？不過，有種小罪是明知故意的，是經過相當的深思熟慮；另一種則是那麼快速，犯小罪和覺察出來，幾乎同步發生，兩者完全一致，致使我們無法知覺。然而，那顯然是明知故犯的罪，不論多麼輕微，但願天主解救我們，免陷於其中。【我不知道，我們何以這麼的大膽，竟敢冒犯如此偉大的上主，即使是在非常微小的事上。】更何況，對一位這麼尊威的至尊陛下，要是違逆祂，又明知祂正看著我們，都不能算是小事！在我看來，這是嚴重的蓄意犯罪，就像有人說：「上主，雖然會傷祢的心，我還是要這麼做；我曉得祢看得見，也知道祢不喜歡，我都了解；不過，我更願隨從自己的任性和欲望，超過祢的聖意。」在這一類的事上，我不認為可視之為不算什麼，所犯的罪過可能是輕微的，卻是非常、非常的嚴重。【女兒們，為了天主的愛，妳們絕不可疏忽這事，就像現在——願光榮歸於上主！——妳們所實行的。】

298. 受約束estén atados：原文的這一句本來不完整，路易斯．雷翁（Luis de León）加上estén atados。這句話表達的涵意是：不冒犯上主，使魔鬼被捆綁，無法傷害我們。

❹修女們，請注意，為了天主的愛，如果妳們想敬畏天主，了悟冒犯天主是多麼嚴重的事，是很重要的，並且妳們要經常加以深思細察。為使這個德行在我們靈魂中生根，值得我們付出生命或更多。除非妳們很真實的知道已有這德行，否則必須時時非常、非常小心，凡不幫助妳們接近天主的場合或同伴，都要避開。我們的一切行事，要極其留意，使我們的意志屈服，也要注意使我們的言談能感化人心。無關天主的談話處所，要逃避。

將這敬畏深刻於己內，是非常必要的，雖然，如果真的有愛，很快就會獲得敬畏。不過，當靈魂見到自己懷有大決心，如我所說的[299]，任何受造之物都不會使他冒犯天主，雖然如此，後來還是會有跌倒的時候，因為我們是軟弱的，沒有理由信靠自己（決心愈大，對自己的信靠則愈小，因為必須信靠的是天主）。我所說的這事，若是我們能了解，就不必這麼的畏縮和緊張，上主會救助我們，已修成的習慣也有助於不冒犯祂。此外，要懷有聖善的自由，和義人來往，即使他們是散心娛樂之人[300]。因為，在妳們對天主懷有這真實的敬畏前，那些人是妳們的毒藥，會殺死靈魂，後來卻往往使妳們更愛天主和讚美祂，因為，祂從妳們目睹的明顯危險中，救出了妳們。如果先前促成那些人的軟弱，妳們也有分，現在則有助於他們，使之在妳們面前有所約束，這事的發生，並非他們想要給妳們面子。

❺我時時讚美天主，因為想到會有這樣的事：天主的僕人往往不發一言，就能阻擋別人出言忤逆天主。必定是這樣的，好比在今世：如果我們有個朋友，若是他不在場，而人家曉得他是我們的朋友，在我們面前，往往也會敬重他，不會侮辱他。處於恩寵之境也是這樣，達此恩寵之境的人必會受到敬重——不論其恩寵境界多麼微末——在那麼清楚會令他難過的事上，如冒犯天主，他們也會避開。我不明白這事的原因，但我知道事情總是這樣的。

299. 見第一、第三節。
300. 這句原文不易翻譯，ICS英譯本把「義人」justo，譯為「好人」those who are good，而「散心娛樂之人」distraído，譯為somewhat worldly。整個來說，這句話反射出聖女大德蘭的睿智教導，過去那些散心娛樂的朋友是她靈修生活的致命傷，如今有了對天主的真實敬畏，而有所不同，這是她所說的「要懷有聖善的自由」之意。

因此，妳們不要左右為難，因為如果靈魂開始畏縮，對所有的美好事物而言，是很壞的事，有時，使得妳們滿懷顧慮多疑，以致對自己或別人都一無是處。如果不陷於顧慮多疑，這拘謹對自己該是好的，不過，卻無法帶領許多靈魂接近天主，因為他們看到這麼多的畏縮和左右為難。我們的本性就是這樣，這些恐懼和壓抑，使人逃離妳們行走的道路，雖然他們清楚知道那是更有德行的道路。

❻在此會導致另一種傷害，亦即判斷別人：由於沒有行走妳們的道路，而他們有著更高的聖德，為了幫助近人，自由地和近人交談，沒有這些畏縮，妳們馬上認定他們不成全。如果他們享有聖善的喜樂，也會被看成放蕩，這對我們中沒有學識，又不懂得怎能與人交談而無過失的人，尤其如此。這是非常危險的事，會陷於繼續不斷的誘惑，令人很難容忍，因為是在傷害近人。如果眾人沒有照妳們的模樣行走，畏縮膽怯，就想他們沒有走得很好，這是大錯特錯。

另外還有一種傷害：在某些事上，妳們必須說，妳們說也是理所當然的，卻害怕說得過頭，而不敢說，但是很可能，某些妳們說得很好的事，反而是妳們要非常厭惡的。

❼因此，修女們，妳們要竭盡所能，不冒犯天主，盡力和藹親切，也要曉得如何對待所有和妳們交往的人，使之喜愛妳們的言談，渴望妳們的生活方式和作風，不致使人害怕，而被德行嚇到。這對修道人士而言，非常重要，愈有聖德，也愈能和姊妹們友好交談。雖然，如果她們的談話完全不如妳們所願望的，令妳們感到非常難過，若是妳們願意幫助她們，得到她們的愛，絕不可疏遠她們。這是我們要竭盡所能努力的：對待和我們交往的人，尤其是我們的姊妹，要和藹可親、令人愉悅、討人歡喜。

❽為此，我的女兒們，要努力去了解天主，事實上，祂並不看這麼多的瑣碎事，如同妳們想的那樣，妳們不要使靈魂畏縮，或失去勇氣，這樣會失落許多美好的事。意向要正直，意志要堅決，如我已經說過[301]，不要冒犯天主。妳們不要把靈魂放在牆角，這樣非但修不成聖德，反而惹來許多的不成全，此乃魔鬼經由別的管道設下的布局，如我所說的[302]，無法這麼有益於自己和他人。

❾在此，妳們看得出來，何以有了這兩樣——愛和敬畏天主——我們能走在這條道路上，安寧又平靜；雖然如此，敬畏必須常常走在前頭，不可粗心大意。只要還活著，這個安全我們不一定會有；因為這可能是很大的危險。而這就是我們的老師所洞察的，到了禱文結束時，祂向天父說了這些話[303]，彷彿祂清楚知道，這樣的祈求是必須的。

【[304]在此，妳們看得出來，何以有了這兩樣，愛和敬畏天主，妳們能平靜地走在這條路上，不致認為，每一步妳們都看到讓人跌倒的坑穴，而妳們絕走不到盡頭。不過，因為即使這樣，也無法明確地知道，我們已有這兩樣很必要的德行，上主憐憫我們，因為我們生活在這麼多的不確定中，又處在這麼多的誘惑和危險中，至尊陛下說得好，祂教導我們為自己祈求，而祂也為自己祈求：「但救我們免於兇惡。阿們。」】

第四十二章

301. 見第四十一章第三節。
302. 見第五、第六節。
303. 「這些話」：是指〈天主經〉最後的祈求。
304. 第一抄本的結論更為詳盡。

・第四十二章・

談論〈天主經〉的最後一句：但救我們免於凶惡。阿們。

❶好耶穌為自己求這事，我認為很有道理，因為我們已看出來，祂活在此世多麼疲累，當時在晚餐中，祂對門徒們說：「我渴望而又渴望，在我受難以前，同你們吃這一次的逾越節晚餐[305]。」這是祂一生中的最後晚餐。從中可以看到，祂的生活是多麼的疲累。然而現今，即使是活到一百歲的人，也不會感到疲累，反而常常渴望活得更久。真的，我們過的生活沒那麼不好，也沒那麼多的磨難，不像至尊上主所經歷的，也沒那麼貧窮。祂的一生是什麼呢？無非是持續不斷的死亡，人們將加給祂的殘酷死亡，經常呈現在祂眼前，這還是比較小的痛苦。然而，人們開罪祂的父何其多！喪亡的靈魂也這麼眾多！那麼，如果在今世，這會使有愛德的人深感折磨，上主的愛德既無限又無量，祂將會如何呢？祂多麼有理由懇求聖父，使祂免於這麼多的惡事和磨難，安置祂在父的國裡，永遠歇息，因為祂是天國的真正繼承者。

❷「阿們」。這個「阿們」使我了悟，說了這句「阿們」，一切事物都隨之告終，所以上主這麼祈求，願我們永遠免於所有的凶惡。【修女們，若以為當我們還活著時，能免於許多的誘惑、不成全，甚至免於罪過，這種想法是沒有用的，因為經上說，凡自認無罪者是在自欺[306]，事實就是這樣。那麼，如果我們說身體的病痛及磨難，誰沒有各式各樣、許許多多的經歷呢？我們祈求免去這些，是不對的。

那麼，我們要明白，在這裡我們求的是什麼，因為「免於所有凶惡」的這個說法，似乎是不可能的，無論指的是身體上的病痛——如我所說的——或指服事天主時的不成全和過失。至論聖人們，我則不說，他們能在基督內做一切，如聖保祿所說[307]。然而，如我這般的

305.《路加福音》第二十二章第十五節。
306. 參閱《若望壹書》第一章第十節。
307. 請看《斐理伯書》第四章第十三節：我賴加強我力量的那位，能應付一切。

罪人，我看到自己在軟弱、冷淡、缺乏克苦及別的許多事物中，繞來繞去。我明白，我必須向上主祈求補救的良方。女兒們，妳們得按照自己的想法去求；我在生活中沒有找到這補救的良方，所以向上主祈求：使我永遠免於一切凶惡。修女們，由於我們缺少這麼多的美善，又遠離祂，在今生，我們能找到什麼好的嗎？

上主，請救我免於這個死亡的陰影，免於這麼多的磨難、這麼多的痛苦、這麼多的變化不定，及人生在世得勉強接受的這麼多恭維，還有這麼多之又多的東西，令我厭煩、疲勞不堪，如果我和盤托出，任誰讀了都會很累。已經沒有人受得了活下去。這個疲累必會臨於我，因為我的生活這麼不好，也因為看到，甚至連我現在的生活方式，也不是我該有的方式，係因有這麼多的罪債。】因此，我向上主懇求這事，永遠免於所有的凶惡，因為我彌補不了所欠的罪債，而很可能的，我會天天背負更多的罪債。上主，那使我忍無可忍的，是不能確定知道我愛祢，也不能確定，是否我的渴望在祢面前蒙受悅納。我的上主天主啊！請救我現在得免於一切的凶惡，並樂意帶我到那幸福圓滿的地方。對那些得蒙祢的恩賜，了悟世界真相的人，及那些擁有活潑的信德，相信永恆聖父已為他們保管好的人，在此他們還要企望什麼呢？

❸ 對默觀者來說，在祈禱中，所得恩惠來自天主的一個很大效果，就是懷著很大的渴望，和徹底的決心祈求這事。因此，凡是這樣的人，要非常看重這事。至於我之祈求這事，就不是這樣，我是說，不要認為是這樣，而是，由於我過著這麼不好的生活，我怕還要活得更久，而這麼多的磨難使我好累。凡享有天主愉悅的人，他們渴望的地方，並不是只享有一小口；他們也不想活著，因為有這麼多的障礙，阻止人享有這麼多的福樂；他們渴望的是公

義的太陽永不落下的地方。後來他們看到的塵世全是黑暗的，我很驚奇他們怎麼活得下去。誰若開始享受，並在今世就得到天主的國，必不會有所滿足，他也一定不會為自己的意願而活，而是為了國王的旨意。

❹ 對不想死的人來說，這是多麼不一樣的生命啊！傾向我們的意願和翕合天主的旨意，又是多麼的不同啊！祂要我們愛真理，我們卻愛謊言；祂要我們愛永恆，在這世上，我們卻傾向轉眼成空的事物；祂要我們渴望偉大和崇高的事物，在這世上，我們要的卻是卑賤和屬地的事物；祂要我們只渴望安全的事物，在這世上，我們卻愛疑惑的。這些全是愚弄。我的女兒們，唯有懇求天主救我們永遠脫免危險，使我們擺脫所有的凶惡。雖然我們的渴望並不完善，我們仍要勉力作此懇求。做許多的祈求，我們必須付費用嗎？然而，我們是在向全能者天主祈求！不過，為使我們更準確無誤，我們要任憑祂的聖意處置，因為我們已給出自己的意志。願祂的聖名在天上和地上永遠受頌揚，願祂的旨意永遠實現於我。阿們。

【朋友們，在此妳們看得出什麼是成全的口禱：就是注意並明白在向誰祈求、誰在祈求，及祈求的是什麼。如果有人對妳們說，除了口禱，修行其他的祈禱都不好，妳們不要難過。好好地閱讀這裡寫的，若對祈禱有什麼不懂的，懇求天主賜給妳們明瞭。誰也不能除去妳們的口禱，妳們也不可急忙地唸〈天主經〉，卻不知道唸什麼。如果有人要除去妳們的口禱，或這樣勸妳們，妳們不要相信他；要相信他是假先知，也要留意，在我們這時代，妳們不必什麼人都相信。因為，雖然不必怕那些現在能勸妳們的人，但後來會怎樣，我們仍不得而知。

我也想對妳們說點要怎麼唸〈聖母經〉，可是，我已寫得這麼冗長，必須就此打住。知

道怎樣好好地唸〈天主經〉，已足以幫助妳們唸好所有必須唸的口禱。】

† † †

❺ 修女們，現在請看，在我開始對妳們說的、教導妳們和我的這條路，上主怎樣除去困難，賜我了悟，當我們唸這段福音禱文時，我們的祈求是很多的。願祂永受讚美！這是確實的，〈天主經〉蘊含這麼大的祕密，從來不曾進入我的心思意念中。妳們已經看得出來，其中包含整個的靈修道路，從開始直到天主使靈魂完全著迷，賜予靈魂暢飲活水之泉，可以說，這是路程的終點[308]。【也因此，離開這個祈禱——我是說〈天主經〉——我就不知道還要怎樣更往前走。】修女們，好似上主願意使我們明白其中蘊含的很大神慰，至於不會唸書的人，則有很大的益處。如果他們懂得〈天主經〉，藉著這個祈禱，他們能從中尋獲許多的道理和安慰。【而當我們的書被拿走時，這本書是不能被拿走的，因為是真理本身[309]親口所說，是不能錯的。所以，如我說過的，我們天天唸這麼多次〈天主經〉，我們要對這事感到欣喜，也要努力向這麼卓越的老師學習謙虛，學祂在祈禱時懷有的謙虛，及所有曾說過的一切。】

❻ 那麼，修女們，要懇求我們這位好老師寬恕我，因為我竟敢談論這麼崇高的事。至尊陛下清楚知道，如果不是祂教導我說什麼，我的理智是沒有能力辦到的。修女們，妳們要感謝祂，祂這麼做，必是由於妳們謙虛地請求我，願意受教於這麼可憐的東西[310]。【修女們，雖然我仍想繼續，但看來（上主）已不要我多說，因為我不知道要說什麼。

308. 她在第十九章中曾詳加談論這生命之泉。
309. 「真理本身」：指耶穌基督，祂就是真理。
310. 聖女的自謙話語，自稱是可憐的東西。

不過，在我所說的，我寫過的那本書上[311]，上主已教導妳們和我這條道路：要如何抵達這個活水之泉、靈魂在那裡的感受、天主如何滿足靈魂，並除去靈魂對世物的渴求，使之在事奉天主的事上成長。已經達到活水之泉的人，那書會有很大的助益，也會帶給他們許多啟迪。從聖道明修會的會士，道明．巴臬斯神父那裡，妳們可得到此書（如我已說過，他是我的告解神師，這本書就是要呈交給他的）。如果這本書合適妳們閱讀，他給了妳們，也會給妳們另一本。】

❼ 如果神父——道明．巴臬斯會士，他是我的告解神師，在妳們閱讀本書之前，我得先呈交給他——認為這本書對妳們有益，而把書給妳們，我則欣慰於妳們所受的安慰。要是沒有人看得到這書，請妳們接受我的心意，藉著此書，我已服從了妳們的命令。至於寫書的辛勞，我已受到豐厚的酬報，因為我所說的，確實不是我想出來的。

願上主受讚美和頌揚！我們所說、所想、所做的一切美善，都是從祂而來。阿們[312]。

311. 她指的是《自傳》這本書。
312. 第一版本的結語略有不同：「……因為我所說的，確實不是我想出來的，其中，上主使我明瞭這福音禱文蘊含的祕密，給了我很大的安慰。願祂受讚美和頌揚，永無終結。阿們，耶穌。」至於托利多抄本則是重覆阿們作結束：「阿們，阿們。」

附錄
捕風捉影

老實說，通常所謂的名著，並非人人一看就懂，可是，也不能說，人人都看不懂。畢竟，名著之為名著，絕非空穴來風。像《全德之路》這樣的一部名著，透過適度的引介，突破時空的軌跡，可提升讀者的興趣，也能開拓讀者的心靈。柯文諾神父的導論寫得很好，條理明晰，是相當有深度的學術論文，極有助於讀者了解本書的背景和旨趣。然而，不認識天主教，也不知道隱修院的讀者，似乎還需要多一點點的解說，尤其是自覺什麼都看不懂的人，正是本文的最佳對象。為此題名為「捕風捉影」，捕捉風風影影，幫助讀者輕鬆地得到一些粗淺的概念。

一、記者訪談大德蘭

聖女大德蘭大約在五十至五十二歲寫《全德之路》，我們來假設一下，有個年輕又活潑的電視女記者訪問大德蘭：

女記者：「德蘭姆姆，請問您為什麼寫《全德之路》？」

大德蘭：「因為我的修女們整天吵我，要我教她們祈禱，我沒有答應。她們不但不罷休，還去折磨道明．巴臬斯神父，非要他下令讓我寫不可，表面上，我是服從神師的命令，其實是順服修女的請求。」

女記者：「可是，不久前，您不是寫了一本*La Vida*嗎？」

大德蘭：「喔！妳說那本書啊！是神師要我寫的神修報告，神師們搞不懂我的祈禱經驗，硬是要我寫出來。其實，這書並沒有書名，有人說是《自傳》，也有人說是《生命史》，或《生命書》，對我而言，這只是神修報告，服從神師的命令寫的。寫了幾遍才真的完稿，由於道明會神學家賈熙亞神父的極力鼓勵，要我寫出建立聖若瑟隱修院的經過，以及我的祈禱。為了順服他的指示，我增加許多篇幅，詳述若瑟隱院奇跡般的創立經過，同時也加上我對祈禱的經驗談。所以這真是一本超豐富的神修報告書，除了述說我的家庭、童年、聖召、悔改、神祕恩寵，還有革新修會，及以四種水做比喻的祈禱論。」

女記者：「德蘭姆姆，對不起，恕我直言，那您把這本書給修女們看，不就結了嗎？何必再費事寫《全德之路》呢？」

大德蘭：「說得真好！我也是這麼想來的！可是我的神師不許可這事。我是個爽直的人，雖然報告中不提人名，難免牽涉不少私人的事情，尤其是我的神祕經驗，毫不隱瞞地和盤托出，神父不想惹麻煩，恐怕宗教裁判所會來查詢。另一方面，神父又受不了修女們碎碎唸，只得命令我重新寫一本書給修女們。」

女記者：「原來如此，聽說今年（一五六七），在梅地納又有了第二座革新女隱院，真的嗎？」

大德蘭：「沒錯！在天主聖愛的催迫和引導下，五年前，第一座革新的加爾默羅女隱修院，終於建立起來，就是亞味拉的聖若瑟隱修院，經過許多的艱辛，隱修院穩定地成長，聖召日增，民眾從反對到支持，又得到總會長魯柏神父的讚許，鼓勵我建立更多的革新女隱修院，甚至批准建立兩座革新的男會院。今年五月得到總會長授權，八月，梅地納的隱修院隨即建立，明年還會建立兩座女隱修院。九月時，我在梅地納，會見了一位個子很小很小的會士，他名叫若望，是剛剛祝聖的年輕神父，他熱心、克苦，又很有聖德，極度嚮往默觀生活，甚至想轉到最嚴格的加杜仙會，隱居到深山裡。他已答應我的邀請，將要加入革新的行列。等他完成撒拉曼加大學的學業，預定明年會有革新的男會院。」

女記者：「姆姆！能不能請您談談，什麼是加爾默羅革新的隱修會？」

大德蘭：「這就說來話長了。加爾默羅會是個古老又神祕的修會，起源於中東，就是距離納匝肋不遠的海法那裡，有座青蔥美麗的加爾默羅山，面向地中海，自古以來就是個隱修的聖山。早在厄里亞先知時代，已有先知在此居住，世世代代以來，師徒相傳。耶穌受難，死而復活，升天之後，聖神降臨於耶路撒冷，伯多祿充滿聖神，開始宣講主耶穌是天主子，受洗歸化的就有好幾千人，當中也有加爾默羅山的先知。傳說，聖母曾帶著小耶穌拜訪過山上的隱士，可能是這個緣故，這些隱士從一開始就特別敬愛聖母，自稱是加爾默羅山聖母的兄弟。到了十字軍東征時，大批人潮湧入聖地，許多軍人愛上了加爾默羅山隱修生活，不願回來歐洲，就地加入隱修團體，加爾默羅會規就是在那時寫成的，我們的革新，就是回到原初會規的精神。」

女記者：「原來是這樣，現在加爾默羅山的隱修士還在嗎？」

大德蘭：「早已不在了。十字軍失敗，伊斯蘭教徒殺死所有留守在加爾默羅山的隱修士。部分返回歐洲的會士，重新建立修會。修會離開加爾默羅山，又遭逢流行的黑死病，加爾默羅會士以必須獻身於更多活動的生活為藉口，要求在『退隱斗室、守齋和戒食肉類』方面放寬規矩。於是，一四三一年，教宗批准了緩和的會規。而我們革新的加爾默羅會所奉行的，是在加爾默羅山上的原初會規，不是一四三一年制定的比較不嚴格的會規。」

女記者：「聽您這麼解釋，我似乎懂了，但卻引發更多的問題。第一，說了半天，您沒提到創立加爾默羅會的會祖，每個修會都有自己的開創會祖。例如才成立不久的耶穌會，我們都知道，是羅耀拉的依納爵開創的；道明會是聖道明；方濟會是聖方濟。您們的會祖是誰？第二個問題是，根據您所說的，過去您在的降生隱修院，遵守緩和的加爾默羅會規，現在遵守的是原初的加爾默羅會規，這有什麼不同啊？」

大德蘭：「妳真是聰明，又會問問題，讓我逐一回答妳的不解。第一，加爾默羅會的確和別的修會不同，這個神祕的修會，彷彿是天主自己創立的一般，自然形成。一群已有固定生活形式的隱修團體，在地中海畔的美麗山谷，一代又一代，傳承下來，直到十三世紀才有可考的正式文獻。當時的耶路撒冷宗主教，很疼愛加爾默羅山上的隱修士，經常去探望他們，因勃洛加院長的請求，他以傳承的生活方式為藍本，為我們制定會規，並得到教宗的批准。會規一開始就提及厄里亞水泉旁的諸位隱修士，影射修會的起源充滿厄里亞的影響。……」

女記者：「姆姆！等等，誰是厄里亞？剛才您說厄里亞先知時代，現在又提到他，這個人很特別，能不能先介紹一下？」

大德蘭：「他可是《舊約聖經》中最大的先知，他在加爾默羅山上熱切祈禱，為天主的光榮憂心如焚，常不斷生活在天主面前。他的事跡詳記在舊約聖經《列王紀上》第十八章和十九章。耶穌在大博爾山顯聖容時，同時出現兩位舊約的大人物，梅瑟代表法律，厄里亞則代表先知。本會承認厄里亞是修會精神的靈感根源，就是說，在獨居中獻身於默觀。厄里亞完成使命後，被接升天，留下一派師徒相傳的精神弟子，他們居住所在地的水泉，自然地叫做厄里亞水泉。」

女記者：「這樣我就明白了，難怪要這麼說：厄里亞水泉旁的諸位隱修士，這豈不就是承認厄里亞是會祖了嗎？」

大德蘭：「要這麼說也無妨，事實上，我們向來尊他為修會的聖父。但無論如何，說他是加爾默羅會的創會者，對現代的人來說，缺乏歷史證據，加上他到底是舊約時代的人，教會很難將他列為創會者。總之，加爾默羅會是個古老而神祕的修會，等到人們發現時，他已存在很久很久了，說是天主親自創立，為光榮童貞聖母瑪利亞，倒也無不可。」

女記者：「關於創會會祖的問題，我懂了。另一個問題您還記得嗎？我希望您談談，降生隱修院和聖若瑟隱修院有什麼不一樣？就是說，革新和沒有革新之間的差別。」

大德蘭：「嗯！回答這個問題，三言兩語是不成的，我想到哪，就說到哪好了。講起話來，天馬行空，不著邊際，這正是我的專長，這樣，我也比較自在些，希望妳不會介意。」

女記者：「當然不會！姆姆！您儘管暢談，請放心，您的粉絲很多，我們會給您足夠的時間。」

大德蘭：「好極！那我就不客氣了！我二十一歲時，不顧父親的反對，勸服我的小哥哥，偷偷離家，他去道明會修道，我則進入加爾默羅會降生隱修院。當然是他先把我安全送到隱修院，他再去入會。我的哥哥是男生，父親極力反對，道明會不敢收留他，結果還是回家。至於我，一入了會立刻穿上會衣，我的爸爸只得接受，還給了我一筆豐富的入會金，使我在隱院內有比較舒適的住處。為什麼我選擇加爾默羅會呢？說穿了，是因為那裡有我的好朋友華納，我覺得能和好友一起修道是很棒的事。我就是這麼走極端，連在這麼要緊的事上，也如此不可救藥。創立改革的聖若瑟隱院，絕不是因為我不喜歡這個修院，相反的，我很喜歡那裡的舒適。

我剛剛說了，父親給了我一筆不薄的入會金，這是什麼意思呢？請聽我慢慢解說。降生隱修院內有將近二百位修女，如果加上隨侍的奴僕，算一算就是不下二百餘人。修道還有隨侍的奴僕嗎？是的，在我們的時代，社會階級很明顯，貴族小姐入會，同時帶來一群服侍人員。我不算是貴族，但家境還不賴，老爸給的入會金，足夠讓我購置很好的住處，除了有我休息的臥室，還有小小的祈禱室，及小客廳接待親友訪客。

入會後的我，過著很平凡的修道生活，雖也努力祈禱，但成效不大。差不多到了四十歲左右，天主的恩寵顯著又持續增加，我清楚體驗到耶穌不斷和我在一起，祂就在我的身邊。我很害怕，心想，不久前才聽說宗教法庭判決某某人，到處都不准我們女人祈禱，說我們會走火入魔。所以，我不斷地向有神修的人求助，有個耶穌會的年輕神父，竟然要我不斷畫聖號、灑聖水，最受不了的是，要我對著顯現的耶穌做出輕視的舉動。天哪！我真的受盡折磨！剛開始時，他們還一口咬定，我的恩寵是魔鬼的陷阱，嚇得我幾乎放棄祈禱，還大哭一場。不過，天主對待誠心尋求祂的人是信實的，我也得到真有聖德和祈禱經驗者的肯定和安慰。」

女記者：「德蘭姆姆，對不起，我得打個岔，我好想知道您所說的：『天主的恩寵顯著又持續增加』，是什麼意思？是不是可以講得具體一點，不要這麼輕描淡寫，可以嗎？」

大德蘭：「妳這位可愛的小姐腦袋轉得真快！我本想一語帶過，不要講這麼難表達的事，妳卻打破砂鍋問到底，還問砂鍋在哪裡！好吧！我願盡力讓妳了解，只要能多救幾個靈魂，一切都是值得的。」

女記者：「謝謝姆姆的大方和體諒！」

大德蘭：「正確地說，是在我三十九歲時，天主臨在我內的意識變得很活潑，就是說，我很容易進入收心狀態，這份臨在的恩寵強烈到我直覺耶穌就在我身邊，那麼確定。剛剛我說了，我開始害怕又焦急起來，不知道是不是魔鬼的把戲，要陷害我，讓我有這些不尋常的體驗。所有能求教的人我都找遍，他們的好心關懷給我不少折磨，但我不怪任何人，相反的，我感謝天主，因為經過這麼多辛苦的辨識，訓練我透徹神祕恩寵的運作，洞察許多深奧的事理。

剛才我說到，我也得到真有聖德和祈禱經驗者的肯定和安慰，就是說，也有神父給了我很好的指導，要我繼續做心禱並默想基督的人性，我順服地做了，給了我很深的安慰。我四十歲時，憂心忡忡，不知如何是好，正好耶穌會的總會長神父視察路過，我得以向他辦告解，他真是個大聖人，很肯定地告訴我，是天主的聖神在我內工作，要我專注基督的苦難，不要抗拒祈禱中的出神經驗。其實，我愈抗拒，天主的恩寵並沒有因此減少，反倒增多。一路下來，我不斷得到主的恩典，四十一、二歲時，我開始得到神見和神諭。隨著神恩的增多，我靈魂的歸化愈來愈徹底，對天主的愛直線上升。我開始有出神的經驗是在四十三歲。

到了四十四歲，我有個更不尋常的恩惠：有一天，當我熱切地渴望為天主效勞，嘆息自己不能多為天主做些什麼時，我看見靠近我的左邊，有位具有人形的天使，天使並不大，小小的。他非常美，面容火紅，好似火焰，看起來好像是屬於最高品級的一位天使，彷彿整個都在燃燒的火中，顯得火光四溢。我看見在他的手中，有一支金質的鏢箭，矛頭好似有小小的火花。我覺得，這位天使好幾次把鏢箭插進我的心，插到我內心最深處。當他把箭拔出來的時候，我感到他把我內極深的部分也連同拔出，他使我整個地燃燒在天主的大愛中。這個痛苦之劇烈，使得我發出呻吟。這劇烈的痛苦帶給我至極的甜蜜，沒有什麼渴望能帶走靈魂，靈魂也不滿足於亞於天主的事物。這不是身體的痛苦，而是心靈的，雖然身體也分享一些，甚至分享很多。這個發生在靈魂和天主之間的愛的交換，如此甜蜜，我祈求天主，因祂的溫良慈善，也給那些認為我說謊的人嚐嚐這個愛。」

女記者：「哇！多麼不可思議！如果認為您說謊就可嚐一嚐，我很希望也能試試看，真的太神了！」

大德蘭：「是啊！巴不得人人都有這樣的神恩，就不會再有人不愛天主了。可是，小姐！妳也不要羨慕得太快，這樣的恩寵會向人索取很高的代價，就如聖保祿宗徒的大馬士革經驗，耶穌是怎麼說的，妳知道嗎？」

女記者：「當然知道！聖保祿可是我最愛的宗徒。耶穌說，這人是我揀選的，我要指示他，為我的名字該受多麼大的苦，對不對？」

大德蘭：「一百分！天主給人恩寵，同時也給人為祂受苦的渴望，我真的可以肯定：To love is to suffer。咦！我們扯到哪？讓我們言歸正傳，繼續我的解說。

天主的恩寵持續增多又加深，真正的改革是從我自己開始的，我向天主許願，永遠遵循更成全的道路，決心定志，盡力完善地守好會規。然而，降生隱修院的氛圍不太理想，無法度更成全的生活方式。大約在七年前的九月時，我的斗室聚集了一群人，其中多半是同會的修女，也有幾位是我的親友。因為我的人緣超好，她們很喜歡來找我，這樣的相聚是常有的事。我們聊著聊著，談到沙漠中的聖人，這時，我堂兄的女兒，二十四歲的瑪利亞·包迪思塔說：『既然我們不能到沙漠去，我們可建立一個有少數修女的小隱院，大家團結一起做補贖。』

她的話讓我動心不已，我開始和我的貴婦友伴談這件事，她也有相同的渴望。不過，她搶先一步，立刻著手計畫，推動這件事，答應要供給新修院定期的收入。至於在降生隱修院中的我，自覺十分滿足，所住的斗室，很投合我的喜好，所以我並不熱衷這事。雖然如此，我們同意熱心向天主祈求此事。

有一天，在領聖體之後，耶穌熱切地命令我，以我的全力，致力於這座新修院，祂做了很大的承諾，這座修院會建立起來，祂會在其中大受崇奉。祂說修院應取名為聖若瑟，因為這位聖人要看守一邊的門，聖母則守護另一邊，祂會留在我們當中，這修院將是一顆燦爛輝煌的閃亮明星。耶穌常回來對我談及新修院，向我提出許多清楚的理由和道理，使我看到這是祂的旨意。

接下來，可想而知，一大堆麻煩事臨身，信賴主耶穌的帶領，我誠心願意為祂粉身碎骨，受盡折磨。一五六二年八月二十四日，革新的加爾默羅會聖若瑟隱修院，隨著彌撒鐘聲的敲響，正式建立。次年約在三月時，我才得到許可，從降生隱修院轉入聖若瑟隱修院。現在可是我回答妳問題的時候了。」

女記者：「德蘭姆姆！您的故事好精彩！愈聽愈入迷，差點忘記剛剛問了什麼問題，對了！我問的是，革新隱院和非革新隱院有什麼不同？」

大德蘭：「妳的神情那麼著迷，惹得我話匣子關不起來。不過，電視節目的時間很有限，恐怕會講不完呢！」

女記者：「德蘭姆姆！請放心！這點讓我來處理，除了現場轉播，我預備製作專輯。姆姆的粉絲之多，是您無法想像的。」

大德蘭：「我不在意什麼粉絲不粉絲的，我只盼望有更多的人碰觸到天主的愛，即使是為救一個靈魂，我也情願千死萬死，何況這只不過為祂作見證……。還是閒話少說，不然，真的會沒完沒了。

我住進聖若瑟隱修院，那年四十八歲，屈指算算，之前在降生隱修院已度過二十七個年頭。我說過，我喜愛那裡的舒適，並非那裡不好、我不喜歡，所以要改革，而是另一個更深的召喚推動我。新成立的隱修院是個小小的團體，這樣可以守好原初的加爾默羅會規，度更加完整而徹底的隱修生活，成為名實相符的獨居隱士。我們女人家不適宜到沙漠去隱修，新隱院的嚴格禁地，不許外人進出，也不許修女隨意外出，創造出寧靜和遠避世俗的氛圍，容易隨時隨地收心斂神，保有純潔明淨的心神。

說到這裡，我覺得這樣說，好像不容易讓人了解，讓我換個方式來說好了。從外表看來，降生隱院的人數超多，來者不拒，照單全收。結果，貴族、富家千金備受優待，貧窮的修女甚至三餐不繼，連鞋也買不起，頂多只能住在窄小的宿舍。人數過多，修院無法照顧周全，這麼大的團體，若要維持，往往需要許多恩人的支持，也因此造成訪客不絕，我常常被請到會客室接待貴賓，對於這個情況，我瞭若指掌，再清楚不過了。而新的隱院嚴格限制人數，我原來只要十二位修女，加上一位院長，正好是耶穌的團體。幾年的經驗下來，我們發現，二十一位修女是最理想的。少少的人數，人人真心相愛，在深濃的友愛和寧靜中，人人平等，一起用餐、祈禱、誦經、散心和操作，這是一個真正基督徒的團體。

回顧這幾年的隱修生活，看到天主如何特別助祐我，創始這個小角落時，我常感到驚訝。我相信，這確是天主的小角落，是深得天主歡心的居處，正如某次祈禱時，耶穌告訴我說，這修院是祂所喜悅的樂園。天主揀選了這些靈魂，帶領她們來到這裡，實現此一充滿克苦、神貧和祈禱的計畫。接受這生活，她們這麼喜樂又滿足，而且覺得不配來到此地，特別是有些人，主從許多世俗的虛榮和浮華中召叫她們，她們本來可以在世俗中滿足地隨波逐流。但在這裡，天主如此地增多她們的滿足，她們清楚瞭解，捨棄世俗的一個滿足，天主賜予百倍的滿足。這些小姐慷慨地捨棄世俗，如今在隱修院內，所得到的靈性滿足是不可言喻的。我真的能說，如果在這世上能有天堂，那麼這修院就是天堂。凡以取悅天主為樂，且又不在乎悅樂自己的人，這裡的生活對她是快樂幸福的。」

女記者：「好酷！真是叫人心動，世上竟然有這麼美好的聖召，成為加爾默羅獨居隱士！德蘭姆姆，現在我們的訪談暫時告個段落，非常謝謝您精彩的解說，我們會再安排時間來訪問您，謝謝大家的收看！」

趁著錄影人員正忙著收拾道具，女記者纏著大德蘭，悄悄對她說：「德蘭姆姆！這些年來，我一直探索生命的意義，我的兄弟都到新大陸去了，他們只想發大財。我雖然聰明能幹，事業有成，內心仍然是空虛的，您的一番話點醒了我，也引發我跟隨主耶穌的強烈決心，不知道姆姆肯不肯幫助我，指示我如何追隨祂？」

大德蘭定睛注視眼前可愛的女記者，她活潑、聰明、能幹、美麗，她認真的口吻，更使大德蘭聯想起已在隱院內的幾位修女，嗯！我的修女們不都是如此嗎？大德蘭會意地笑了，向她點點頭說：「明天如果有時間可來找我，我們的會客時間是早上九點至十一點，下午三點至四點半，我們明天見，天主保祐！」說完這話，德蘭姆姆輕輕關閉鐵格窗的簾幕。

二、天南地北

《全德之路》是聖女大德蘭以會母的身分，寫給加爾默羅會隱修女的靈修書，現在，不妨也天南地北一番，談談修會名稱及大德蘭的譯名，對於自認看不懂本書的讀者，至少這會是很有趣味的話題。

加爾默羅聖衣會的正式名稱是：加爾默羅山至聖榮福童貞瑪利亞隱修會，The Discalced Brothers/Nuns Of The Order Of The Most Blessed Virgin Mary Of Mount Carmel。好壯觀的修會名稱！加爾默羅山，前文已略有解說，是指修會的起源地；至聖榮福童貞瑪利亞，表示特別屬於聖母，是奉聖母為主保的修會。這些都好懂，赤足是什麼呢？

1. 赤足是什麼

赤足修會，這個名稱有其歷史背景。十六世紀，馬丁路德崛起，一五二〇年正式與羅馬天主教會決裂，並要求德國諸侯起來改革教會，一五二一年一月三日教宗良十世（Leo X）頒布《宜乎羅馬教宗詔書》（*Bulla Decet Romanum Pontificem*）絕罰之，從此基督教遭逢第二次分裂。基督教第一次分裂是一〇五四年，史稱東西教會分裂，亦即拜占廷教會和羅馬教會完全決裂。基督教經過兩次大分裂，形成三大主流：天主教、東正教及新教，現今全球基督信徒約二十億。在台灣，一般所說的基督教，指的是新教，這個譯名有點名實不符，因為真正的基督教包含三大主流，而非單指新教。新教的英文是Protestantism，也有翻譯成誓反教的，按字面的意思，正是這樣，表示堅決反對天主教會。在翻譯時，碰到Christianity這個字，不能不譯成基督教，那麼Protestantism這個名詞要怎麼辦呢？現在的字典，如Dr. eye、Lingoes、快譯通，都譯為新教，這個譯名既清楚，又不易混淆。

好像有點離題，其實沒有，要清楚交待「赤足」這個語詞，談點史實是很好的準備。歷經兩千餘年的基督教，出現兩次大分裂，三大主流持續發展，天主教仍是「世界上最大的基督教教派，信徒人數接近十億，占世界人口總數的一八％。天主教對西方文明的發展有過深厚的影響，並將基督教傳播到世界許多地方①。」

一五二〇年，大德蘭五歲，這一年馬丁路德和教會決裂，天主卻預備這個小女孩，她也是一位教會的改革者，但是和路德的方式完全不同。她英勇無比地保護教會，她認為基督就是教會，教會就是基督，所以毀損教會，也就是毀損基督，是她不能忍受的。面對教會的分

1. 大英袖珍百科（簡體中文版）。

裂和亂象，天主教內部出來許多聖賢，最有名的是創立耶穌會的聖依納爵，誓發絕對服從教宗的誓願，培育出許多博學有德的會士，像神聖的輕騎兵為教會服務。耶穌會是新創的修會，然而，當時也有許多古老的大修會，如聖方濟會、聖佳蘭隱修會……，修會內部也出來一些聖人，重整修會的精神，像這樣的修會被當時的人稱為赤足修會，講明一點，赤足修會，就是革新的修會。同一個修會內，出現兩派，但同屬一個修會，就是說，在會長的許可下，兩派同時存在。赤足的英文是discalced，有兩個意思，一是光腳，不穿鞋；另一是不穿襪子，只穿涼鞋。那時候，革新的修會度更清貧的生活，其特點可從穿鞋的情況辨識出來，所以，很自然的，人們親切地稱之為赤足修會。

在台灣，我們的修會名稱沒有冠上「赤足」兩個字，因為台灣沒有非赤足聖衣會，無須做此區分。古老的聖衣會還存在嗎？存在！大約十年前，有位Calced（非赤足）聖衣會的神父來苫林拜訪，他是美國人，在印尼服務。可想而知，修女們多麼好奇，問了他好多問題。從他的回答中，我們知道在印尼有很多Calced修會的聖召，也有女隱修院，讓我們感到很興奮。

2. 花樣百出的修會名稱

1）聖衣會

修會名稱的中譯，經過一段花樣百出的歷程。開始時，我們是聖衣會，這是老早從中國大陸開始的，馬相伯②先生翻譯聖女小德蘭的《靈心小史》時，譯為聖衣會。聖衣會的英

2. 馬相伯係清末民國著名教育家，曾為耶穌會神父，出會後創辦震旦學院、復旦公學與輔仁大學。

文名稱明明是「加爾默羅」/Carmel，怎會變成「聖衣」/Scapular呢？理由不外乎以下兩點：第一，這個譯名順口又文雅，唸起來就像耶穌會、道明會、方濟會那麼有中國風味；第二個理由是，這麼好聽、好叫的修會名稱，同時能明顯標示修會的宗旨，即特別屬於聖母。說到這裡，不講講聖衣和聖母的故事，絕對不行，請聽我娓娓道來。

先介紹一下故事的主角西滿·思道克，西滿Simon是他的名字，他的姓思道克，Stock的意思是樹幹，則指出他的獨特修行，年輕時，他在英國的森林中，以大樹幹的洞為獨居修行的道場，如厄里亞在加爾默羅山的洞穴裡。這名字若是意譯，可說是「樹幹洞穴裡的西滿」，這樣就會很清楚，說的他是怎樣的一個人。西滿度著退隱的苦修生活，曾獲聖母的指點，他將來會加入特別敬愛她的修會——加爾默羅會。

果不然，十字軍戰敗，加爾默羅山上的隱修士被殺，導致修會遷徙歐洲，來到英國，西滿加入這個修會，於一二四五年被選為總會長。此時的修會，面臨重重的內憂外患，因為，在加爾默羅山上，很自然過著純退隱的默觀生活，如今到了歐洲，內部的整合調適，出現很大的困難。再加上，不被歐洲的神職界接納，視之為外來的古怪修會，處處為難，甚至上訴教廷，要求除掉這個修會。

面臨修會存亡之際，一二五一年，年屆九十高齡的西滿·思道克，退隱至劍橋隱修院，在他小小的斗室內熱切祈禱，以最美的加爾默羅聖母頌懇求：「加爾默羅之花，盈盈花果，蔓蔓枝芽，天堂明光，童貞聖母，舉世無雙。溫柔慈親，至潔純淨，加爾默羅，深蒙寵幸，世海明星，普光照臨。」

當老西滿張開淚水迷濛的眼睛時，剎時間，斗室內燦爛輝煌，無數天使環繞著聖母瑪利亞，聖母從天降來，手握聖衣，顯現給西滿，將聖衣賜給他，並附加一項美好的許諾：「我所愛的兒子，領受聖衣吧！這是賜給你和所有加爾默羅會士的特恩。凡佩戴聖衣逝世的人，將不會遭受地獄永火。」

聖母親自保護這個完全屬於她的修會，賜下特別的恩許，阻止教宗取消她的修會。顯現的事件傳遍整個修會，也達及各地的教友，大家爭先恐後，請求佩戴聖衣，分享聖母賜給修會的特恩。接下來好幾百年的修會歷史，聖母的許諾完全應驗，加爾默羅會士遂成為至聖童貞聖母和聖衣的使者。說到這裡，為什麼修會的名稱會譯為聖衣會？答案不是很清楚了嗎？這個譯名真的很能傳達修會的特殊使命。

2）加爾默羅聖衣會

大致上，我們可以這樣結論，「聖衣會」是意譯，而「加爾默羅會」是直譯。這兩種譯名都可使用，結果問題來了，有的教友只知聖衣會．不知加爾默羅會；有的正好相反，只知加爾默羅會，不知聖衣會；或誤以為是兩個不同的修會。為了解決這個混亂，男修會出一本介紹修會的小冊子時，將兩個譯名合一，成了「加爾默羅聖衣會」，這個新出現的譯名很理想，所以也就被普遍採納，至今我們以加爾默羅聖衣會自稱。但為了簡潔，有時只稱聖衣會，或加爾默羅會，若有必要時，則列出較長的修會名稱。

3）「加」或「嘉」爾默羅？

接下來，我們要談談「嘉」或「加」爾默羅會。本會遍布全球六十八個國家，約有三千七百餘名男會士，一萬八千隱修女。從會母聖女大德蘭時起，本會曾多次嘗試來華創院未果，直至一九八二年，本會唯一中國會士陳鵬神父來台，因教會各方的鼓勵贊助，創始了男會院。男會士開始在新竹市東南街的會院發展，開始有本地的聖召，有位會士認為「嘉」字實在很好，比「加」字理想，從此之後，會院的聖堂成了嘉爾默羅聖母堂，第三會成了嘉爾默羅第三會……。教友開始詢問，「加」或「嘉」，哪一個才對？我們把問題呈給男會士的省會長神父，他查明事情的來龍去脈後，做了一個很明智、謙虛又誠懇的決定：應該用「加爾默羅會」。理由是，要尊敬先來者的譯名。女隱修會一九五四年來台，沿襲中國上海及香港的譯名，使用加爾默羅會，後來的男會士理應接納，不宜更改。此一正名，解決了所有問題，希望閱讀本文之後，大家都知道本會是「加」爾默羅會了。

4）OCD

最短的修會名稱是OCD，這是修會簡短拉丁文名稱的縮寫：Ordinis Carmelitarum Discalceatorum。由於英文是The Oder of the Discalced Carmelites，也會看到有人寫成ODC，但畢竟是少數，修會正式文件及通訊寫的都是OCD。本來縮寫的字母要加上一個小逗點，O.C.D.，這樣寫才對。不過，既然是縮寫，再縮一點，直接寫成OCD，難道會有人看不懂嗎？當然不會，所以這個寫法漸漸普及。而且還有人不用大寫字母，寫成ocd，在這網路通訊時代，有時大小寫不分，自然而然，已是見怪不怪了。

天主教會內有成千上萬的男女修會，各有其簡寫的修會名稱，最有名的該屬耶穌會的縮寫，S.J.（Society of Jesus），不信的話，去查查字典，一定可以找到這個解釋。其他像道明會O.P.（Order of Preachers），有的字典也可查得到。記得在大學上英文課時，老師是修女，第一堂課自我介紹，她說，她們修會名稱的縮寫是OSF，她開玩笑地加以註解，Oh！So Fat！惹得我們哄堂大笑，也終生難忘。

5）其他

關於修會名稱，講了這麼多，該講完了吧！還沒哩！如果打開教會的通訊手冊，在台北地區女修會的名單下，深坑隱修院出現的名稱如下：第一，聖母聖衣隱修會／CARMELITE NUNS（OCD），第二，耶穌聖心隱修院／Monastery of the Sacred Heart of Jesus，最後是郵撥：18931306（深坑聖衣會隱修院）。新竹教區的芎林隱修院，第一，聖母聖衣隱修會／CARMELITE NUNS（OCD），第二，上天之主隱修院／Monastery of the Lord of Heaven，最後是郵撥：05414285（新竹聖衣會女修院）。

又來了另一個樣式，不叫聖衣會，或加爾默羅會，或加爾默羅聖衣會，而是聖母聖衣會。理由是，有人不知聖衣是什麼，加上聖母聖衣會更加清楚，何況，我們的修會名稱怎麼可以沒有聖母呢？這麼一來，就成了加爾默羅聖母聖衣會。

修會名稱之外，由於每個隱修院都是獨立的，所有隱修院各有其特別的修院主保，深坑特別奉獻給耶穌聖心，所以稱為「耶穌聖心隱修院」，芎林則是「上天之主隱修院」。如果要同時列出修會和修院的名稱，那可是「落落長」：「加爾默羅聖母聖衣會芎林上天之主隱修院」，或「加爾默羅聖母聖衣會耶穌聖心隱修院」。像這樣長的名稱，若要登錄本地的正式文件，會有超過字數的困難，因此郵撥帳號就簡化成「新竹聖衣會女修院」。

夠有趣吧！說是花樣百出的修會名稱，一點也不為過。除了這些名稱，還有別的嗎？還有！有人稱我們為「苦修會」，或「苦修院」，因為我們的生活特別克苦，每天守齋、唸經，遵守隱院的禁地……，因而被稱為苦修會。就像南投水里的熙篤會，由於這個修會嚴守靜默，幾乎不說話，被稱為「啞巴會」。還有，在英文方面，稱我們為「德蘭加爾默羅會Teresian Carmel」也蠻多的。雖然還有些可說的，如OCDS、其他屬於加爾默羅修會家庭的許多修會團體，我不想深談了，否則會永遠寫不完這篇短文。接著，我們來說點「德蘭」這個譯名。

3. 聖女德蘭

「德蘭」譯自西班牙文的Teresa，過去按照發音，直譯為「德肋撒」，這個譯名的發音雖然很忠實，但卻談不上親切優雅，後來改譯為「德蘭」，很快受到普遍的喜愛和認同。

那時，國人知道有兩位舉世聞名的聖女「德蘭」，一位是本書的作者「耶穌．德蘭」（Teresa de Jesús），西班牙亞味拉人，生於一五一五年，逝世於一五八二年，是十六世紀的靈修大師。另一位是「嬰孩耶穌．德蘭」（Thérèse de l'enfant – Jésus），法國里修人，生於一八七三年，逝世於一八九七年，是十九世紀末的聖女。兩位都是聖衣會的修女。為了加以區分，很自然地，會母德蘭為大德蘭，後來的法國德蘭則稱為小德蘭。小德蘭在她的《回憶錄》裡記述：「當神父說到聖女大德蘭時，爸爸就偏過頭來向我耳語：『用心聽吧！小公主，在講妳的主保聖人呢③！』」

3. 《聖女小德蘭回憶錄》，張秀亞譯，光啟文化，台北，1996，45頁。

到了一九九四年，教宗若望保祿二世宣封一位同樣名為耶穌．德蘭的聖女，也是聖衣會的修女，她是南美安地斯人。我們發現，教會先後將四位稱為德蘭的加爾默羅會士宣為聖人。一六二二年三月十二日，教宗國瑞十五世將亞味拉德蘭——革新加爾默羅會的會母——宣封為聖女。一九二五聖神年，教宗庇護十一世將聖嬰耶穌德蘭／小德蘭／里修德蘭宣封為聖女。九年之後，一九三四年，教宗庇護十一世宣封聖心德蘭麗達為聖女，這位聖女德蘭常被人稱為佛羅倫斯的百合。

安地斯「耶穌德蘭修女」列品案件一開始，她的名字立即引起困擾。要在心理上把安地斯德蘭和其他三位有著相同名字的加爾默羅聖女區分開來，是蠻困難的。教廷列聖品審查程序才一開始，就達成一項簡單而實際的協議：正式稱呼她為安地斯德蘭。整個審查過程中，大家努力遵行這項協議，減少了許多的困擾。教宗若望保祿二世在宣真福品慶典中，至少使用「安地斯德蘭修女」這個名稱十二次，這個稱呼因此算是被正式確認了。那麼，另外兩位德蘭也就成了：亞味拉德蘭／Teresa of Avila、里修德蘭／Thérèse of Lisieux。

英文以冠上地名來區分不同的聖女德蘭。我們中文，已習慣稱呼大德蘭和小德蘭，新的聖女則稱為安地斯德蘭。佛羅倫斯的聖女德蘭麗達，鮮為人知，尚不至混淆。除此之外，我們的世紀又出現一位聖女德蘭，她是仁愛傳教會的會祖，印度加爾各答的德蕾莎姆姆（Mother Theresa）④，相信大家都很熟悉，不是嗎？台灣的傳媒譯為德蕾莎姆姆，已獲得一致的認同，和聖衣會的聖女德蘭清楚有別，英文普遍稱為Mother Theresa of Calcutta，以示區分。

最後，再說點有關聖女大德蘭的事，她確實是五位聖女德蘭中最有名的。一六一四年四

4. 德蕾莎姆姆逝於主曆1997年，於2016年封聖。

月二十四日，教宗保祿五世冊封她為真福，一六一七年，西班牙議會宣布她為西班牙主保。她是西班牙人引以為傲的Modre Teresa／德蘭姆姆，一位英勇無比的弱女子，在新教掘起的混亂狀態下，革新加爾默羅會，不辭辛勞，創立許多隱修院和男會院，寫下不朽的靈修著作，喚醒人靈，回歸內心深處，達到默觀，與天主親密結合，為基督的教會贏回無數的人靈。她的革新是回到真正的根源，而不是分裂和破壞。

一九八二年，聖女大德蘭逝世四百週年，二年後，西班牙電視台推出一部連續劇——Teresa de Jesús（St. Teresa of Avila），由Concha Velasco主演聖女大德蘭。聽說電視劇播放時，舉國上下都守在電視機前，極其轟動。這部影集相當忠實於聖女的《自傳》，女主角演得非常傳神。後來出了錄影帶，西班牙文發音，配上英文字幕，由美國的聖保祿孝女會發行。二〇〇八年，Ignatius Press發行DVD，有興趣的讀者不妨上網查詢：www.ignatious.com，這個公司發行不少聖人的DVD。

譯者的幾句話——幕後花絮

美國Ignatius Press發行的「聖女大德蘭」DVD，附上長達一小時的Special Features／幕後花絮，內容豐富，饒富趣味。其中有個片段，大德蘭年輕時重病垂危，家人用點燃的蠟滴在她的眼皮，以確知是否死亡。劇情逼真，讓人擔心演員怎受得了熱蠟，看了幕後花絮，才知道，原來那是假的人頭塑像。

影片後的花絮，給人無比的親切感，彷彿置身製片現場，參與製作。這份自在、隨意，反而把觀眾帶入更棒的體悟境界。本篇譯者的話，名之為幕後花絮，多少就是這樣的心態，自在、隨意、行雲流水，寫點譯後感言。

† † †

如果要深入了解《全德之路》的內容，請讀者細細品味本書的導論，及書末的三篇導讀專題。導論由英譯的柯文諾神父OCD主筆，詳細解說聖女大德蘭的時代背景，對中心主題和版本也有所交待。三篇導讀專題，譯自本會著名學者賈培爾神父（Fr. Gabriel of St. Mary Magdalen O.C.D.）的著作，他是比利時人（1893－1953）。他最有名的一部著作是*Divine Intimacy*，原文是用義大利文寫成的，已經譯成多國語言，中文譯本《與主密談》①，早在

1. 《與主密談》聖衣會賈培爾神父著，胡安德譯，台北，慈幼，1975年。

三十六年前就已出版。

選譯的三篇導讀，兩篇譯自*St. Teresa of Jesus*，一篇譯自*The Way of Prayer～A Commentary on St. Teresa's "Way of Perfection"*。賈培爾神父三十三歲即任教於羅馬德蘭神學院，主講加爾默羅會靈修和靈修神學。當年教宗若望保祿二世寫博士論文時，常去拜訪他。我們知道，教宗的博士論文專研聖十字若望的信德，由於賈培爾神父很忙，無法每次接見他，後來他當了教宗，我們的總會長晉謁時，打趣地說：「如果賈培爾神父知道您是教宗，絕不敢如此慢待。」

賈培爾神父筆下的聖女大德蘭，任誰讀了都會心動不已，他如此深入洞察大德蘭的著作，真令人驚訝稱奇。寫得這麼好，讀完他的文章，再閱讀《全德之路》，會覺得每個字都活躍起來，不信的話，請讀者不妨試試看。

一般而言，每本書之前或之後，都會有些致謝的話，一本書的寫成，或說譯成，必有許多要感謝的。英文的標示是ACKNOWLEDGEMENTS，長達十六個字母的單字，看起來很是莊嚴隆重，中文說來說去，無非是「鳴謝」、「致謝」、「感謝」、「答謝」，實在比不上英文那麼壯觀。

現在我要寫的就是acknowledgements，什麼感謝都要寫，根本不可能，也沒有必要。我只寫點精彩的，其餘的全留在靜默中，我懇求天主，以祂的全能、富裕，代我回報所有幫助、關心、疼愛我的人。

譯者的幾句話

† † †

去年（二〇一〇）聖誕節前，打電話邀請房神父，前來隱修院審閱《全德之路》的初稿。他的答應極為爽快，傳來的聲調欣喜又溫暖，立刻排定來院時間，定於二〇一一年元月五日至九日。房志榮神父，八十六歲高齡，國籍耶穌會士，享譽海內外的聖經學博士，那麼慈祥、謙和，真教人感動又欽佩。

元月五日，星期三下午，熱心的教友幫忙送房神父來苪林隱院。神父客房的書桌上，早已擺好《全德之路》的影印初稿、西班牙文字典、西班牙文的《聖女大德蘭全集》和ＩＣＳ的英譯本。神父一到，馬上開始工作，直至主日早上，校完整本書，修改並指正。除了校稿，每天清晨主持感恩聖祭，神父的證道，三言兩語，新約和舊約整個串連起來，可說是嘆為觀止，修女們如沐春風，實在是至高的靈性享受。

此外，神父還是散心的能手。週三和週六兩天，晚飯後，七點至八點，團體聚在談話室內和神父散心。神父開朗又健談，再加上喜愛唱歌，熱愛拉丁聖歌，問我們會不會唱這或那，修女們很精靈，搖頭說不會，緊接著就說，神父要不要唱來聽聽看？神父大方無比，聞言拉開嗓門就唱，逗得我們不斷拍手稱好。他還教給我們一首很短的英文聖歌，歌詞取自《聖經》：God is love／And he who abides in love／Abides in God／And God in him，簡譜如下：56321／1356165／356321／5611。神父單憑曲調，唸出樂譜教我們唱。神父還問，會不會唱「滿江紅」，他非常欣賞這首歌，我們當然不放過機會，立刻邀請神父獻唱，他真的從頭唱到尾，博得滿堂喝采。

神父表示，希望主日早上彌撒後，可以早點回輔大，想利用上午的時間，回去用電腦寫「導讀小引」。桃園加爾默羅第三會的會長張德政答應前來，送神父回輔大。他一大早就來隱院，彌撒時輔祭。有點興奮地說，真是榮幸得很，向來只聽聞房神父大名，沒有機會親近認識，這下可好，能有機會和他在一起。天主真好！真美妙！一切事安排得如此順利，祂不但召叫人來服事祂，也使蒙召的人欣然喜悅。天主啊！這就是祢的作為，祢仁慈、良善、慈悲、充滿智慧、大能，而且是幽默和巧妙的天主。人生在世，如果不愛祢，要愛什麼呢？不信祢，要信什麼呢？可憐的世人，因為不愛祢，結果什麼都戀戀不捨；因為不信祢，只好什麼都要去信。

† † †

除了房志榮神父的協助，翻譯整理的過程中，還有另一位可敬的耶穌會士，不能不在此大大稱讚和感謝。他就是西班牙籍、八十多歲的馮德山神父。每週兩天或三天，清早開車，從新竹市西門街來芎林隱修院，主持感恩聖祭，他也是修女們的聽告神師。當我遇有難解的問題時，一定把握機會，找他解答。

三月十九日，修女們隆重詠唱彌撒曲、聖歌，熱心喜樂地慶祝大聖若瑟的節日，這是德蘭加爾默羅會歷來的傳統，特別敬愛耶穌在世時的保護人，祈求他保護隱修院，如同當年他保護小耶穌一般。我則深深感謝聖若瑟的助祐，之前一天，總算完成《全德之路》的譯稿，託人傳送給星火文化。不過，雖說完稿，內心仍有個問題，需要請教馮神父。

譯者的幾句話

彌撒後，神父獲悉我的求救，請轉箱修女告訴我，他必須九點到新竹市主教座堂，慶祝堂區開堂五十週年，他只有幾分鐘。神父用完早餐，八點一刻，按兩下鈴，通知我去談話室。我急忙前去。神父安詳靜聽我的問題，舉例講解，他早知道，每次的提問都是高難度的字句，翻遍字典而無解。當他講解時，不忘安慰我，這一次，他說了以下的趣事：

我們的副本堂神父對我說，有教友向他抱怨：

「神父！《聖經》我都看不懂……」

神父反問：「你不是挺喜歡吃雞肉的嗎？」

「是啊！很喜歡。」

「那你吃雞肉時，是不是連雞骨頭也一起吃下去呢？」

「神父！我哪會這麼笨！雞骨頭當然吐出來……」

「是啊！道理是一樣的，讀《聖經》時，看懂的，高興地吃下去，看不懂的，就先放在一邊吧！」

馮神父有意藉此寬慰我的心，但我還是忍不住回答：「神父啊！翻譯可不一樣，什麼都得懂透才行，這是要負責任的……。」馮神父露出慈祥的微笑，會心又可愛，他點頭表示同意。不過，親愛的讀者，我盼望您閱讀本書時，也能抱持神父指出的態度，若有看不懂的地方，就當是雞骨頭，稍稍啃一下就好，不要太介意，有點雞骨頭，更能嚐出鮮肉的美味，不是嗎？

馮神父是西班牙人，回答我的問題時，他彷彿回到家鄉，勾起不少往事，順口說些故事之類的話。有次，他說，在撒拉曼加大學，有路易斯．雷翁（Luis de León）的雕像，他是大德蘭時代極為出名的學者，也是編輯大德蘭全集的人。他曾被教會法庭拘捕，坐監四年後，宣判無罪而釋放，並繼續教授聖經神學。出來後的第一堂課，他從容自在，面不改色地說：「同學們，我們繼續上一堂課所說的……」

不少次，碰到無解的問題，他充滿同情，對我說：「A Translator is a traitor。」這話直譯是：「譯者就是叛徒。」真的一針見血，道出翻譯的真相。可見，要達到百分之百的忠實，幾乎比登天還難。話雖如此，忠實呈現會母著作的每一字句，仍是譯者盡全力追求的目標。深深感謝並讚美天主，安排一位西班牙籍的馮神父在近邊，可以這麼容易地尋求他的協助，懇求天主賜給他豐厚的賞報。

† † †

本書主要根據的是：1）*Santa Teresa Obras Completas, septima edicion, preparada por Tomas Alvares*（Burgos, Monte Carmelo, 1994）；2）*The Collected Works of St. Teresa of Avila. Translated by Kieran Kavanaugh & Otilio Rodriguez*（Washington, D.C. : ICS, 1980）Vol. II。這是目前使用最廣的西文版及英文版，在某些難解的地方，也參照過去的英譯本：*The Complete Works of Saint Teresa of Jesus. Translated by E. Allison Peers*（New York, Sheed & Ward, 1946）Vol. II。

譯者的幾句話

深深感感謝美國華盛頓特區加爾默羅靈修出版中心（Washington Province of Discalced Carmelites ICS Publications 2131 Lincoin Road, N.E. Washington DC 20002－1199 U.S.A. www.Icspublications.org）的慷慨授權。

非常感謝得到本書卷首有四篇序文：耶穌會房志榮神父的「導讀小引」、道明會潘貝頎神父的「全德之路——楔子」、香港道風山基督教叢林譚沛泉靈修導師的「序」，以及聖衣會總會長Fr. Saverio Cannistrà, OCD的「訊息／Message」，也要感謝王愈榮主教及關永中教授，深信這些博學有德者的推薦，必定使天堂上的會母大德蘭深感欣喜，她是一位真理的英勇鬥士，只要能得到博學者的肯定，她從不放棄。從不同的序文中，讀者不難體會出，聖女大德蘭在靈修上受到至高的推崇和喜愛，她那顆熱愛天主的心，彷彿還跳動著，呼喚每個靈魂返回內心深處，在收心靜默的祈禱中，品嚐天上的活水。這是天主許諾給每一個人的：「請注意，上主邀請所有的人。……我確信，凡沒有停留在半路的人，不會喝不到這活水（全德之路19·15）。」

導讀1
聖女大德蘭的完美全德

作者：賈培爾神父 Gabriel of St. Mary Magdalen OCD
譯者：加爾默羅聖衣會

「**天主賜她心靈寬大，如同海邊細沙。**」①一顆偉大的心，如同海邊的細沙，廣闊無垠，不斷延伸直達天涯盡頭！這是聖女大德蘭的形像，再沒有比這更好的描述了。德蘭是偉大靈魂的典型。她極其厭惡折衷的辦法，凡她所作的必是徹徹底底的，尤其是和愛有關的事情。她不是那種為了芝麻小事就裹足不前的人。她的腦袋不懂得如何計算，她慷慨，心地寬大，她的特性是絕對的、囊括一切的。敘述全德的理想時，todo（全部，完全）這個字處處流露於字裡行間，不知有何界限是「熱情」的一個明顯記號；她全心的渴望表現在：完全沒有保留地給出自己。

對聖女大德蘭而言，這就是一切。她不曾有過其他的想法，我們按聖女的著作年代，順序快速地流覽一下這些書，並加以說明。所以為了我們現在的目的，我們必須熟識這些書。聖女的理想常是一樣的，不過，隨著年歲的增長，理想變得更清楚、更具體，也表達得更貼切。開始時從內心流露出來的話，後來變成非常明確的道理。而先前熱烈溫情的話語絲毫未

1. 原註標示這段話取自加爾默羅會專用彌撒，梵二之後經本已修訂過，現在可在加爾默羅會專用日課中看到，見十月十五日，第一晚禱對經三。

滅。有時候，主要是在她早期的作品中，聖女把這個必須有的自我交付擺在我們面前，作為瞭解她另一個偉大渴望的必要條件：進入和她的心愛主親密結合。然而後來，她詳細地告訴我們，其中如何包含靈魂真正成全的倫理，甚至連祈禱中天上的安慰，也是由此決定的，而且應該使我們能更完全地把自己給天主。完全被天主的愛占有，聖女明瞭，愛更在於給予，超過接受。

《自傳》

當聖女耶穌德蘭四十七歲時，由於服從神師而寫了《自傳》，之前的幾年，她已經毫無保留地全心專務內修生活，她只為耶穌而生活。而耶穌報答了她，她的靈魂滿溢天上的喜樂，使她沉醉在愛內。但是，德蘭有一顆寬大和慷慨的心，她不願自己獨享這個幸福，她盼望所有內修的靈魂都能分享。的確，她無法想像愛的成全生活中，怎會沒有與天主的親密友誼，她在洋溢友愛之中，向她的心愛主高呼：「**啊！我靈魂的主！我的美善！當一個靈魂決心愛祢，盡其所能離開一切，更專心致志於此神性之愛，為什麼祢不願意她很快攀登直上，享有這個成全的愛呢？**」不過，她立刻想起自己過去的缺乏慷慨，於是修正自己說：「**我說得不好，我該說和抱怨的是我們自己不想望這愛。如果我們沒有很快享有這麼崇高的尊位，全部的過錯在於我們，……我們是這麼小氣，又這麼的慢拖拖，才把我們自己全給天主**（自傳11．1）。」大德蘭是這樣看事情的：如果我們願意得到和天主的親密友誼，我們必須徹底完全給出自己，絕不可斤斤計較。

往昔的日子，她並非常常這樣給出自己。她甚至知道在那些不忠心的歲月裡，自己甘心受縛於愛戀受造物。然而到了最後，終於被恩寵征服，她開始全心投入內修生活。我們的主來相幫她，經過數年的掙扎和努力，賜給她一個神魂超拔的恩惠，使她完全脫胎換骨，前後判若兩人。聖女用活力充沛的話語，向我們敘述神性恩寵的凱旋釋放了她，賦予她自由。**「在此祈禱中長出了翅膀，使人易於飛翔；雛鳥的毛毛脫盡；在這個祈禱中，基督的旗子已高高舉起。就好像這個碉堡的守衛登上，或說，占據了最高的堡壘，揚起了天主的旗子（自傳20·23）。」**多麼豐富的比喻！**「靈魂在其中看得非常清楚，今世必須看重的萬事萬物何其渺小，而且根本是虛無。凡站在高處的人盡覽許多的事物。靈魂不再渴望，也不願擁有自由意志——這正是我向上主請求的。他把自己的意志交給上主。……他所渴望的，無非是承行上主的旨意；他也不願做自己或其他什麼的主人，也不願在這花園中只打零工（自傳20·23）。」**的確，大德蘭現在已經完全交付自己！她把自己意志的鑰匙交給天主；除了承行主旨，她不再有自由了。

《全德之路》

到了這時，聖女大德蘭願意度更犧牲的生活，並且把那些本該完全屬於天主的靈魂獻給祂，於是聖女創立了她的第一座隱修院，讓天主在「這個天堂的小角落（自傳35·12）」尋獲祂的愉悅。有一小群熱心慷慨的靈魂和她一起幽居在聖若瑟隱修院，在那「**耶穌所喜悅的樂園（自傳35·12）**」中，有一次當主耶穌和聖女談話時，親自這樣稱呼這個隱修院。現在這些靈魂燃燒著理想，渴望會母德蘭教導她們，在她們的請求下，聖女大德蘭寫下了她的《全德之路》。

那些有著偉大靈魂的女兒們，多麼迫不及待地閱讀這本書！聖女大德蘭以粗大強勁的手筆，為她們追溯探究，並解釋加爾默羅會的理想。「**妳們已經知道，第一個基石是必須是純潔的良心……要竭盡全力，連最微小的罪過也不違犯，並且尋求至高的成全**（全德之路5．3）。」「什麼是最成全的」，可以用來作為第一個基石？聖女大德蘭真實地使女兒們珍視這崇高的熱望，在她親筆寫的《會憲》中，談到收納初學修女、保守生必須具備的條件中，她寫道：她必須誠心切望全德（a toda perfección）。

從一開始，我們立即進入慷慨的氛圍中。立刻可以向這樣的靈魂要求許多。當聖女寫到超脫這一章時，她說：「如果做到成全的地步，這就是一切了……修女們，我們得以將自己完全、毫無保留地奉獻給萬有者，這項恩寵，妳們認為是個小小的福分嗎？……要感謝祂使我們聚集在這裡，除了完全奉獻給祂，無須涉及其他的事（全德之路8．1）。」的確，在這會院內，不會有什麼東西可想的，除非妳們是非常慷慨的，否則不可能活在這裡。聖女說：「**為了天主的愛，我們捨棄自由……經歷這麼多的磨難、守齋、靜默、退隱，且在經堂誦經……一位想成為天主密友的好修道者，他的一生就是長期的殉道（全德之路12．1～2）**。」總之，天主不會完全給出祂自己，除非我們把自己完全給祂（全德之路28．12）。

然而，不要以為完全的自我交付只是個主動的過程！我們必須以「給予」來祭獻自己，確實沒錯，可是，也必須以「接受」這樣行之。當聖女大德蘭解釋〈天主經〉時，她向我們指出，何以擁抱一切就是把自己獻給天主，那時我們以全心說：爾旨承行。「**我願意勸告並**

提醒妳們，祂的旨意是什麼。妳們不要怕，這表示祂會給妳們財富、歡樂、榮譽……祂是太愛妳們而不給妳們這些東西……請看……祂給了祂的至愛者什麼：痛苦和十字架，從而明瞭什麼是祂的旨意。像這樣，這些就是在今世祂給予的禮物。祂的給予，根據祂對我們所懷的愛：祂愛得較多的人，給的這些恩賜也較多；愛得少的，恩賜也少。祂所根據的是，祂在每個人身上看見的勇氣……那愛祂很多的人，祂看得出來，也能為祂受很多苦；愛得少的，能受的苦也少。我認為，我們能負荷的十字架，其大或小取決於我們的愛（全德之路32．6～7）。」

因此，完全給出自己也意謂著甘心樂意受苦。願意受苦正是我們愛天主的明確證據，完全被愛占有的大德蘭，反覆地對她的主說：「**或死去，或受苦（全德之路40．20）！**」基督的愛人在十字架上尋找祂。現在我們知道奉獻自己的限度：為了愛祂去擁抱痛苦。

在同一篇章中，心地寬大的聖女大德蘭邀請她的女兒們達到英豪的境界，她也提醒她們把自己絕對地給天主，會預備她們達到和天主最溫柔的親密，不過在此我們要略而不提這些。關於這個奉獻，她說：「**我們準備著，要非常快速地走完路途，並從所提過的水泉喝到活水（全德之路32．9）。**」大德蘭認為活水象徵神祕的結合，為此，我們發現正面對成全生活和神祕恩寵相關連的問題。

《默思〈雅歌〉》②

幾年過去了，耶穌德蘭捲入創立新會院的無數掛慮中，她的內修生活日漸加深，充滿強

導讀1　聖女大德蘭的完美全德

烈的心靈喜樂。她沉思《雅歌》中的神祕字句，她願意女兒們分享她從中發現的珍寶，得到神師的許可寫了《默思〈雅歌〉》。但是，這本書的命運很不幸。另一位告解神師狄耶各神父③，或許是要考驗她的服從——難道沒有別的考驗方式嗎？——命令她燒掉這書。聖女立刻服從了。這位可憐的神父全然不知如何是好，而我們則喪失了聖女的另一手稿。所幸大德蘭的女兒們已抄寫了幾頁，至少局部地保存了這本書。

「願君以熱吻與我接吻。」「啊！神聖的新娘！讓我們反覆細思妳們所祈求的……這在於凡事符合天主的聖意，竟至達到天主和靈魂之間不再有任何分別；他們之間只有一個意志在主導，不只在言詞和願望上，而且在實際的行為上。當新娘看到她能以什麼方式更好地事奉新郎時，她對新郎所懷有的愛，及悅樂祂的渴望強烈地吸引著她，因此她不再去聽什麼，無論是理智的推理，或其中暗示的怕懼，她只讓信德去行動，毫不在意她自己的舒適……（默思〈雅歌〉3．1）。」

誰是這位熱戀的新娘呢？難道不就是聖女大德蘭自己嗎？她的渴望是什麼？除了天主的聖意，不再有任何的意願，因而使他們之間「**不再有什麼分別，只有一個唯一的意願**」，她將用實際的行動來證明。一旦她明白有什麼更能事奉天主的事，愛熱烈地催迫著她，使她不能不去完成那事。「**被愛所吸引……她什麼也聽不到**。」困難再也算不了什麼，愛情猛烈猶如死亡。是的，給出一切，就是無限地給出！如果說大德蘭許願要常常實行她認為最成全的事，誰又會感到驚奇呢？此乃她那顆充滿愛的心靈所迫切需要的。

2. 《默思〈雅歌〉》這是暫譯的書名，這本書作者沒有題寫書名，是後來的編輯者加上的，西班牙文書名*Concepto del Amor de Dios*（天主之愛的靈思），英文則為*Meditations on the Song of songs*（默想雅歌）。
3. Diego de Yanguas是道明會的神父，也是一位神學家。

《建院記》[4]

現在我們到了談《建院記》的時候了，這是大德蘭所有的著作中最生動有趣的作品。書中卓越的教導往往打斷建院的迷人敘述。我們由此發現，聖女的理想得以用更動人心弦的方式表達出來，同時她的道理已臻成熟，極具明確性。「**顯然的，成全不在於內在的甜蜜甘飴、偉大的出神、神見或預言的神恩。卻在於使我們的心成全地翕合主旨。無論我們所知道的祂的旨意是什麼，我們都願意堅定不移地承行祂的旨意，只要是天主的旨意，無論甜蜜或痛苦，都以同樣的喜樂來接受（建院記5．1）。**」

這個說法清楚無比。對這位偉大的神祕家來說，成全在於意志完全翕合主旨。不過想想看，這個翕合主旨是多麼偉大，如聖女所瞭解的，只要知道是祂的旨意就夠了，無論是多麼痛苦的事情，都必須喜樂地擁抱它，只因為它是我們的心愛主所願意的。德蘭停止這個思想，接著指出我們這個極大慷慨的根源。「**看來如此困難的，不只在於去做而已，而在於樂意去做，那從本性來說，完全且處處違反我們意願的事。這確實向我們要求付出代價，不過如果愛是成全的，就會強烈得足夠去完成那些事。而我們會忘掉自己的舒適，為能悅樂那如此深愛我們的祂（建院記5．1）。**」的確沒錯，慷慨是從愛湧出的，因為實際說來，「放棄我們的意願」和「去愛」兩者毫無區別。德蘭在她最後的一本書中清楚地指示我們這點，她的思想達到圓滿成熟，綜合歸納了不同方面成全的倫理。

4. 大德蘭，《聖女大德蘭的建院記》。臺北市：星火文化，2017年。

《靈心城堡》[5]

聖女大德蘭六十二歲時寫下她的不朽傑作《靈心城堡》。此時她已經達到靈修的圓滿成熟，她所享有的神婚恩寵向她揭示神祕生活中最深的奧祕，廣博的經驗致富了她透視超性奧祕生活的能力。她用巧妙的手建造靈心城堡的住所，運用無比的藝術手筆加以描述。然而，當她引導我們穿越不同的住所，達到更內在的殿宇，靈魂在那裡享受崇高的神祕恩寵，她處處流露出母親般的勸言，歌唱讚美天主的仁慈，即使如此，她從未忘記那永遠令她著迷的成全理想。她依然是「大德蘭」，這位「完全給出自己的」大德蘭，她會把自己的意志埋葬在她唯一愛人（天主）聖意的深淵裡。

默想、收心、寧靜的祈禱，引導靈魂達到合路的門檻，我們來到了第五住所，靈魂在此經驗到福境的結合，享有天主「真實」的臨在，感受到自己和天主結合，「接觸到天主」。這些是特別屬於成全者靈魂的恩寵，可是德蘭知道，天主並沒有引領所有的人走上這條至高超性恩惠的道路。那麼那些人的成全是否就被剝奪了呢？我們來聽聽聖女所說的：「**對那未蒙上主賜予這麼超性恩惠的人，不要讓他們感到敗與失望是很好的。真正的結合是能夠好好地去獲取的：藉著我們上主的助祐，如果我們努力求取，使我們的意志完全專注於天主的旨意。……上主能經由許多道路致富靈魂，帶領他們達到這些住所，無須經過我所說的『捷徑』**（**亦即神祕的結合**）（靈心城堡5．3．3～4）。」她結論說：「**這個結合是我畢生所渴望的，是我經常向上主祈求的結合，這也是最清楚和最安全的結合**（**靈心城堡5．3．5**）。」

5. 大德蘭，《聖女大德蘭的靈心城堡》。臺北市：星火文化，2018年2版。

因此，大德蘭更努力追求的是她的意志和天主的意志結合，遠甚於神祕的結合。不過，現在她要向我們解釋「**天主的旨意是什麼**」？她寫道：「**上主只向我們要求兩件事：愛至尊陛下和我們的近人，這是我們必須努力的工作。成全地履行這兩件事，就是實行祂的旨意，這樣，我們就是與祂結合。……而如果我們願意，……此乃在於我們能力所及的（靈心城堡5·3·7）。**」因此，是愛德的成全使我們成全地翕合主旨。大德蘭在此採納神學家的共同觀點：「**基督徒的成全在於愛德的成全。**」然而，如聖多瑪斯清楚指出的，這個成全有二個等級，第一個等級，靈魂歡欣於寧靜地擁有普通美好的恩寵，經過煉路和明路的掙扎後，得到勝利，而達到了確實的安全。但是另一個是「著手於更困難的事」，知道那是悅樂天主的事也就夠了，而靈魂願意要它，因為她立即愛它。聖多瑪斯說，這是最成全的愛德。說明了這些之後，我們不能懷疑大德蘭傾向於更成全的愛德，一想到她在修院內的整個生活就是引領她達到如此的愛，這個思想使她歡喜雀躍。「**我的女兒們，我們要明白，真正的成全在於愛天主和近人，愈成全遵守這二條誡命，也會愈成全。我們的全部《會規》和《會憲》，無非是幫助我們更成全地遵守這誡命（靈心城堡1·2·17）。**」加爾默羅的整個生活雖有許多機會犧牲，也無非是愛的生活，導向愛的圓滿。

† † †

大德蘭的倫理理想，我們已從她連續表達的話語中加以探索：把我們自己完全給天主——擁抱痛苦——不惜任何代價尋求悅樂天主——把我們的幸福放在天主的聖意上，甚至當本性對此反感時亦然——最後是完全發展「成全之愛」的觀念。然而聖女這些不同階段的思想，賦予她對成全之愛的觀念更具堅決和簡明的形式，問題的關鍵是愛，就是以喜樂的自我犧牲表達的愛。德蘭認為成全的愛德不只是個愛的更強烈等級而已，而是一個滿溢於外主動的、生效的愛德。對聖女大德蘭而言，愛和犧牲是密切交融的兩件事。犧牲的整個價值來自愛，而犧牲是愛的最明顯記號。的確，按大德蘭所瞭解的，愛德「著手於更困難的事」。有一次，聖女的一個女兒，現今已和她的會母同樣聞名於世，亦即里修的小德蘭，她給愛下了一個定義，和大德蘭的觀點極其相似，她說：「**愛就是給出所有，給出自己⑥。**」

愛我們的近人

愛天主就是把自己全給天主，而愛我們的近人也是為他們完全耗盡自己。大德蘭一生常感到極需靈魂的確實安心。她希望完全慷慨，實際上，她不願徒然地工作或受苦。誰可以責備她呢？天主以神見和特別顯現的方式引導她，多少的神學家她沒有請教過呢？多少的報告她沒有寫呢？為的是使人確信天主的聖神在她內工作！然而，最重要的，當她面對的是愛的問題時，她是確信不疑的。去愛真的是她整個的生命。當她獲悉不能絕對地確定處於天主的恩寵中時，她以各種方法來尋求增加對此事的安心。她說：「**按我的見解，我們是否履行這兩件事，最確實的標記乃在於好好地實行愛近人；因為愛不愛天主，我們不得而知，雖然有大記號讓人懂得我們愛天主；不過，愛近人是能知道的**（靈心城堡5．3．8）。」我想神學家會贊同地說我們能知道，或說能更清楚地看到；然而實行時，兄弟姊妹的友愛確實是

6. 聖女小德蘭的詩。

更實在的，因為愛德不能和愛天主分離，這使我們更確定我們真的在愛天主。聖女大德蘭熱烈地追求確定性，懷著吸引她歸向天主的全部熱情，她在近人身上愛天主。在她那寬大的心中，愛天主形成深不可測的深淵，愛她的近人使之擴大，達及擁抱整個世界。

使徒的理想

我們不該忘記聖女大德蘭的改革源自她的使徒精神。她在《自傳》悅人的篇章中，敘述亞味拉聖若瑟隱院的創立，始於地獄神見的恐怖描述，把聖女嚇得只要一想起就血脈凍結。（自傳32．4）這個神見並非只因她靈魂內一個根深蒂固的罪，而且，如她告訴我們的，她也感到「**許多會下地獄的靈魂（尤其是路德教派，由於洗禮，他們也是教會的肢體）**帶給**我的極大痛苦**。**我確實認為，即使為了從令人毛骨悚然的折磨中，只救出一個靈魂，我也甘心情願忍受許多的死亡（自傳32．6）**。」確實是為此緣故，大德蘭在她的隱院內導入極嚴格的生活方式。她和女兒們共聚一起，她願意為靈魂完全犧牲自己。當事關她神聖新郎的教會時，她的熱情是無限度的。創立第一座隱院後沒有幾年，她接見一位遠自西印度地區間（此處指今天的墨西哥）歸來的傳教士⑦，他告訴聖女說：「在那裡，由於缺少宗教的教導，千千萬萬的靈魂都喪亡了。」大德蘭說：「**這麼多的靈魂喪亡，使我深感愁苦，而無法自抑，我退隱到獨居室中，極度悲痛，向天主呼求，我懇求祂賜給我一些方法去解救他們中的某些人。我極其嫉妒那些為愛天主而獻身於傳教的人，即使是要付出千萬死亡的代價……天主這樣俯允了我……（建院記1．6）**。」天主安慰她說：「**女兒，再等一會兒，妳會看**

7. 這位傳教士是Fr. Alfonso Maldonado, Commissary General of the West Indies，他是一位熱心的傳教士（建院記1．6）。

到大事（建院記1．7）。」而那些大事很快就發生了。修會的總會長神父到她的隱院探望聖女大德蘭，起先是允准，隨後命令她拓展其革新（建院記2）。短短的時間內，滿是慷慨靈魂的隱院遍布西班牙全境。不久男修院隨之增加，時候一到，開始展開邁向遠方傳教區。當聖女大德蘭獲悉古嵐清神父派遣會士前往剛果時，她的靈魂必然會歡欣喜樂。有一天，她在巴斯特日納赤足加爾默羅會聖堂祈禱時，看到一個輔祭的小初學生，聖女被他那天神般的純潔所吸引，古老的修會史上說，她以會母的特恩，悄悄地靠近他，親了他。那個男孩子驚慌失措，雙眼低垂，逃進了更衣所。大德蘭以一顆會母的心，深愛她那些有聖德的兒子們，如果她親自為她的首批傳教士送行，她一定會跪下來親吻他們的腳！

然而，即使是她的女兒們也沒有被寬免使徒的生活，《全德之路》中，大德蘭解釋，何以她們的生活應該為了聖教會的益處和人靈的得救。我們來聽聽她如何把默觀和使徒生活合併起來，默觀尋求的是和天主親密結合，而使徒生活是渴望幫助人靈不陷於地獄：「**既然祂的敵人這麼多，朋友這麼少，這些極少的朋友該是很好的朋友。因此，我決心去做我能力所及的些微小事，也就是，盡我所能徹底完美地遵守福音勸諭，並且使住在這裡的少數幾位也同樣如此。……當我們全都專心致志為保衛教會者祈禱，為這些保護教會免遭攻擊的宣道者和博學者祈禱，我們就是盡所能幫助我的這位上主。祂正被那些祂曾善待過的人欺凌。這些叛徒好像要重新把祂釘上十字架，使祂連枕頭的地方也沒有（全德之路1．2）。**」如果聖女大德蘭希望拯救靈魂，這確實是為了天主之故，她願意她的主更加被愛！正是為此理由，她非常關心司鐸和神學家，他們護衛天主在世的利益。總之，為他們工作，為他們而犧牲她自己，就是為天主而犧牲她自己。

因此，她能夠以此作為她女兒們整個生活的目的。「**啊！我在基督內的修女們！幫助我向天主懇求這事，這是妳們為何聚集在這裡的緣故，這是妳們的聖召！這些必須是妳們投身的事業，必須是妳們渴望的事，是妳們流淚的事，這些必須是妳們祈求的對象（全德之路1．5）。**」**當她說明其生活中的修行時，她說：「妳們的祈禱、渴望、紀律和齋戒，如果不是為了我所提及的意向，妳們應該反省，妳們沒有在執行任務，沒有完成天主帶領妳們來到此地的目的（全德之路3．10）。**」

實行聖女大德蘭的教導

聖女大德蘭是一個非常實際的女人。她深愛崇高的理想，使她的心思意念躍入極高超的境界，不過她的雙腳仍然穩穩地站立在地上。她是個實在論者；她從未滿足於美麗的思想。事實上，她知道許多人懷有使徒的美夢，可是卻關閉在嚴格的隱院內，滿足於美好的渴望和感受，然後安眠於快樂的寂靜世界中。聖女是各式各種幻想的勁敵，絕不會錯失任何機會，把我們導向克服這樣「不真實」的愛德。大德蘭主張對遠方靈魂的真愛必須以慷慨對待近人來證實，在此我們立即進入實際的領域。「**我們要設法盡力了解自己，即使是在小事上亦然，而不去看重那些非常大的好事，亦即在祈禱中，有時突然臨於我們，好似為了我們的近人，甚或只為一個靈魂的得救，我們所要做，或將會發生的好事；因為，如果後來我們的行為不相稱這些工作，也就沒有理由相信我們會完成這些善舉（靈心城堡5．3．9）。**」

她用巧妙的諷刺語法告訴我們，有些靈魂在祈禱時完全「埋葬起來」，動也不敢動，惟恐失去一丁點的熱心。「不是的，修女們！不是這樣的；上主要的是工作！如果看見一位患病的修女，妳能減輕她的一些病苦，妳要同情她，而不要擔心會失去這個熱心；如果她忍受著痛苦，妳也要與她感同身受；而如果必須的話，妳要為她守齋，使她有東西可吃，不只是為了她，更是因為妳知道，那是妳的上主所要的。此乃真正的與祂的旨意結合（靈心城堡5．3．11）。」

聖女大德蘭從未忽視修持德行。「除非妳們開始積極地去獲致德行，且修持德行，不然的話，妳們始終都是侏儒（靈心城堡7．4．13）。」這是她在《靈心城堡》第七住所最後一章中所寫的。當然我不會略過那精彩的修持姊妹之愛的篇章：「修女們，如果妳們希望把建築物奠立在穩固的基礎上，要尋求成為最末的，並作眾人的僕役，學習如何和用什麼方法，妳們能取悅其他的人（靈心城堡7．4．18）。」

我們不要冒然地向聖女說：「可是，那是曼德的本份，主說瑪麗選擇了更好的一份。」因為大德蘭會回答你：「瑪麗已經做了曼德的一份，事奉了主，她用眼淚洗祂的腳，又用她的頭髮擦乾（靈心城堡7．4．8）。」的確，大德蘭要求善工。再者，正是在具體生活環境中行善事，她的女兒們才能幫助那些離她們很遠的人。她說：「絕不要渴望（直接地）幫助每一個人，而要尋求有益於妳們的同伴，善待她們，妳們負有更大的責任（靈心城堡7．4．22）。」不過，努力取悅姊妹們，幫助她們更聖善，這畢竟就是在幫助遠方的靈魂。「你們的姊妹愈是成全的，她們的讚頌也就愈博得天主的歡心，她們的祈禱必會更有助於近人（靈心城堡7．4．8）。」的確沒錯，我們以愛近人來表明對天主的愛，而我們對近人的真實友愛，必須靠慷慨對待共處的同伴來證實。聖女大德蘭有如一位明達之士，把她的靈心城堡奠基於具體地修持崇高的德行。

加爾默羅會的理想

我們以飛鳥的眼睛俯視所經之路。聖女大德蘭對我們提出來的成全是內在的，也是使徒的。對聖女大德蘭的女兒來說，天主是所愛的那一位，她渴望成為天主的親密知己，單獨與祂生活。會母說：「**這是她們必須經常有的目標：唯獨和祂獨處（自傳36．29）。**」

然而，愛一定需要找到出路。為了向天主表明她全是「天主的」，加爾默羅會士應該知道如何剝除自我，絕對承行心愛主的旨意：「**成全的愛賦予我們力量，使我們為了取悅心愛主而忽視每一個舒適（建院記35．10）。**」對於加爾默羅會士，《會規》中所要求的許多苦事和犧牲，即是好多的機會向天主證明，她愛天主超過愛自己，因為無論要付出什麼代價，她總是承行主旨，而非逞己私意。這是個極好的方法，我們由此進入了和天主愛的親密中。聖女大德蘭提及加爾默羅會的修道紀律時寫道：「**經常生活在此靜息之中，所需的主要準備是，只渴望歡欣於基督，她的淨配（自傳36．29）。**」所以，她所渴望的成全是非常主動和辛勞的。此外，由於極度熱愛天主，她對自己的慷慨毫不設限。我們必須把自己完全給天主，整個生活充滿細心體貼的服務，和愛的犧牲。愛在於給予，更甚於接受愛。「**因為愛天主，不在於眼淚，或歡愉和柔情，……愛天主卻在於以正義、靈魂的剛毅和謙虛事奉祂（自傳11．13）。**」又「**愛不在於濃厚的歡愉，卻在於懷著強烈的決心，渴望凡事悅樂天主（靈心城堡4．1．7）。**」

但是有一件我們必須特別取悅天主的事，因為是祂特別交託給我們的，就是兄弟姊妹的愛德，為靈魂的得救而操勞。這樣的靈魂從天主的聖心中得到拯救許多靈魂的力量，且使靈魂更愛天主。聖女小德蘭是大德蘭的好女兒，美妙地總結她的思想說：「**在此塵世，我們只有一件事要做：愛耶穌和為祂而拯救人靈，好使祂被愛。**」

德蘭修會的喜樂

現在我們必須談談德蘭的時代（the Teresian Age），追隨心地寬大的聖女大德蘭，她的足跡遍布西班牙全境，看看她如何播下慷慨的種子、寬宏大量的愛，同時不乏深度的喜樂、心靈的歡欣。梅地納、瓦亞多利、托利多、巴斯特日納、撒拉曼加，這些地方在大德蘭女兒們的歷史中，全都留下了英豪的史頁，隨之繼起許多英勇的創院事跡，聖女大德蘭的修會擴展遍及全歐，如今甚至遠達各地的傳教區。由於時間有限，即使想簡略地論及這個主題都難以如願，但在作此結論時，我絕不能略而不提德蘭修會的喜樂特質，在那全心接納的靈魂內，那喜樂的熱情維持著修會的理想。由此可見，慷慨自我犧牲的生活絕不可能是悲傷的生活。請聽聽年輕女士進入亞味拉聖若瑟隱院的熱忱心聲，德蘭姆姆說：「**她們好像是個不珍惜自己生命的人，全是為了祂——她們知道，祂愛她們。她們放棄一切，也不要自己的意志，甚至這麼的退避和嚴格，也不會使之不快樂。總之，她們全都自我奉獻，作為獻給天主的祭品（自傳39．10）**。」

大德蘭處在她們當中感到很快樂。「**許多次，當我在經堂裡，我深感安慰，看到如此純**

潔的靈魂全神貫注地讚美天主。她們的德行可以從無數的方面覺察出來：從她們的服從，她們從如此嚴格的禁地和獨居中尋獲的滿足，也從她們遇有克苦的機會時所體驗的喜樂（建院記18．5）。」

會母聖德蘭欣喜於她的女兒們，因為看到她們充滿靈性的喜悅。「這往往令我愉悅，當我處在修女們的陪伴中，看到她們內心的喜樂如此之大，她們互相競爭著讚頌我們的主，因為主把她們安置在這個修院中，而這些讚頌顯然地發自她們的內心。修女們，我實在願意妳們時常發出讚頌，如果一個人開始，所有的人都隨之附和。而當妳們共聚一起時，妳們能用時間來讚美天主，妳們有很好的理由這麼做的，還有什麼比這更好呢（靈心城堡6．6．14）？」這是一個由慷慨的靈魂組成的音樂會，從她們滿溢歡慶的心中，正響起迷人的合聲，揚起讚美天主的詩歌。

結論

聖女大德蘭提出的成全理想，並非只保留給她的女兒們。事實上，這無非是基督徒的理想，不過這要從其整體性和全面性來瞭解。這是基督徒的倫理理想，這個理想來自高貴理智的直覺，偉大心靈的推動，絲毫不知折衷妥協。圓滿的愛德，導向完全的自我犧牲和完美的自我祭獻；導向豐功偉業，導向至極的成全，為了悅樂心愛主而接納。雖說如此，這仍然是所有人蒙召達到的成全，因為德蘭的道理涉及所有的人靈，儘管它更直接地論及那些更慷慨的靈魂。正是為此之故，通常偉大的靈魂樂於閱讀聖女大德蘭的著作。她的道理絕非只保留給隱院的修女；而是廣泛地播種在所有預備好接受的靈魂內，使「他們能從聖女的靈修教誨中獲得心靈的滋養（聖女大德蘭節日的集禱經）。」

愛天主和愛近人的圓滿是每個基督徒生活追求的終極，大德蘭以特別迷人的方式把它們全擺在我們面前。對她來說，愛天主意指和祂的親密友誼，這友誼是一顆全屬於心愛主的心，因為她已毫無保留地把自己給了祂；這是一個不顧一切犧牲，只求悅樂心愛主的友誼；亦即埋葬自己，翕合愛人的意志，事實上，他們之間不再是兩個，而是一個意志。大德蘭向我們保證：「**如果我們願意，這是我們能力所及的**（**靈心城堡**5．3．7）。」

那麼，很明顯的，所有善意的靈魂都可能達到和天主如此親密的結合，因為此乃完美慷慨的果實。慷慨是神性的多產，有助於聖教會和靈魂的福祉。對天主懷有真實之愛者絕不可能不愛靈魂，對天主的深愛要求靈魂懷有非常慷慨的愛。總之，愛靈魂無非就是把天主的愛傾注給天主的兒女。大德蘭希望我們把自己全給天主，同時，她也要我們的生活完全為靈魂謀幸福。如果愛天主意指事奉祂，愛靈魂必然就是事奉靈魂，為他們而忘記自己，為他們而犧牲自己。大德蘭整個地充滿天主親密的聖愛，不過，她也完全滿懷使徒的理想，她的靈魂完全平等地持守雙重的目的。

處在現代的世界中，不滿足於稍縱即逝的感官快樂者，以其平庸之才，尋求為自己創造理想，這樣的理想不必太積極努力，是一種世俗和天主的精神互相聯盟的理想，我們很高興，幾乎到處可以發現許多人對此膚淺的理想極感憎惡。他們不願度「分裂」的生活，他們很對，因為分裂的生活不值得費心地去追求！德蘭學派的道理直接地感動這樣的人，他們渴望度成全的生活，他們很悲傷地看到，輕浮者追逐世上易逝的快樂，個性膚淺的人深深陶醉於其中，任憑自己被迷惑。熱心的人不能滿足於這些無益的沉淪，他們之被造生是為了偉大的事！他們生命存有的極深處，有著對神的鄉愁，一種朦朧而深邃的渴望，嚮往著和天主結合。這些人能夠懂得聖女大德蘭的語言，而如果他們知道如何付諸實行，把他們全給天主，如同這位靈修大師要他們做的，有一天，他們也會感受到德蘭修會的喜樂之情，從心的最深處湧現，這顆心由於慷慨地祭獻給天主而擴大，且歡欣鼓舞。

本文譯自：*St. Teresa of Jesus* by Fr. Gabriel of St. Mary Magdalen, trns. A Benedictine of Stanbrook Abbey, 1949, Newman Press, Westminster, Maryland.

導讀2
詮釋聖女大德蘭的《全德之路》

作者：賈培爾神父 Gabriel of St. Mary Magdalen OCD
譯者：加爾默羅聖衣會

這位加爾默羅靈修大師的形像開始清楚地呈現在我們面前。聖女耶穌德蘭是真正偉大的靈魂，毫不設限地渴望完全和慷慨的靈修生活。她在聖教會中興起了心地寬大的後代，深邃且廣闊的生命之流，天主聖愛的江河。大德蘭渴望愛得多，且使愛（亦即天主）被愛。

對聖女而言，愛就是把自己全給天主；教導人去愛，意即把他們放在完全犧牲自我的道路上。對於慷慨的基督徒靈魂，大德蘭提出她「成全」愛德的理想：在心愛主的聖意中埋葬自己，失落自己，為祂的利益，為聖教會完全犧牲自己。

然而，深懷大愛的心必須和心愛主很親密。愛人渴求以愛還愛，愛必須以愛來回報。大德蘭確信此事。如果天主希望我們全心愛祂，祂必定準備好要賜給我們祂的親密友誼。她相信天主召喚靈魂達到默觀。耶穌召喚所有的人來到活水泉旁，對那完全慷慨的靈魂，祂會給她們喝活水，如果不是喝到很多，至少不讓她們渴死。專注熱烈地愛，大德蘭一再說：「主，請給我這水！」她教導我們那令人欣慰的道理：當靈魂行走於完全超脫的道路上時，完全慷慨的靈魂通常被導入神祕的默觀，復興她的力量，鼓舞她的勇氣，激發她的活力，顯示給她愛的新領域，無邊無際。靈魂的新生命誕生了，圓滿、深邃、廣闊。她深感幸福，她被擴大了。她要多麼熱切地為聖教會祈禱！為她心愛主的利益祈禱！沉醉於愛的靈魂已處於默觀的愉悅中！那正享受著與主親密共融的靈魂，要多麼慷慨地犧牲自己和祂同在！

愛、被愛、使愛（亦即天主）被愛，這是大德蘭學派的整個理想。因為這是聖女教導我們導向如此理想的道路，也是她所有寶貴著作的目的。

其中有一本特別使她的修會家庭著迷的，真可說是百讀不厭，每次再讀總是受惠良多。這是聖女的著作中最謙虛的一部作品，書中她如同母親般地說話，沒有過於深入探索神祕之路，她完全負起訓練女兒們的責任。這本書因修女們的請求而寫，她的意向是為教導她們的靈修，大德蘭稱之為《全德之路》。

本書為大德蘭教導女兒們的精華摘要，她是個無與倫比的大師，運用藝術和巧妙的筆觸，啟發她們修行成全愛德的生活，這生活是她為自己設計的。這是一份很有價值的文件，不只有益於加爾默羅修會家庭，從中可以找到如何度徹底、慷慨的獻身生活，是實際、具體和適於隱院生活環境的指導；而且也有益於所有的靈魂，既然加爾默羅會的生活，和基督徒生活追求的目標相同，雖然它是以最整合和圓滿的角度來考量後者。所以，聖女所給我們的具有隱院環境的教導，也適用於其他的生活方式，不致有太大的困難，這位大師所指示的修持方法，大部分取自超性生活的普通傳統，稍加緩和即可適用於其他的修會或在俗人士，他們也是努力地以全心愛天主，且以可能親密的結合來親近天主。相信如果勤加閱讀這本珍貴的小書，必有益於許多的基督徒，我們願以整章的篇幅來闡明這本書。

此外，這是研究聖女大德蘭傑出作品《靈心城堡》的最佳準備，按我們的看法，《靈心城堡》是補充《全德之路》的著作。事實上，《全德之路》特別著重於靈魂在聖化工作中的合作，而《靈心城堡》則從另一方面談論天主的神性動作，天主常以之施行於慷慨的靈魂，為能在短時間內，提拔靈魂達到高超的成全。

因此，如果我們要從聖女的教導中獲得最大的益處，尚未踏入神祕城堡的門檻之前，我們必須先細心地探索達到那裡的《全德之路》。聖女大德蘭深深著迷於默觀的理想，完全確信，如果我們要達到默觀，在我們方面要有正確的準備，這是很重要的。所以她極其認真地教導她的女兒們具體、實際的修持法，使之能確實做好準備。同時，我們更明確地看出來，對那些追求默觀的人，德蘭姆姆向他們要求多麼大的犧牲，那麼，我們可能就不會覺得太奇怪，對於那些完全把自己交給天主的靈魂，天主應該會樂於給出祂自己，且因他們而感到歡樂喜悅。

我們已經強調了本書的特性及其邏輯結構，我計畫簡潔地說明她所教導我們的，關於渴望在與天主親密上進步的靈魂，其修行的主動部分。

本書的結構

有時候，人們說《全德之路》是一部克修的著作。如果這個「克修」指的是，靈魂努力清除所有與主結合的障礙，藉著主動地高舉自己的官能想天主，愛天主而親近天主，那麼，我們十分同意這說法。的確，這正是本書的特色，書中大部分在於解釋修行捨棄自我和普通主動的心禱；不過，為了避免誤解本書的特性，我們必須記下來，所有關於默觀祈禱所敘述的克苦修行。我們在此面對的是默觀的克修，特別屬於追求默觀的靈魂。由於我們視之為極重要的一點，因此現在是清楚加以證明的適當時候。我們將在這本書的結構中尋求證實，為相同的理由，我們將解釋其架構。

我們已指出，何以大德蘭的書時常離題旁論，也沒有依循良好的寫作計畫，即使如此，她的著作仍具有深奧的邏輯。我們甚至探本溯源，追蹤此一深奧邏輯，達及這位迷人聖女的實際生活，她的透徹直觀和熱烈切望主導她的全部活動，引導她的筆，寫下精彩的篇章，有時寫寫停停，間隔數月之久，無暇再讀一遍，雖如此，卻隱藏著前後連貫與和諧一致的合一性。《全德之路》的章法尤其是這樣的，此一結構對急忙的讀者並非顯而易見的，然而經過耐心的解析後，清楚地顯示出來，這是一本默觀靈修生活卓絕的綜合學說。

這部著作的宗旨是訓練發願度祈禱生活的靈魂，可劃分為三個部分。第一部分以深具活力的筆法描述加爾默羅會士，真正祈禱靈魂的肖像；第二部分是解釋祈禱生活的基礎，亦即修持卓越的德行；第三部分是學習主動的祈禱。

† † †

我不知道，如果我們告訴聖女大德蘭，她的《全德之路》大致上採用了主導《神學大全》卷二的同一原則，是否會使謙虛的大德蘭臉紅，或者由於她是個深明事理的人，可能會令她一笑置之。我更樂於設想她會是很高興的，因為她欣喜於許她寫書的神學家們的讚賞。

有一天，她對葉培思神父（Yepes）說：「博學者告訴我，那確實使他們想起《聖經》。」

天使聖師多瑪斯在《神學大全》卷二的開端，論及人的行動之前，他先把生命的終結置於我們面前。聖女大德蘭亦然，其《全德之路》的整個架構奠基於考量女兒們必須達到的目的。充滿洋溢著靈性和生命，這本書的第一章描寫德蘭隱院修女的理想肖像：她是天主的親密朋友，唯獨屬於祂，為祂的利益祭獻自己的生命，亦即為祂的聖教會；她是祈禱的天使，為戰鬥者祭獻自己成為祭品，好使她能為他們贏得勝利。由於祈禱是她必須藉以共同合作的方法，為使她的祈禱更強有力，大德蘭的女兒們致力於成全地悅樂聖心，使之必然恩賜她所求的一切。

加爾默羅會士心懷大志，聖女大德蘭寫道：

「我的女兒們，妳們已經看到了，我們所要努力達到的偉大事業，為了不要在天主和世人眼中顯得非常冒失，妳們想我們該當如何呢（全德之路4．1）？」她繼續回答這個基本的問題，指出女兒們必須追隨的道路，好能成為「真正祈禱的靈魂」。我們將會看到，她有意領導她們達到祈禱生活的至高等級。大德蘭絕不會半途而廢的。

現在我們進入這本書的第二部分。聖女具有極其健全正確的判斷，她從自己修會的法規中尋求必須的指導。她說：「**我沒有請求妳們做什麼新的事情，而只要我們守好已誓發的聖願。遵守會規和會憲是我們的聖召和責任，**」不過，她再加上：「**雖然在遵守的程度上有許多層次（全德之路4．1）。**」

事實是這樣的，守會規時可以很慷慨，也可以很不慷慨。一個靈魂可以為了不犯罪，只墨守成規，或者，也可以為了圓滿深入修會的精神，心胸寬大，多行善工，超越法規。由於心懷遠大志向的人必定熱切地投入工作，聖女大德蘭說：「**很明顯，我們必須辛勤工作，這極有助於獲得崇高的思想，鼓舞我們，致使作為也與思想一樣崇高（全德之路4．1）**。」

從一開始我們就發覺處在慷慨的氛圍中，所度的是成全和圓滿的生活。不過，我們也同時看到這生活的主要和中心職務是祈禱。

「**我們的《原初會規》規定：必須不斷祈禱。如果我們盡可能全神留意，修行不斷祈禱——因為這是會規上最重要的，那麼，必不會失去會規所命令的齋戒、克苦和靜默。因為妳們已經明瞭，如果祈禱是純真的，必須有其他的事輔助。祈禱和舒適的生活是互不相容的（全德之路4．2）**。」

祈禱伴隨著克苦，伴隨著補贖神工，意即在靈魂內培養慷慨的精神：此即加爾默羅會生活的基本修持。當然，聖若瑟隱修院的修女們，希望德蘭姆姆教導她們的確實是祈禱（全德之路4．1）。不過，她的這些好女兒可不是這麼容易滿足的！她們要求聖女講解的無非是「**達到默觀的道路（全德之路16．3）**」。

德蘭姆姆並沒有拒絕，相反的，她確實渴望滿足她們。事實上，她願意幫助女兒們成為「**天主的好朋友（全德之路1．2）**」，其所渴望的無非是「**經常唯獨和祂獨處（自傳36，**29）」。像這樣的生活即是在為默觀作基礎的準備。大德蘭是個聰慧的聖女，她將奠定堅固的地基：「**在我述說心靈之事，也就是祈禱，之前，我要提出一些追隨祈禱之路的人必須具備的條件。這些事如此必要，甚至，即使不是非常默觀的人，能夠具有這些德行，她們也能在事奉天主上突飛猛進。除非具備這些條件，她們不可能成為很默觀的人，……（全德之路4．3）**。」

聖女大德蘭以基督徒生活本身做為開始，指示導向默觀的道路。談論與天主的親密友誼之前，她先提出來三個德行，如果完善地修持必會使靈魂超脫整個世界和她自己：非常細心的姊妹之愛，超脫一切受造物，深度的謙虛。以愛主之情來修持，這些會引導靈魂達到真正的「**心靈的赤裸**」。

然而，要求這麼絕對的棄絕，豈不是過於誇張嗎？大德蘭才不這樣想。「**我所說的一切，妳們不要以為太多，如人們所說，我才擺設好（下棋的）遊戲（全德之路16．1）。**」西洋棋盤！多麼奇特的話語！聖女用來教導加爾默羅會隱修女！甚至連大德蘭也是這樣認為，修女們會很驚奇地聽她說到遊戲，「**我所提的遊戲，不但我們會院中沒有這玩意兒，我們也不該有。由此可見，天主所給妳們的姆姆，她甚至連這種虛榮的玩意兒也知道（全德之路16．1）。**」雖然如此，她仍教導我們善用下棋的戰術（全德之路16．1），她會講解如何下「攻王棋」和「圍擒」愛的國王。「圍擒」我們的主，意思無非就是勉強祂惠賜默觀的恩寵。那麼，我們不是藉著普通的德行達到這個目的的，這些德行必須以更高的等級來修行，「**我的女兒們，妳們會說：為什麼我要對妳們談論德行呢？……我說，如果妳們求問的是默想，我已經對妳們談過了，也勸導大家修行默想……然而，女兒們，默觀是另一回事（全德之路16．3～4）。**」達到默觀，或者，如大德蘭以打趣的口吻說的「圍擒人心的國王」，我們必須絕對地交付自己。「**除非人完全給出自己，否則這個國王不會給出祂自己（全德之路16．4）。**」

由此顯然可見，即使是她書中確實最具有克修的部分，仍不忽略默觀；聖女大德蘭要求如此完全的超脫，正是因為這是神祕祈禱的正確準備。

現在到了開始第三部分，直接專注於探究祈禱生活。這一部分更加清楚，帶領靈魂達到神祕祈禱的思想主導了這一部分。

開始的幾章，即第十七章至第二十章，用來解答默觀和聖德之間的深奧問題。確實是在這個階段，聖女更特別的談論它，更徹底地傳授她那巧妙平衡的解答：默觀不是達到聖德絕對必須有的，經由不是那麼高超的道路達到聖德也是可能的，不過，一般說來，天主把它賜給完全慷慨的靈魂。天主普遍地邀請每個人來到活水泉旁。所有預備妥當的靈魂，如果不是得到豐富的神性光照，成為真正的「默觀者」，也不會有人完全得不到的。所以，在我們的靈修生活中，給予默觀的理想一個地位，是很合宜的。大德蘭甚至一視同仁，教導所有的女兒要預備自己達到默觀：「**要確信，如果妳們竭盡所能，以前面所說的全德為默觀做準備，而如果祂仍不賜給妳們默觀，我相信，如果真有謙虛和超脫，祂不會不賜給的**（**全德之路**17．7）。」注意看，如此的準備是所有人都應該追求的，毫無例外，而且要盡她們的全力（全德之路18．3）。我們來看看，我們該如何上路（全德之路20．3）。

大德蘭自承在說明準備方面耽擱過久之後，她向女兒們提出二個嶄新的條件。第一是要堅決定志，決心不停地勞苦工作，直到抵達目的地，也就是說，直到她們暢飲生命的活水（全德之路21．1）。第二是作心禱，當不能祈禱時，則配合口禱，因為，如果她唸口禱時心神收斂，天主有時提拔靈魂達到至高的默觀。

現在我們到了著名的〈天主經〉註解，亦即從第二十七章開始至最後。開頭這幾章在聖女的著作中相當聞名。〈天主經〉起頭的話提供給聖女機會，談論主動祈禱的不同階段，即第二十七章至第二十九章。大德蘭再次指出主動收心的更高境界，它如何預備靈魂達到灌注默觀的道路，即第二十八章第一至第六節。當我們說：「願祢的國來臨」時，我們所求的「天主的國」就是寧靜的祈禱；神祕祈禱的第一個階段，在這裡，天主確實給出祂自己讓我們享有，開始把我們導入祂的國，即第三十章至三十一章。關於「願祢的旨意承行」，這段註解應被視為這本書中最重要的一點，因為在此，事實上，靈魂開始成全地給出自己，這無非就是她擺在女兒們面前的倫理理想。然而，靈魂達到這個高境是藉助於寧靜的祈禱。大德蘭清楚地這樣說：「**我們的好老師，祢的這個祈求——願祢的國來臨，求得真好，使我們完成祢為我們而給出來的。因為，確實的，上主，如果祢不這樣求，我認為這是不可能的**（**全德之路**32．2）。」她的一向想法在此以新的方式表達出來：要達到標準的聖德，如果沒有默觀是非常艱辛的。

然後，她再次強調，如果我們想要達到神祕生活的圓滿境界，這在於我們如何慷慨地滿全天主的聖意。感恩祭的日用糧（聖體）必會給我們力量度慷慨的生活，而領聖體時是很寶貴的，我們因此而和天主親密共融，即第三十三至第三十五章。「**妳們能渴望這麼多，祂也會完全顯示給妳們**（**全德之路**34．12）。」無疑地，聖女一直談論著默觀。甚至到了〈天主經〉最後的祈求，也導致聖女向我們解釋分辨的原則：應從靈魂所得的效果來辨識默觀，即第三十六章。最後的結論，聖女大德蘭陶醉在主教給我們的這篇奧妙的禱詞中，其中包涵整個的靈修生活，從一開始到靈魂投入天主內，天主讓她自由地暢飲活水泉。「**賜予靈魂暢飲**

活水之泉，可以說，這是路程的終點（全德之路42．5）。」

† † †

看來我們已證明了所提出的問題。《全德之路》是一部克修的著作，的確沒錯，不過，這是個默觀的克修。為此，根據聖女大德蘭的教導，我們無法懷疑，整頓靈修生活，好使我們得到默觀的恩寵，這樣做是合法且適宜的。大德蘭甚至毫不遲疑地，稱默觀為靈修生活的終點。她敘述了象徵灌注祈禱的活水後，接著又說：「**女兒們，在作戰之前，我設法解說目標，並指出會得到的賞報，還對妳們說，喝到這來自天上的水泉、這活水的好處，妳們想這是為了什麼？」她自己回答說：「為的是在這條路上，遇有艱難和反對時，妳們不會憂慮，而有勇氣向前邁進，也不疲累（全德之路19．14）。**」這本書除了引導我們達到成全的倫理，此即在於把自己全給天主，還有主要的目的，聖女大德蘭寫《全德之路》時，也顧及神祕的默觀，這是幫助我們達到聖德的卓越而有效的方法，比較短也比較容易的道路，一條真正的捷徑，可在短時間內達到高超的成全。

現在，我們必須更明確地解釋預備得到神性恩惠的因素。

慷慨修德

我們要重拾舊題，更留神地考量這本書的二個部分，我們已稍稍解釋了其概括的架構。

關於默觀生活的基礎，我們記得聖女大德蘭如何寫下修持三個德行：「**我要闡明的只有三點……，第一點是彼此相愛，第二是超脫一切受造，第三是真謙虛。雖然我最後提到謙虛，它卻是最重要的，並且涵蓋其他一切（全德之路4．4）。**」聖女提示我們的這些德行，如果我們將之形成具體的觀念，我們會看到，她向渴望默觀靈魂要求多麼高的倫理標準。注意到這一點是很重要的。事實上，有時候，不知不覺地，我們傾向於降低聖女教導的水準，使之降到我們的水平。由於給不出如此大量的慷慨，即使是聖女指給我們達到崇高山頂的道路，我們寧可不要被要求那麼多，甘心尋求以比較輕易的方式來解釋她的克修道理，結果是從中溜之大吉。事實是，我們正逐漸地毀損整個建築的根基，無意之中，推翻它的平衡與和諧。凡願意修建高樓直達默觀者，必須打下很深的地基。所以，我們堅決主張大德蘭克修觀點上的絕對和艱辛。

大德蘭從不滿足於帶領靈魂達到「任何一種的」成全。她要女兒們達到的是「徹底的」成全，因此她要求保守生立志修練全德——toda perfección，如我們從她寫的《會憲》中看到的。現在我們來聽聽，她頗具權威地帶領我們踏上這條全德之路。

姊妹之愛

我們來仔細地推敲，想想看，她所教導的對近人的愛。大德蘭要的是沒有任何不成全的愛德。談到姊妹之愛時，她說：「**人們以為，在我們當中失之太過，不致有害，然而，後來引起如此之多的惡事和不成全，除非親眼目睹，我不認為有人會相信（全德之路4．**

5）。」她確信，這樣的不成全阻礙靈魂完全專注於愛天主（同上）。她以細膩的心理學為我們描繪出如此不成全的靈魂：「我相信，這情形在女子當中遠多於男子……希望送禮物給她；找時間和她談話；而且多次向她訴說妳愛她，及其他無關緊要的話，而非說妳如何愛天主。像這樣的親密友誼，很少能幫助人更愛天主。相反的，我相信魔鬼從這裡開始在修會內造成黨派（全德之路4．6）。」

不是的！那不該是我們愛近人的方式！大德蘭不要這些特殊和感性的友誼；她只允許愛德，甚至她要的是非常純潔的愛德。「我要談論的愛有二種：一種是純靈性的，因為不會觸動感性或我們本性的柔情，使之失去純潔。另一種是靈性中混雜我們的感性和軟弱……（全德之路4．12）。」聖女大德蘭只許可前者。「現在我想要說的，是毫無情欲混雜的靈性之愛（全德之路4．13），」而她描述以此方式去愛的靈魂：「他們不滿足於愛像肉身那樣卑賤的事物…卻不會停留在這裡，我說『停留在這裡』，意指他們愛這些事物的心態，他們會感到如此地愛戀事物，如同捕風捉影，這使他們引以為憾，也覺得沒有面子，羞愧萬分，不敢對天主說他們愛祂。……妳們會想，如果不愛看得見的事物，他們愛的是什麼？……確實，人們愛眼之所見……如果這些人愛，他們超越肉軀形體，把眼睛注視在靈魂上，看靈魂內有何堪愛的（全德之路6．4、8）。」

這種愛的對象是靈魂。現在我們來看愛的行動：「如果一個人去愛，他的愛是熱情的，願意對方的靈魂更能見愛於他人，……這是極有價值的愛。這個人毫無保留地盡其所能，尋求對方的益處；他情願犧牲千萬性命，而使另一靈魂獲得些微的幸福（全德之路6．9）。」

大德蘭指示我們，像這樣的愛如何也能接受天主以痛苦淨化我們所愛的人。「**純靈性的愛則非如此。雖然本性的軟弱立刻有所感受，理智隨即思量，對那靈魂是否有益處，是否增進他的德行，及靈魂如何忍受痛苦；他祈求天主，賜給所愛的人忍耐，使他堪當受磨難。如果見到那人安心忍耐，他就一點也不覺難過，反而感到欣喜，也得到安慰**（全德之路7．3）。」

我們很自然地想起聖女小德蘭的英勇聖德，她不要求天主治好她的父親。大德蘭結論說：「**純靈性的愛好似效法耶穌——至良善的好愛人——對我們的愛**（全德之路7．4）。」

現在擺在我們面前的姊妹之愛，顯然地，是淨化所有的自愛，所有對個人安慰的尋求；渴望天主更被愛的熱情主導著這個愛。這樣的愛，在靈魂身上愛天主，而愛靈魂直接的目的是使她們愛天主。我們在此面對的是純潔的愛。聖女大德蘭不是很容易滿足的。她要領導她的女兒們達到最高的成全。事實上，惟有在這崇高的成全境界，我們才能和默觀相遇。

絕對超脫

「**現在，我們來談談該有的超脫，**」聖女繼續說：「**這一點，如果做到成全的地步，就是一切了。**」一切了嗎？這話豈不是說得太過份嗎？大德蘭解釋：「**這裡，我說這就是一切了，因為若我們唯獨擁抱造物主，毫不在意受造的萬有，至尊陛下必會傾注德行。我們只需一點一滴地竭盡所能，就無須介入任何征戰；上主為護祐我們，將親自迎戰魔鬼、對抗世界**

（全德之路8．1）。」看來這裡所指的是天主聖神的協助，此乃真正超脫的靈魂可以期盼的。

聖女逐章地為我們敘述逐步漸進的超脫，從比較外在的事物開始，達及最深入的超脫，亦即內心修持的完美謙虛。大德蘭期盼她的女兒擁有內心完全的自由，因而能以全力去愛。所以，首先，要她們不尋求與親戚往來的感性安慰。「**在其他的地方，有自由為了得到安慰，可以和親戚相聚；在這裡，若有親戚獲准拜訪，則是為了和我們相聚而獲得安慰（全德之路8．2）。**」她總是對無私的愛深表關心，但可不要認為加爾默羅會修女必會對親戚漠不關心。「**女兒們，在這會院中，要很認真地將他們託付給天主。這是正確的（全德之路9．2）。**」大德蘭所不要的是，在思想中牽掛著他們，這對我們毫無用處，對任何人都毫無助益。「**除此之外（亦即為他們祈禱），應當盡可能放開他們，置於記憶之外（全德之路9．2）。**」

事實上，不這樣做的話，必會極度傷害靈魂的平安。「**畢竟他們的娛樂不是我們能享有的，這對我們也不是正當的。我們當然可以心疼他們的受苦，事實上，我們確實為他們的磨難流淚，有時，甚至比他們還過分（全德之路9．1）。**」其實，從心理學的觀點來看也是很明智的，隱院內的修女如果不奉行這個勸告，在獨居生活中，必會徒然忍受所愛之人的種種憂苦，但由於她不像那些人一樣，偶而還能分分心，因此她將遭受比他們更劇烈的痛苦。她的心思漫無目的地受到無益的干擾。

然而，只超脫別人仍是不夠；我們必須超脫自己。「**這就好像一個人，因為害怕竊賊而鎖門，卻把竊賊留在屋子裡，就此極其安心地熟睡。而妳們已經知道：沒有比我們自己更壞**

的竊賊（全德之路10．1）。」

因此，我們得到更進一步的勸告：「如果妳們不小心謹慎地行走，如果每位修女不萬分留神，相反個人的私意——且把這看成比一切都來得重要——許多事情將會奪去神聖的靈性自由。藉此自由，妳們才能飛向妳們的造主，而不會被泥土或鉛塊羈絆（全德之路10．一）。」至於這個捨棄自我的工作，謙虛會前來協助超脫。「它們不是分得開的兩姊妹，不是我勸妳們遠離的那些親友，相反地，妳們應當加以擁抱、疼愛，絕不要讓人在妳們身上看不到這兩個德行（全德之路10．2）。」

我們來考量一下它們的特殊工作。「首先我們要努力的，就是除去對自己肉身的偏愛（全德之路10．5）。」大德蘭很明瞭許多怯懦女子的小過失：「不過，有些修女進入隱院，不為別的，正是為了不要死……修女們，要下定決心，妳們來，是要為基督而死，不是為基督而過享受的生活（全德之路10．5）。」有時她顯得很機智，甚至有些卡斯提亞人的淘氣。「某天我們因為頭痛而不去經堂唸經，第二天因為頭還痛也不去，第三天則因為恐怕會再頭痛，所以也不去…（全德之路10．6）。」她繼續進一步地勸告女兒們：「肉身有個缺點，得到的享受愈多，發現的需求也愈多（全德之路11．2）。」「妳們要想想，有多少貧窮的病人，他們不得向任何人抱怨。所以，貧窮和舒適是不能同路並行的。……我們要記憶古時的聖父們，這些隱修士的生活，是我們要努力效法的。他們忍受的是何等的痛苦啊！多麼孤單、寒冷、飢餓！又多麼酷暑、炎熱啊！除了天主，他們沒有誰可以抱怨。妳們想，他們都是鐵打的嗎？……女兒們，請相信，當我們開始征服這卑微的肉身，就不會再這麼受干擾……我們死了又怎樣呢？身體這麼多次哄騙我們，我們不是也該至少作弄它一次嗎？

（**全德之路**11．3～5）」確實如此，聖女大德蘭對待身體毫不溫柔！我們要為默觀的珍寶付出代價！

然而，不能只有肉身的克苦，必須有內在苦工的輔助和鼓舞。再一次我們看到，大德蘭絕不會半途而廢。「**我們要在一切事上，表現出相反自己的意志……然而，如果只說，我們不在任何事上取悅自己，而不說明，伴隨相反私意而來的滿足和愉悅，甚至在今生就能有益處，這就會顯得嚴格極了！而這是多麼的安全啊！（全德之路12．3）**」完美的服從生活，會引導我們完全進入這個修持，但它是藉謙德的幫助而達到成全的。

深度的謙虛

最後這個德行涵蓋很廣的範圍。最主要的，謙德使我們免於如此之多的瑣事，和如此之多的成見。多少的靈魂在盡其本份時，由於缺少謙虛而心煩意亂！她們深怕表現得不夠好，當然，結果她們真的表現得非常不好。我們必須滿足於自己本來的真相！大德蘭說：「**謙虛是真理**」。縱然她深具魅力，聰明賢慧，她也沒有事事成功。她似乎從未精通貴族社交的禮節。和貴夫人說話時，對她們的名銜很感混亂，不知如何尊稱她們。當她該說「Señoria」時，她卻說成「Merced」（全德之路22．1）。她甚至對經堂的禮儀也感到非常不滿意。她不擅長唱歌，當她仍是降生隱修院的修女，輪到她領唱對經時，她覺得沮喪，因為領得非常糟！而她敘述說，當她不那麼憂慮掛心時，反而領得較好（自傳31．23）。雖然如此，當她建立自己的修院時，她認為最好免去女兒們的這個重責，所以改為平調唱經（會憲第三章）。

謙虛還有更重要的工作要做。大德蘭知道，像名望之類的問題也發生在男會士中間，不只在隱修女中！她回想起博學之士必須接受步步高升的研究陶成。「**這是怎麼回事，我不知道，已經升為神學教授的人，一定不能降為哲學教授，因為這是面子的問題，只能升，不能降（全德之路36．4）。**」聖女大德蘭教導女兒們，要極力相反每一個驕傲的誘惑：「**不要只有內在的謙虛……也要有外在的修持，使修女們因妳們的誘惑而獲益。如果妳想報復魔鬼，快快脫離誘惑，那麼就在誘惑一開始時，即刻請求長上指派妳們去做些卑微的職務，如有可能，就自行去做。妳們也要學習，如何在相反私意的事上屈服妳們的意志，那麼，上主會使妳們弄明白這些事，為此，誘惑將無法久留（全德之路12．7）。**」

這樣還不夠。大德蘭要我們絕不可爭取所謂的權利。「**任何有意達到全德的人，千萬別這麼說：我是對的、她們沒有理由這樣對待我、這樣待我的人是沒有道理的……，但願天主解救我們，消除這類歪理。我們的好耶穌忍受那麼多凌辱，受到那樣無理的對待，難道都是合理的嗎？除非自認合理，就不願背負其他十字架的修女，我不知道為什麼還要留在隱修院裡？讓她重返世俗吧！在那裡，人們也不會跟她講這些理（全德之路13．1）。**」

為此，我們必須確信：加爾默羅是克修之家，要求在這裡的靈魂修持最高等級的德行！聖女大德蘭甚至明顯地要求她的女兒們，如果受到不公平的指責時，不要為自己辯護。「**眼看著沒有過失而挨罵，又默不作聲，這是大謙虛，也是極度效法除免我們所有罪過的上主（全德之路15．1）。**」愛耶穌使一切都成為可能。

這樣極力堅持修行謙虛，到底是為了什麼呢？聖女大德蘭希望擒獲天上的君王，亦即她願意強迫祂把自己給靈魂。大德蘭好似一個下棋的高手，她說：「**在這場遊戲中最能把仗打好的棋子是皇后……沒有一位皇后，能像謙虛那樣，使國王降服。……請相信，誰更加謙虛，就更能擁有祂（全德之路16．2）。**」我想，我們確實可以作此結論，大德蘭渴望興建的祈禱大樓，奠基在非常穩固的倫理基礎上。她擺在我們面前的德行標準，不是普通的水平。它們是非常高超、成全和英豪的德行！她知道靈魂各有不同。有的「**像綁住腳的小雞那樣移動腳步**」，有的則「**如老鷹般凌空飛翔（自傳39．12）**」，她不願女兒們成為小雞！她們應該像老鷹般高飛。老鷹具有銳利的目光，凌空飛入明亮的光中，縱身投入燦爛的光輝中；如果靈魂知道，如何藉成全的超脫，高舉自己於塵世之上，這不就是沉浸於默觀的光明中，放射出光芒嗎？

主動的祈禱

然而，我們所解釋的只是與天主結合的一個方面。絕對超脫的工作必須有另一個伴隨的因素，給它光明和幫助它繼續。如果要能懷著愛修持超脫，則必須有祈禱的滋養。祈禱能使愛發展。超脫使內心自由，空虛其自愛；祈禱使之充滿神性的愛，主動的愛，使得天主樂於恩賜她被動的愛。大德蘭確實視心禱為獲得神性友誼的直接準備。她的祈禱觀念特別顯示出來，對她來說，祈禱是親密結合的開始，這是靈魂自己獲得的，但也是天主樂意給予的，將有一天會因聖神的工作而更深入。

大德蘭強烈地主張，預備達到默觀的靈魂，絕對必須祈禱。「**修女們，要修行心禱，誰**

若做不到，就唸口禱、閱讀，或和天主交談……不要放棄團體共同祈禱的時間。」接下來是特別的警告：「**妳們不知道，淨配什麼時候會召叫妳們，但願發生在愚蠢童女身上的事，不會臨於妳們（全德之路18．4）。**」如果我們勤奮地修持祈禱，必會在我們內發展愛。

事實上，聖女大德蘭認為，祈禱最主要的是愛的修練。不只一次，她明顯地告訴我們，祈禱不在於想得多，而在於愛得多。甚至當她給我們祈禱的定義時，表示她視祈禱為進入與天主結合的最好方法。她告訴我們，「**祈禱無非是和天主的友誼交談，亦即時常找時間和祂獨處，我們知道祂愛我們（自傳8．5）。**」和天主在一起，和祂親密交談，對大德蘭來說，這就是心禱的全部內涵。的確，許多時候，用理智作推理默想是很有幫助的，事實上，這樣做有助於激發愛，但這完全附屬於情感的修練。在祈禱中，意志是皇后，因為愛是從意志來的。去祈禱就是去向我們的主說，我們愛祂。

這是如此單純的事，絕不需要許多的推理，只要用心就足夠了，不過，這是一顆健全的心，知道如何去愛天主。那時，我們必須用這顆心工作。我們來聽聽大德蘭的教導，在默想時，對於祈禱感到有困難的修女，她如何指示：「**第一步，在祈禱開始之際是非常重要的，要把我們放在天主的面前，然後專注於和祂愛的交談。**」「**我並沒有要妳們思想祂，或獲取許多的觀念，或用妳們的理智，做偉大又巧妙的省思，我要求妳們的，無非是注視祂。……請看祂被綁在柱子上，充滿悲傷，為了深愛妳們，祂全身傷痕累累……而祂會以這麼美麗、慈愛、淚水滿盈的雙眼注視妳們，只因為妳們前去向祂求安慰，並且回頭看祂，祂會為了安慰妳們，而忘卻自己的悲傷……啊！世界之主，我的真淨配！——如果看祂那樣，會打動妳們的心，妳們就能這麼對祂說。而這時妳們不只渴望看祂，而且還會很樂意和祂說話，不是**

以現成的禱文，而是發自妳們內心的痛苦……　竟願意接受像我這麼可憐之人的陪伴嗎？從的表情，我看得出來，　已由我得到安慰……上主，若是這樣，　願意為我忍受這一切，我為　受苦，這又算什麼呢？……上主，我們一起走吧！無論　去哪裡，我也去①；無論忍受什麼苦，我也忍受（全德之路26．3～56）。」

這樣的祈禱方式，是完全專注於愛的修持，誰會看不出來呢？以充滿感情的愛，決心為我們的主受苦，預備好達到有效的愛。如此的祈禱真是慷慨的根源。

然而，愛尋求親密的友誼，甚至也會產生親密的友誼。靈魂感到需要親近天主，漸漸地，她知道所想念的天主就居住在她內。大德蘭告訴我們另一種主動的祈禱，比前者更完美：主動收心的祈禱。這個祈禱基礎是我們內天主的臨在，不過這預先假定，靈魂要作二件事：她必須遠離受造物和親近天主。要以全心作這二件事。

大德蘭的女兒們由於時代的關係，那時婦女多半是文盲，聖女為了加強女兒們的印象，明瞭天主親臨我們內的偉大且安慰人的真理。她說：「**為了幫助我們真的瞭解，在我們內其他更寶貴的東西，無與倫比，遠超過我們外面看見的。不要想像我們的內在是空的。**」接著又說：「**天主保祐，但願有此疏忽的只是女人（全德之路28．10）！**」事實上，她遇見過某位神學家，對靈修生活中如此活潑和超性的真理，那人一無所知。她表示多麼不欣賞那樣不徹底的指導者！那人告訴她，天主只藉著祂賜予我們的恩寵臨在我們內。可是，大德蘭由親身的神祕經驗知道，天主真的在我們內，正如她說的，這個真理她確信不移，所以她不能相信那個人。「**於是再去請教其他的人，他們告訴她這個真理，她從中得到許多安慰（靈心城堡5．1．10；自傳18．15）。**」

1. 參閱《盧德傳》第一章第十五節。

由於天主真的臨在我們內，聖女會教導我們，在靈魂內的斗室裡收斂心神，在那裡和祂親密談心：「**要對待祂如同父親或兄弟，或如同主人或淨配；有時這樣，有時那樣……妳們不要糊里糊塗；祈求祂，讓祂來做主。因為祂是妳們的淨配，祂會這樣對待妳們**（全德之路28・3）。」因為我們很親近天主，所以無需多言多語：「**祂會了解我們，就像這樣，如果我們要唸許多遍〈天主經〉，只唸一遍，祂就清楚明白我們了……祂並不贊許我們打破頭，對祂說一大堆的話**（全德之路29・6）。」

這已是非常寧靜和單純的祈禱，現代神學家稱之為「單純注視的祈禱」，然而德蘭學派則標示為主動或自修的默觀。它可稱為「默觀」，因為專注於天主，靈魂往往滿足於以單純、愛的注視來存想祂，而非對某些特別的奧祕苦心推理，問題在於這是靈魂自己修持的默觀。所有聖神七恩的灌注當然沒有被排除，不過，這個灌注對靈魂仍是隱藏的，而且其中毫無新的心理體驗。為此，我們在此不說是神祕的祈禱。

但是，後者似乎不是離得太遠。大德蘭注意到這個關連：「**他的神性老師，更加快速地來教導他，賜給他寧靜的祈禱……凡能用這個方法，關閉自己，留守在我們靈魂內的這個小天堂裡的人……要相信，他們所走的是卓越的道路，絕不會喝不到泉水**（全德之路28・4～5）。」

的確，神祕祈禱已近在眼前了，不過，條件是靈魂真的是慷慨的。在以下的篇章中，大德蘭確實以最清楚的方式，寫下她默觀克修的原則。「**除非我們完全給出自己，祂也不會把自己完全給我們**（全德之路28・12）。」靈魂必須以主動的尋求和天主結合而徹底交付自己。絕不可自我局限在二個小時的心禱中，她必須朝朝暮暮陪伴天主。大德蘭說：「**我們應**

該在盡職務之時，退隱到自己內。」對那想培養收心的靈魂，她向她們敘述實際的修行法。**「如果他在說話，要努力記得在自己內是和誰在說話。如果是在聆聽，則要記得，所聆聽的這位比誰都靠近他。總之，務必記得，假若他願意，就絕不能離開這麼好的伴侶……我知道，賴天主的助祐，如果妳們這麼做，一年或可能半年之內，妳們就能學有所成（全德之路**29．7～8）。」所以，繼續不斷修持天主的親臨，必須伴隨著慷慨、英豪的修德生活。祈禱和修德如同雙臂，充滿愛情，向天主伸展，那麼渴望和靈魂結合的天主，一顆真的已為祂預備好的渴慕之心，祂怎能抗拒呢？

結論

聖女大德蘭的《全德之路》是個慷慨的召喚。

她先在我們面前擺出非常崇高的倫理理想：為聖教會的利益完全犧牲自己，以此徹底地交付自己給天主，大德蘭指出達到那崇高境界的捷徑。這條最短的路，就是默觀之路。她知道這不是一切人的道路，沒有神祕祈禱，我們仍能達到聖德。不過她也知道，這個白給的恩寵，天主常常恩賜給慷慨準備好接受的靈魂。她希望女兒們沒有被提拔到默觀，不是由於她們的過失，於是勸告她們要充分準備自己，提示她們克修的生活，使她們能以成全的超脫，免陷於所有對受造物的愛戀，帶領她們以不斷修持愛的祈禱，進入神性的擁抱中。

大德蘭的克修是囊括一切的；完整的，而非僵硬的，確實來自愛的心神，來自渴望神性的友誼，渴望全給天主，因為「**除非我們完全給出自己，祂也不會把自己完全給我們（全德**

之路28．12）。」所以，她至極嚴格的要求，是熱烈渴望天主的結果。愛的心神絕非僵硬的心神；它不冷酷，也不苦澀，因為愛非常可愛地給出一切；而且愛能非常準確地表達自己。

加爾默羅會的克修之所有如此艱辛，只因為它要引導靈魂達到和天主圓滿、親密的愛之結合，祂要求的是一顆不執迷於受造物的心。默觀是加爾默羅的導向，但它高聲宣佈說，我們以慷慨的生活來預備達到默觀。若要培育靈魂對默觀的渴望，除非靈魂同時接受心靈赤裸的道路，否則必然顯出缺乏平衡。

並非每條導向成全的道路都會和默觀相遇。默觀不會伴隨那選擇輕鬆和容易道路的靈魂，但卻欣然地賜給行走崎嶇道路的人，那是一條直上加爾默羅山坡的道路。默觀不會賜給那些邁著小雞步伐行走的人，卻賜給如老鷹般展翅高飛、遠離塵世的人，他們舉目仰視神性的太陽，忘記且輕視世上的快樂。在真正聖德的至高道路上，會找到默觀。事實上，聖女強調說，沒有默觀，我們也能達到聖德。她甚至說，慷慨的靈魂，有時只喝到微量的活水，得到些微神性的光照。不過，如果許多靈魂沒有達到默觀，該責怪的只是她們自己，這仍是個事實，因為她們不知道如何徹底地慷慨，接受這活躍的克修生活，妥當地準備她們自己。

然而，如同聖女所說的，遵守法律的熱心之間有極大的差別。有的吝嗇地墨守成規，只求避免犯罪；有的則專注地投入工作、不同的職務，修持最高的德行。為能準備好自己達到默觀，必須要能完全、徹底和寬大地守好會規。「**請看，為了享有我們說的這些恩惠，天主願意妳們無所保留；無論是多是少，祂願意妳們全給祂（靈心城堡5．1．3）**。」

大德蘭藉所寫的書，希望提拔我們達到更高的倫理水平，達到更圓滿的生活，更英豪的德行。如她所說的：「**除了服從之外，我還願意吸引靈魂得到這麼崇高的福份——亦即默觀**

（**自傳**18．8）。」好使我們下決心，更完全地為天主而生活。凡是熟識聖女著作的人，不能不感受到，這顆熱烈之心的有益的影響，渴望竭盡她的全力，躍動在書本的字裡行間。「**和聖善人在一起，你也會成為聖善的**（**聖詠二十七**26）。」我們應向聖女大德蘭學習，不要畫地自限，限制我們的渴望，自我關閉在平庸之中，而要熱烈渴望深邃和廣闊的生活，徹底而親密的愛之生活，天主把自己給靈魂，靈魂也把自己給天主。如此的生活是神性的豐收，為天主的整個聖教會，獲得圓滿的靈性富裕。

聖女大德蘭指給我們這些高峰，讓我們的眼睛凝視，我們的心存想，在今生，往往不能完全實現這個理想，如果真是這樣，由於神祕祈禱是個白白給的恩寵，而默觀之路並非唯一導向聖德的道路，所以也不是最重要的。我們的努力不會是徒然，因為，如果我們捨棄一切所有，如果我們背起自己的十字架跟隨耶穌，畢竟，我們所做的，不是為了默觀，而是為了祂！

本文譯自：*ST. Teresa of Jesus* by Fr. Gabriel of St. Mary Magdalen, trns. A Benedictine of Stanbrook Abbey, 1949, Newman Press, Westminster, Maryland.

導讀3

聖女大德蘭的默觀理想

作者：賈培爾神父 Gabriel of St. Mary Magdalen OCD
譯者：加爾默羅聖衣會

一、《全德之路》這本書

聖女大德蘭的所有著作中，沒有一部比得上《全德之路》，她那麼清楚而卓絕地描述與主親密的默觀理想，以祈禱和補贖作為達成使徒的目標。

聖女肩負的使命是教導默觀祈禱之路，復興加爾默羅會的祈禱理想。她具有神祕家的實際性，由於關心少數的幾個人，開始了她革新修會的工作。她的修女們看到她蒙受如此之多的祈禱恩寵，要求她教給她們祈禱……。

雖然大德蘭在她的修會創始了革新，她同時也賦予所有的基督徒一個新的理想。她教導說，默觀的祈禱應該以使徒精神為整個的目標。她的刷新不只結合了祈禱和使徒傳教，也使默觀和使徒合一，因為默觀是一種特別的祈禱，導向與主至極崇高的親密交往。

無疑地，一位默觀者，身為天主的朋友，對祂的聖心是有影響力的。聖女大德蘭的目的是要興起一支默觀的軍隊，協助聖教會。

看到祈禱中的聖女大德蘭，就足以激起人嚮往默觀，為此之故，她的早期同伴們要求教給她們達到默觀的道路。宗徒們向耶穌做過同樣的請求：「主，請教給我們祈禱。」（路十一）耶穌答以所求，教給他們〈天主經〉。聖女大德蘭以寫這本書來作答，其中包括註解這篇偉大的禱詞。不用驚奇於聖女如同耶穌一樣地作答，因為聖人們是基督神祕奧體的動力成員，極親密地分享祂的生命。

按聖路加所記載的，而聖瑪竇也有敘述，不過聖路加的更為詳細，在山中聖訓中，耶穌首先教導祈禱的態度，然後是我們應該祈求什麼。

這個態度就是「……當你祈禱時，要進入你的內室，關上門，向你在暗中的父祈禱，你的父在暗中看見，必要報答你。」（瑪六6）當基督教人祈禱時，祂要人安靜退隱，好能善作祈禱。離開受造物，人方能在隱祕中禱告，而父也會在暗中答覆。大德蘭說，天主與心交談，這顆心是祈禱的心，祈禱愈成長，靜默愈深。

然後，耶穌教導我們應該祈求什麼：在此獨居中，這樣禱告：「我們的天父……」

除了〈天主經〉之外，聖女大德蘭還教導了些什麼嗎？她為尋求默觀者而著述，為此，此書的第一部分，她解釋多麼需要有所準備，藉著修持姊妹之愛、超脫和謙虛，建立個人的獨居氛圍。「**如果妳們求問的是默想，我已經對妳們談過了，也勸導大家修行默想，即使沒有德行亦然，因為默想是獲得一切德行的基礎，也是所有基督徒畢生要修行的。……，然而，女兒們，默觀是另一回事（全德之路16．3～4）。**」如同耶穌，她說超脫是必須的，但她這樣說，特別是為了導向默觀。那麼，如同耶穌，她解釋〈天主經〉，且教導如何誦唸它。

†　†　†

這本書開始的幾章中，大德蘭描述默觀的理想，指出這是加爾默羅會士的傳統理想。之後，她教我們修行祈禱，註解〈天主經〉，且以此經文來說明整個祈禱生活。首先，她說，口禱應該是和天主的親密接觸，是信賴天父的親密交往。論及〈天主經〉的第一句話，她指出當耶穌教我們對天主說：「我們的父親」時，耶穌所啟發的孩子般的氛圍。「天上的父」：在此，她教導收心的祈禱，靈魂由此深深意識到天主居住在她內。收心的祈禱是我們能憑己力達到的最親密的祈禱，在此時，靈魂順從天主的安排。到了寧靜的祈禱，我們的主進入靈魂內，至於結合的祈禱，則吸引靈魂到祂那裡。「願祢的國來臨，願祢的旨意奉行」：聖女回想起，如果我們希望天主藉著寧靜和結合的祈禱占有我們，那麼這二件事必須相提並論。而如果祂占有我們，祂會把自己給我們。祂經由意志的門進入靈魂內，所以她又說：「**讓我們一次而完全地把珠寶給祂，這是先前這麼多次要給祂的**（全德之路32．8）。」她還提醒我們，給予天主是必會有痛苦的：「**看看這裡，祂給了祂的至愛者什麼……祂愛得較多的人，給的這些恩賜也較多……**（全德之路32．7）。」當祂看到一個比較勇敢的人時，祂給的痛苦也愈多：「**祂視我們每個人的勇氣而給予，也配合我們對祂的愛。**」達到靈心城堡後面住所的人會把自己獻給天主，天主也報以給出自己更多，此即委順結合（union of conformity）的豐富恩寵。那麼，當靈魂達到完全的自我給予時，天主會占有她。這就是聖十字若望所謂的「神化的結合」。這是大德蘭所描述的與主結合的道路，始於我們意志的給予，及祂逐步地親近我們，以占有我們，且吸引我們到祂那裡。

我們需要有力氣來完全自我給予，因為其中蘊含著痛苦：「求祢今賞給我們日用的食糧」，意即給我們堅強靈魂的食糧。「求祢寬恕我們的罪過」：那些經常與天主親密地生活在一起的人，多麼需要寬恕！陷於許多的小過失是很容易的事，不過，默觀者是極力避免犯小過的人，尤其是愛德方面的過失，及一些微小的失禮行為。「如同我們寬恕別人一樣」：默觀者是不會因為人們不留意他而被冒犯的。而由於我們以脆弱的容器盛裝著寶物，我們需要得到護祐：「不要讓我們陷於誘惑」。聖女教導說，抵抗誘惑的安全防衛是愛和敬畏天主（全德之路四十章）。聖十字若望定義這個敬畏為孩童的完美敬畏，出於對父的愛（靈歌26．3）。為了不使他的天父不悅，身為天主的子女，他會看著自己要走到那裡，且尋求指導，以免偏離正道。「但救我們免於兇惡」，免於此塵世，走向那惟有美善的國度。然而，即使身處塵世，我們必須具備的心態是極力捨棄自我，聖女說：「**我如此地順從祂的聖意，因此，我既不渴望久活，也不願早死**」，雖然她渴望著天主，尤其當她「透過格子」瞥見有個更大的愛等待著她時。「**如果我渴望死，那只在當我內愛火中燒，想要看到天主的剎那時間。**」（Spiritual relations 6）

因此，在聖女大德蘭的著作中，我們有了一部〈天主經〉的默觀註解，指出誠心追求內修生活的人為何必須成為默觀者，或者更好是成為天主的親密朋友，祂是施予聖教會恩寵的天主。

不同的抄本

聖女大德蘭寫《全德之路》時，她所關心的只是亞味拉聖若瑟隱院，也只寫給這個小小團體，因為她根本沒有想到會有其他的修院。可是，一五六七年修會的總會長神父看到擴大修會的改革確是個有益的善舉時，他命令聖女創立其他的修院。於是她在一五六七年動身前往梅地納，同時帶著她寫的《全德之路》。然而亞味拉的修女們堅持索回這本書，致使聖女另外親筆抄寫一份《全德之路》。為此之故，有了二份手抄本：一本是寫於亞味拉聖若瑟隱院的，被保存在埃斯科里亞（Escorial），還有其他許多聖女的手稿，而其他的抄本則保存在瓦亞多利（Valladolid）加爾默羅會修院。

第二本的寫成不會遲於一五六九年，和第一本有些出入。相較之下，我們看出來第一本的風格比較親切，第二本則比較準確。不過顯而易見，當聖女寫第二本時，她把第一本放在面前。而由於是她自己的著作，她當然可以隨意更改，按其直覺，她免不了隨著思想的進展而修改。第一本是直接寫給亞味拉聖若瑟隱院的女兒們。現在，她的視野擴大到未來的修院，而且幾乎是不顧慮到她個人自己，她寫給所有渴望活水泉的人。

後來的一些複本上，也有聖女的批閱和簽名，其中有許多仍存留至今。其中有一份未經簽名的抄本（保存在托利多），內有許多重要的修改，因為這份資料被出版者嚴加批評。依凡拉（Evora）的總主教，特多尼亞（Don Teutonio de Braganza），是聖女的一位朋友，很重視她的著作，允諾要修正此書，我們從聖女附在抄本內的信得知此事，聖女還說，這是她們當中一位最聰明的修女預備的抄本。一五八〇年，特多尼亞審閱印刷者的校稿，不過，聖女大德蘭未能親眼目睹其著作的出版，因為這書問世於一五八三年，是在聖女逝世之後。二年後出來古嵐清神父主持的第二版本。接著是一五八六年的瓦倫西亞的版本，一五八八年出現路易斯·雷翁（Luis de Leon）編輯的聖女著作全集。隨後，聖女的作品廣傳到其他國家，首先譯成法文，再來是拉丁文。直到今日，不斷出現各種新譯文。

親筆的手稿（埃斯科里亞、瓦亞多利和托利多）彼此間略有不同。其中瓦亞多利版本編排得最好，雖然它原來有四十四章，但在現代的版本中只有四十二章。托利多手稿在第四章有註解寫道：「這裡不該是一章」，也因為大德蘭從瓦亞多利抄本中撕掉幾頁，就是談到下棋遊戲的那幾頁，先前是在第十七章，所以才變成了四十二章。後來我們將談論大德蘭撕掉第十七章的理由。以後的編者從埃斯科里亞抄本中取出這章重新插入，因為它有助於闡明「全德之路」的觀念。

如果加爾默羅會的改革者親筆寫了二份《全德之路》，又有其他多份的抄本，且經由她親自審閱，這是因為她認為這本書相當重要。她清楚明瞭其價值，由於切願事事遵循聖教會的教導，她請卓越的神學家們審閱，他們當中有當代的大神學家道明·巴臬斯（Domingo Báñez）。她未來傳記的作者葉培思（Yepes）神父也加以檢視，大德蘭曾坦誠地向這位葉培思神父說，有位神學家告訴她，她的著作「好似聖經」。就是說，讓人感到有神性的氣息！這是謙虛的大德蘭親口說的，謙虛的她知道自己微渺虛無，但也明白天主俯視微小者的仁慈之愛：「我要永遠歌頌天主的仁慈」，這是她最愛的吶喊。在這本卑微的小書中，她不是為自己，而是為她的女兒們寫的，天主幫助了她，她也瞭悟其中有著神性的靈感。不是聖教會承認《聖經》的那種默啟，不過真的是一種神性的靈感。天主沒有讓她看到這部著作的出版，但是卻賜給了她得到批准和被神學家讚賞的喜樂。

本書的架構

聖女大德蘭的這本書中，包括了加爾默羅教育的所有因素，以及祈禱生活的各方面。首三章是完全獨立的單元，概論大德蘭改革修會的理想。其餘的部分指出達到成全的道路，邀請旅行者達到活水泉，亦即默觀。

從第四章到十五章，聖女大德蘭談論必須有的倫理基礎，亦即修持英豪的德行，達到完全的超脫和自我給予。此乃發展默觀的唯一氛圍。下一個部分，十六到廿五章，可以標示為「達到默觀的祈禱」。聖女在此強調二個重點：1）我們必須決心一生尋求活水泉；2）心禱應該經常是和天主的靈性接觸。

第廿六章開始進入特別的單元，註解〈天主經〉的祈求，解釋祈禱的各種等級，直到卅一章，不過，當她寫到**願祢的旨意承行時**，雖然繼續註解〈天主經〉，她重拾前題，再談應該伴隨祈禱的成全生活，好使祈禱能結出豐美的果實，她繼續以此意向寫完這本書。

二、加爾默羅的使徒身份

《全德之路》的首三章中，聖女大德蘭談論加爾默羅聖召的使徒向度。但她並沒有忽略其傳統的默觀理想：獻給天主一顆充滿愛的心，準備好接受從祂而來的默觀恩賜。她清楚知道這個理想，打從一開始就把它擺在女兒們面前，因為這是她所描述過的全德之路的目標。這樣的作法，她特別顯示出其目標的使徒責任。在她之前，從未如此有力地被人表達過。

今日的加爾默羅會是屬於托缽修會，但其根源則是純默觀的修會。當然，使徒的身份總是有的，不過，當修會到了西方，被列入托缽修會後，修會的使徒責任遂因之而加強。聖女大德蘭明瞭這點，她以教導托缽修會的這個特有德行來回應其要求。

什麼是教會內的托缽修會？它們是除了尋求與天主結合之外，再加上活動生活的修會。它們是採取混合生活方式的修會，按神學的術語來說，也被稱為使徒傳教修會，因為確實是度宗徒們的生活，他們為靈魂服務時，以宗徒們為模範。方濟會、道明會、奧斯定會、瑪利亞忠僕會（Servites）、加爾默羅會，全都是使徒傳教的修會。它們被稱為托缽修會，因為十三世紀時，它們以新的修會生活方式被導入教會，此一生活方式建基於比以往還要嚴格的貧窮上，甚至在共有的財物上亦然。古時的隱士確實捨棄私有的物主權。可是在共有的財物上，他們擁有相當的產業。托缽修會甚至連共有的產業也放棄，或縮減到最少的程度，為能更自由地照顧靈魂，此乃教會對他們的要求。他們靠教友的捐助，不過，他們也以宣道和施行聖事來服務教友。

托缽修會的這個定義，有助於明瞭《全德之路》的前三章。第一章和第三章直接說到以靈魂和天主結合為基礎的使徒聖召；第三章特別強調使徒工作的近目標：為司鐸、神學家、傳教士、神師等祈禱和作補贖。第二章乍看之下，似乎是離題旁論，實則不然，因為它回到加爾默羅生活的一個基本原則：貧窮，這是使徒生活必須有的部分。

默觀和使徒

第一章的標題：「**談論促使我建立這座遵守如此嚴規隱院的理由**」，並沒有說出這章的整個內容，只點出最主要的思想，亦即，救靈魂的迫切渴望。換句話說，使徒的理想推動大德蘭，賦予修會嚴格的特質。

† † †

加爾默羅會有其隱修的根源，來到歐洲後，因教宗的意願，已經成為一個使徒的修會。經過這個改變後，修會致力於平衡這些不同的因素，建立其修道生活。修會內的多種改革顯示出，如此的平衡確實不容易。

如同加爾默羅會其他的幾個改革，聖女大德蘭是回歸到更專注於默觀的生活；不過，熱愛古時的默觀理想，並沒有使她忘記她的加爾默羅會是個使徒修會。天主賜予她對靈魂的浩瀚大愛，及深切同情生活於罪惡中的人。寫書之前，她曾有過地獄的神見，致使這些情感更加強烈①。所以，當她教導女兒們生活的基本因素時，可以預期的是，她會堅持使徒的身份。

「**起初，當我開始創立這座隱院時……我並不想要外表這麼嚴格，又沒有定期收入的隱院；相反的，我盼望有可能什麼都不缺。總之，像我這樣脆弱和卑劣，雖然這樣做是出於一些好意向，而非為了我個人的舒適（全德之路1．1）。**」起初聖女大德蘭並沒有多想什

1. 在此，我們注意一下，當大德蘭說，她願意革新的修會回到原初會規，她指的不是一二〇九年聖雅伯的會規，而是1247年教宗依諾森的會規，因為前一個會規是純默觀的會規，由此可見，大德蘭完全明瞭，現在所組織的加爾默羅會是托缽修會，具有使徒的任務。

麼，只願找些安靜的處所，使她們能更容易默觀。然而有些事發生了……。

「在那時，有消息傳來，我獲悉法國遭受的傷害，路德教派招致的災害，及這不幸的教派多麼快速增長。這些消息使我難過極了，於是，我向上主哭訴，祈求祂使我能補救這麼多的惡事，彷彿我真能做些什麼，又彷彿自己好似什麼人物似的。我覺得，為了拯救那許多失落靈魂中的一個，我情願死千萬次（全德之路1．2）。」這事促使她建立徹底嚴格和貧窮的修會家庭。《全德之路》中有許多章談論這個特質。

我們可以問，聖女大德蘭願意活出的是哪種使徒身份？加爾默羅會士使徒身份，乃建基於熱心的內修生活，此一生活使靈魂對天主的聖心有強力的影響。這個力量來自完全的自我給予，盡可能成全地度福音勸諭的生活。加爾默羅會士完全獻身於我們的主，毫無保留地把自己獻給祂。徹底、完全、整個的，這些語詞流露出聖女大德蘭的理想多麼崇高，同樣地，我們也可以在聖十字若望的著作中找到這些用語。

要感動天主的心，且幫助靈魂得救，我們必須做的第一件事情是與天主有親密的友誼。這份友誼使一個人的祈禱和補贖很有能力，為此，祈禱和補贖是使徒工作的內在工具。「我所有的渴望，從過去到現在始終是：既然祂的敵人這麼多，朋友這麼少，這些極少的朋友該是很好的朋友。因此，我決心去做我能力所及的些微小事，也就是，盡我所能徹底完美地遵守福音勸諭，並且使住在這裡的少數幾位也同樣如此。我信賴天主的寬仁慈悲，凡決心為祂捨棄一切的人，從不缺少祂的助祐。而我也相信，如果在這裡的修女，符合我寫給她們的，我所期望的理想，置身於如此豐富的德行中，我的過失就不會太強烈，我也可因此而稍稍取悅天主（全德之路1．2）。」取悅我們的主，使人成為祂聖心的疼愛者，那時的祈禱真的會具有大能。「**當我們全都專心致志為保衛教會者祈禱，為這些保護教會免遭攻擊的宣道者和博學者祈禱，我們就是盡所能幫助我的這位上主。祂正被那些祂曾善待過的人欺凌（全德之路1．2）。**」為此，加爾默羅會使徒傳教的工具是祈禱和補贖，從靈魂對天主的愛中得到她們的大能。

大德蘭在方才的引言中（例如，她願意為誰祈禱），已提出其使徒工作的直接目的，到了第三章，她會更詳細地重提這事。她願意為所有保衛聖教會的人求得最高的恩寵。不過，這些保衛者的存在是為了所有的靈魂，而所有的靈魂則是組成教會的基本成員。所以，她說，她願意為罪人們的歸化祈禱，為靈魂的得救祈禱。「**啊！我在基督內的修女們！幫助我向天主懇求這事，這是妳們為何聚集在這裡的緣故，這是妳們的聖召！這些必須是妳們投身的事業，必須是妳們渴望的事，是妳們流淚的事，這些必須是妳們祈求的對象（全德之路**1．5）。」

大德蘭的最初意向，最最重要的，是靈魂的得救。其他的意向並沒有取消，可是其間卻有著極大的不同，世上的事物和特屬加爾默羅的使徒意向是無法相比的。「**我的修女們！妳們要祈求的不是塵世俗務（全德之路**1．5）。」接著，她深入這個特別話題。她許可為任何的好意向祈禱，甚至為恩人們祈求是一個責任，不過，她敏銳地區別其與前述的特別意向有所不同。「**人們來這裡求我們祈禱，向至尊陛下祈求財富和金錢，關於這些事，我嘲笑，甚至為此感到憂傷，我希望有些人會祈求天主賜予踐踏萬物的恩寵。他們有很好的意向，總之，看在他們的虔誠上，我們為他們的意向祈禱，雖然對我自己來說，我不認為，當我祈求這些東西時，天主曾俯聽過我……（全德之路1．5）。**」

「老實說，如果我不看人的軟弱——人們因獲得急難時的援助而受安慰（我們能盡力幫助人，這是很好的），要是人們能了解他們如此操心掛慮祈求天主的，不該是這些東西，我是會很高興的（全德之路1·6）。」

「這世界正烈火燎原，人們要再次判決基督……（全德之路1·5）」

聖女大德蘭生活在基督奧體的真理中，她深知在大馬士革的路上，我們的主對聖保祿說的話：「你為什麼迫害我？」（宗九4）如同保祿宗徒，她體會到：迫害教會就是迫害耶穌；善待教會，就是善待耶穌，就是發展祂的神祕奧體和使之受光榮。**「我的救贖主啊！念及這些事，我的心不能不感到極度的沉重悲痛。……的確，我主！現今與世隔離的人，並非做了什麼了不起的大事。既然這世界對 這麼不忠誠，我們還期待些什麼呢？……因天主的慈善，我們免受瘟疫般的癩病，而那些人已經是屬於魔鬼的人了。的確！他們罪有應得，以自己的雙手贏得懲罰，以他們的快樂獲取地獄永火。那是他們的憂慮！然而，看到這麼多靈魂失落，我的心為之破碎。雖然我不能對那無法挽回的罪行過於憂傷，我實不願看到失落的靈魂與日俱增（全德之路1·3～4）。」**

大德蘭身處誓反教②竄起的時代中，使徒傳教是非常迫切的，現今的迫切需要絲毫不亞於那時，我們正處在俗化主義、有組織的無神主義氾濫之中。教會的敵人是強有力的，而且是有組織的。但是教會也有許多熱誠的好友，就是那些能修得大能影響天主聖心的人。

2. 亦即新教，也就是台灣所說的基督教。

貧窮

托缽修會度貧窮的生活，為能自由地處處照顧靈魂。事實上，他們所照顧的信友提供他們生活的所需，因此，貧窮和使徒工作之間有著密切的關係。為此之故，《全德之路》中，把第二章（聖女在此專題探討貧窮）放在說明使徒傳教的第一和第三章之間，並非是個離題的插入。

她回想福音中貧窮的觀念：顯示出貧窮是多麼值得稱讚，導出其重要性。福音指出超脫萬物獲得自由的道路：「**變賣你所有的，施捨給窮人，你必有寶藏在天上，然後來跟隨我**（**瑪十九21**）。」不過，神貧則超過這些。財物使人對未來有擔保，人不能隨便拋棄生活中的安全保障，除非有什麼更好的來替換。若不是人確信天主會照顧他，放棄所有未來的擔保豈不是像個傻瓜嗎？為此，當我們的主教導我們貧窮時，祂開始談到飛鳥和百合：「**你們仰視天空的飛鳥，牠不播種也不收獲，也不在糧倉裡屯積，你們的天父還是養活牠們，你們不比牠們更貴重嗎？**」、「**關於衣服，你們又憂慮什麼？你們觀察一下田間的百合怎樣生長：**（**瑪六25～34**）」大德蘭相信而且確定，如果她的女兒們是為主的利益而操勞的好修女，我們的主必會照顧她們，所以她告訴她們，不要憂慮人們的施予。

關於維持生計，她主張心靈的自由，最重要的，不會憂心焦慮於是否有食物。她要求的極多：絕不要隨從這些小小的本性衝動，它們占有我們如此之多的部分。

聖女大德蘭著迷於頌揚貧窮，她承認自己不懂它。又說：「不過既然人家一直是這麼說的。就讓它依然如此吧！」只要她還活著，她說，她會不停地一再提醒，但是最好還是寫下來，使她的女兒們在她死後仍然記得。

她指出，貧窮的一個益處是對全世界具有統治權。世人之間的區別是由財富來衡量的。今日對勞工價值的承認，確實標示出人類的進步：人們應該因其勞力，而非因其產業而受尊敬。然而，我們的社會仍然遭受此罪惡的損害。榮譽和金錢相隨不離，因而惹起謀求錢財和鑽營騰達的焦慮。聖女大德蘭有很好的理由來頌揚貧窮。她看到此一德行的另一益處是護守靈修生活，保護它免於一切阻礙，使之能飛向天主。因為疏於修行貧窮，往往導致修會失去熱心。

至於最後的益處，她說，修院的貧窮是實行使徒傳教的一個機會，這個使徒身份是她在第一章提及的。修女們應該以祈禱來幫助他人，她們會得到援助，而不必刻意去尋求。天主會打動人心送來生活的必需品。她們應該很感謝天主，以其使徒身份的祈禱和善工來回報她們的恩人。德蘭隱修院內有個習俗，每天晚餐結束，唸出恩人們的施捨後，共同為恩人祈禱。聖女大德蘭熱切地訓示修女們，要以她們的祈禱為恩人求得靈性的福祉。這樣做，她們也是愈顯主榮，天主的光榮從這些靈魂的幸福中湧流出來。

為司鐸祈禱

《全德之路》第三章回到加爾默羅會的主要目的：藉著祈求所需的恩寵，幫助教會的使徒傳教。這始於看到使徒工作的最好戰略，及看到司祭職在其中的地位。當大德蘭寫書時，她想的是自己所處的痛苦世紀，然而，時至今日，獲得靈修勝利的最佳計畫依然不變，人人都確信，基督教要贏得這個世界，必須創立一個精選的小團體。在正式的使徒當中，尤其必須如此，因為，雖然在使徒傳教工作上有其他的合作者，他們總是受著正式推動者的感召。時至今日，在俗教友和聖職使徒的合作，比起聖女大德蘭的時代更加強烈。因為那時代的環境對於司鐸是開放的，不像現今的社會，在工廠門口掛著「禁止入內」的牌示，在那些使青年面臨嚴重危險的地方，不准司鐸接近。耶穌基督的正式使徒無法進出這些地方，所有在俗教友的使徒工作必須在此發展。因此，大德蘭渴望為司鐸們所做的，也適用於那些和聖職人員合作的人士。

從中世紀以來，普通一般人已經離開基督愈來愈遠；到了今日，廣大的群眾對於信仰一無所知。所以必須再次征服，而這必會要求智慧和德行。和聖女大德蘭一起，我們的目光主要的轉向司鐸。她分別傳教士和神學家，這是個很好的區分。不只那些向教友傳授道理的神父，最重要的，還有勤勉研讀的神學家，他們著書立論，加深信仰，提供給傳教士必須傳授的道理根源，這是傳教士無法做到的。

當我們因人性的限度遇有錯誤時，必須付出如此之多的努力，以獲得真理，這是更為需要的。在聖教會內常有異端邪說，現今就有一些：我們愛想「自己是完全自由」的傾向，這種觀念依舊很活躍。教宗比約十世有效地反現代主義之後，我們以為它已絕跡，然而卻又死灰復燃，處處感受到其危險。神學家負有很崇高的使命，護守聖教會的祖產完整無缺，展現出教會全部的活力和美麗。他把道理應用在實際的生活情況中，指導所有的靈魂：從剛開始度倫理生活者，到已達聖德高境的人。

聖女大德蘭表達出敏銳的洞察力，她首先注意的是神學家，其次是傳教士。如果好好地宣講基督信仰的教理，必會吸引群眾，然而由於缺乏知識，竟而導致人們不喜歡教會。如此之多的貧窮工人著迷於社會主義和共產主義，因為他們不知道基督聖訓的美麗。一九三六年在法國，當共產黨員提出和天主教會合作時，彼此間互相交涉，某次有二位共產黨員和一位道明會士一起開會，這位神父拿出「新事」（*Rerum novarum*）和「四十年」（*quadragesimo anno*）二份教宗的通諭給他們。幾天後，他們看完了這些通諭，回來說：「你們是白痴，有這麼美的社會道理，卻沒有看到被實行出來。」這些道理知道的人實在太少了，甚至連天主教的平信徒也鮮有人知。若把這些道理譯成工人的言語，講給他們聽，加上有好的生活榜樣時，必會在工人當中激起真正的熱情。不過這意指著，必須有人先研讀，而後有人傳述給他們。這是神學家和傳教士的工作。而這是很清楚的，受培育的平信徒愈多，愈能合作，使這些教導能廣揚。

我們說常會有異端邪說的危險，而指出錯誤則需要有博學之士。因此，需要祈禱，使這些人能及時消除謬論。

† † †

司鐸職的崇高使命在於贏得群眾，帶領他們歸向基督，這使聖女大德蘭有理由渴望建立這個特別的預備團體。她指出加爾默羅會隱修女為司鐸祈禱時，要祈求二件事：他們必須「是」聖的，以及在傳教的危險處境中，要保持神聖。

首先，司鐸必須是聖的，因為，一位聖人能完成許多事功，遠超過許多不聖的人。在今日，司鐸渴望聖德，也渴望得到獲致聖德的有效培育。耶穌基督透過司鐸的聖德，及其必會有的慷慨，把聖德的方法分施給其他的人。耶穌在世時，祂教導、訓練門徒們，且建立聖事，司鐸亦然：教導教會的道理，管理和訓練他的本堂、堂區，或整個教會，他也以靈修指導來訓練靈魂。他施行聖事，從聖洗到感恩聖祭。這一切都和他的聖德有關。一位神聖司鐸的宣道會打動人心；一位有光照的指導神師會使靈魂認出天主的旨意；一位慷慨的司鐸會知道如何在施行聖事時忍受疲勞。

當基督信仰的道理以其應有的魅力和清晰呈現出來時，自會贏得人們。為此，聖女大德蘭說，我們必須祈求使司鐸都是聖的。

我們還必須求天主，使他們保持神聖，因為他們執行任務時，必須不斷地和世俗接觸。他們需要具備成熟的克苦精神，不要屈服於生活中的舒適滿足，心思意念和榮譽的滿足。如果他們屈服了，就不再是超性生命的媒介，而是虛有其表的天主工具。尤其是，司鐸必須服從，因為正確的領導來自羅馬，如果不願聆聽其可敬的聲音，必有誤入歧途的危險。

聖女大德蘭以自己的好榜樣來教祈禱。她的祈禱是基督奧體的祈禱，她和修女們結合一起，屬於基督的奧體，而耶穌基督是奧體的元首。這是件極美好的事，看到基督奧體的道理活現出來，尤其是處在少有人提及它的時代中，這個道理常是聖教會的教導中一個充滿活力的部分，而大德蘭深愛教會，致使凡屬於其本質性的道理，無不引發聖女的虔敬熱愛。

在這一章中，有個思想不斷反覆表達，一再地出現，此即：我們必須變成「適合的」，好從天主得到所祈求的一切。「適合的」，就是說，悅樂天主，因而能博得天主的聖心，成為轉求者。而受造者唯一能取悅天主的方法只有承行祂的旨意。大德蘭所計畫的正是完全捨棄自我的生活；此乃加爾默羅會有效祈禱的根基。她並沒有作出積極的聲明，只不過好像表達一個渴望般地說出來，然而，她的直覺使她的渴望符合教宗比約十一世一九二四年的詔書「Umbratilen」，該詔書如此說：「**默觀團體之促使教會成長和發展，遠超過那些從事活動工作的人，因為正是他們的祈求，使得天上降下充滿活力的恩寵，灌溉其他使徒工作者耕耘的園地。**」教宗在此清楚地表達，如果默觀的靈魂不存在，這些外在的使徒傳教成果也會減少。他毫無疑慮地說，他們比獻身於使徒傳教生活者做得更多。

這說明了教會對純默觀修會的需求，甚至單從使徒工作的觀念而言亦然，這也確認了聖女大德蘭的直覺。她告訴女兒們要把這事放在心上，不過，凡是完全給出自己的人，這同樣是真實的，天主因此而喜悅地對待他。

大德蘭在結束第三章時，概觀了加爾默羅會的生活，其中每一件事物都應該有此使徒的目標：「**妳們的祈禱、渴望、紀律和齋戒，如果不是為了我所提及的意向，妳們應該反省：妳們沒有在執行任務，沒有完成天主帶領妳們來到此地的目的（全德之路3．10）。**」大德蘭要她的跟隨者追求這個崇高的目標；她希望她們懷有遠大的志向。除了專心致志於靈魂的得救，參與主耶穌的救贖工程，在所有的人中，給予並增加至聖聖三的生命，此外，還會有什麼更大的志向嗎？

本文譯自：*The Way of Prayer ~ A Commentary on St. Teresa's "Way of Perfection"*: p.9～24, Spiritual Life Press, 1965, Milwaukee Wisconsin。

嘉義大林聖若瑟加爾默羅隱修院的建築藍圖

國家圖書館出版品預行編目資料

聖女大德蘭的全德之路／大德蘭（Teresa of Avila）著. 加爾默羅聖衣會譯.
--二版, -- 臺北市：星火文化，2020年4月
面； 公分. （加爾默羅靈修 ；21）

譯自 Camino de Perfeccion

ISBN 978–986–98715–1–8（平裝）

1. 天主教 2. 靈修 3.祈禱

244.93 109003870

加爾默羅靈修 021

聖女大德蘭的全德之路

作　　者／大德蘭（Teresa of Avila）
譯　　者／加爾默羅聖衣會
責任編輯／陳芳怡、徐仲秋
封面設計／neko
內頁排版／neko
總 編 輯／徐仲秋

出　　版／星火文化有限公司
台北市衡陽路7號8樓
電話（02）23319058
營運統籌／大是文化有限公司
總經理 陳絜吾
業務經理 林裕安
業務專員 馬絮盈
行銷企劃 徐千晴
行銷業務 李秀蕙
洽詢購書相關資訊，請洽（02）2375-7911分機121
香港發行／豐達出版發行有限公司
Rich Publishing & Distribution Ltd
香港柴灣永泰道70號柴灣工業城第2期1805室
Unit 1805, Ph. 2, Chai Wan Ind City, 70 Wing Tai Rd,
Chai Wan, Hong Kong
電話：21726513 傳真：21724355 email：cary@subseasy.com.hk
法律顧問／永然聯合法律事務所
印　　刷／韋懋實業股份有限公司

■ 2020年 4月二版首刷
■ 2023年 4月二版 2 刷
Printed in Taiwan
ISBN 978-986-98715-1-8
定價300元

The Way of Perfection
Washington Province of Discalced Carmelites
ICS Publications 2131 Lincoln Road, N. E. Washington, DC 20002-1155 U.S.A.

感謝ICS Publications授權翻譯，中文版權屬芎林加爾默羅聖衣會隱修院